붓다를
죽인 부처

깨달음의 탄생과 혁명적 지성

붓다를 죽인 부처

박노자 지음

인물과
사상사

분열의 종교가 아닌 화합의 종교로

생명 평화와 마을 공동체의 가치를 찾고, 성찰의 문화를 이끌어내기 위한 대안으로 시작한 '지리산 운동'이 모태가 되어 2004년부터 5년 동안 '생명평화탁발순례'를 했다. 3만 리 정도를 걷고 지역 대중 8만여 명과 대화하였으며, 그 연장선에서 지리산 둘레길 제안도 하게 되었다. 순례, 즉 걷는다는 것은 자연생태계와 자신 그리고 지역 공동체와의 만남을 이루는 귀한 시간이다. 걷는다는 것은 가장 쉽게 말하자면 스스로 온전하게 존재하는 일이며 나아가 땅과 내가 둘이 아니라 하나임을 확인하는 일이다. 땅이 없으면 걸을 수 없고 발이 없으면 걸을 수 없다. 둘이 함께 만나야 걸을 수 있다.

그런데 우리는 이 원초적인 원리를 잊고 산다. 너와 나는 다르다, 너는 좌고 나는 우다, 너는 고용주고 나는 노동자다, 너는 기독교고 나는 불교다 등등 온갖 이분법 속에 갇혀 산다. 이런 사고가 지배하는 세상에서 우리는 진정한 이웃으로, 동반자로 만날 수 없다. 그리고 화목하고 평화로운 삶을 향해 한 걸음도 나아갈 수 없다.

무릇 생명이란 무엇일까? 살기 위해 먹고, 살기 위해 일하는 우리
의 행동들은 따지고 보면 모두 생명을 영원히 평화롭고 행복하게 존
재하도록 하기 위한 행위라고 할 수 있다. 우리가 고통스러운 순간
이 오면 "죽겠다"고 말하듯이 '생명'은 현실적으로 유일무이한 가치
다. 이 생명은 인간만 특별한 것이 아니다. '생명체'는 평등하게 모두
거룩하고 고마운 존재다. 따라서 누구에게나 소중하다. 불교에서 말
하는 생명이란 불완전에서 완전함으로, 미완성에서 완성으로 발전
해가는 것이 아니라 본래부터 신비하고 불가사의한 존재다. 즉 '시작
도 없고 끝도 없는, 본래부터 완전한 존재'를 말한다.

본래부터 완전한 존재인 생명은 어떻게 이루어졌을까? 불교에서
는 연기緣起로 이루어진 존재라고 본다. 다시 말해 서로 '관계'를 맺
어 존재하는 진리, 서로 의지하고 도움을 주고받는 관계로 이루어진
존재로 설명할 수 있다. 이때 존재가 삶을 만들어가는 데 있어 만나
게 되는 것을 소위 '업業'이라고 한다. 업이라는 말은 '행위'를 뜻한
다. 심리적 행위, 언어적 행위, 신체적 행위 세 가지를 통틀어서 행
위라고 한다.

즉 내 삶은 규정되어 있는 게 아니라 현재 내 몸과 입과 마음으로
어떻게 행위하느냐에 따라 현재, 혹은 미래의 삶이 좌우된다고 보는
것이다. 그것을 보통 자업자득自業自得 혹은 자작자수自作自受라고
하는데, 내가 행위한 대로 내 삶이 이루어진다는 의미다. 쉽게 말하
자면 원래 도둑놈이어서 도둑질하는 것이 아니라, 대대로 좋은 집안

에서 태어나 풍족한 삶을 살다가도 지금 내가 여기서 부정을 저지르면 그때부터 도둑놈의 삶을 사는 것이고, 반대로 도둑놈 집안에서 태어나 대대로 도둑질을 했다고 하더라도 지금부터 내가 도둑질을 하지 않으면 바로 도둑이 아닌 삶이 이루어진다는 뜻이다. 불교는 철저하게 본인의 삶을 창조해가는 주체는 자기 자신이라고 본다.

또한 불교는 바로 현실을 있는 그대로 보고 사고하며 살아가자는 종교다. 그러나 세상에는 바른 인식을 가로막는 수많은 방해물이 있다. 국가도 있고, 노사 갈등도 있고, 남녀 차별도 있고, 테러도 있다. 모두 너와 나를 나누고 적대적 관계로 몰아넣는다. 이렇게 되면 나는 나의 삶을 창조해나가는 것이 아니라 오히려 부정하고 파괴하게 된다. 눈만 돌리면 마주치는 무수히 많은 갈등과 분노가 나의 올바른 인식을 가로막고 아집과 독선을 낳는다. 서로 촘촘히 얽혀 있는 세계에서 일어나는 일들은 남의 일이 아닌 바로 나 자신의 일이고 함께 고민해야 할 현실임에도 나와는 다른 세계라는 착각과 무지가 세상을 더 살기 어려운 곳으로 만들어가고 있다.

지금은 내 신자냐 아니냐, 내 편이냐 아니냐를 따지는 일에 익숙한 우리지만 부처님은 무엇보다 중생의 안락과 행복을 판단의 기준으로 삼았다. 남녀 평등의 시대인 오늘날 한국 불교가 여성 수행자를 차별하고 세속적인 문제에 집착하는 등 부처님 본래의 가르침과 멀어진 점도 문제다. 오로지 나의 깨달음, 나의 해탈만을 위해 사찰과 수행자가 존재할 때 종교는 그 의미를 잃게 될 것이다.

박노자 교수는 바로 이러한 장애들을 하나하나 극복해가자고 주장한다. 우리 사회의 온갖 모순들을 피하지 않고 바로 보기 위해, 초기 경전 속에 담긴 부처 본래의 가르침과 생명 평화의 가르침에 귀를 기울이자고 말한다.

부처님 사후 긴 세월만큼이나 높은, 사람이 만든 인공물들을 하루아침에 철거할 수야 없겠지만 자연 생태의 조화로운 상태로 되돌리는 일은 꾸준히 해나가야 할 우리 사회의 숙제다. 그렇게 거듭 노력하다보면 어느 날 문득 우리 주위를 돌아보았을 때, 서로 감정을 공유하고 소통하는 이웃이 보일 것이고, 생명의 뿌리인 자연과 함께 호흡하고 있는 자신을 발견하게 될 것이다. 바로 너와 내가 따로 없는 본래의 나와 만나는 일이다.

2011년 가을
지리산 실상사에서 도법 합장

'해방 불교'를 위하여!

대개 특정 종교에 대해서 이렇다 저렇다 말하기는 매우 곤란하다. 종교의 교리도 실천도 결국 해석방법에 따라 달라지는 부분이 많기 때문이다. 예컨대 기독교를 봐도 "재판관에게 가지 마라", "부자가 낙원에 드는 것은 낙타가 바늘구멍에 들기보다 더 어렵다", "땅에서 재물을 모으지 마라"와 같은, 일종의 '고대형型 공산주의'를 방불케 하는 말씀을 중심으로 해석하는 쪽과 "종들이여, 주인들에게 복종하라"와 같은 말씀을 중심으로 해석하는 쪽은 분명히 다르다.

전자의 방식으로 해석한다면 레오나르도 보프나 구스타보 구티에레스의 '해방 신학'으로 귀결될 수 있겠고, 후자의 방식으로 해석한다면 부자를 '축복받은 이'로 보는 순복음교회식 '부와 성공의 신학'으로 귀결될 수 있겠다. 해방 신학이나 순복음교회의 기복적인 성공주의나 기독교의 역사적 전통을 각자 나름대로 계승한 것은 사실이지만 그 결과는 상반된 것임이 틀림없다. 그만큼 종교를 이해하는

9

데 기본 경전 이상으로 중심적인 위치를 차지하는 것이 바로 '해석'이다.

어떤 의미에서 이 책은 초기 불교에 대한 '해방적 해석'의 시도다. 우리 불교가 국가 또는 지배계급과 유착한 역사가 이미 2,000년을 훌쩍 넘은 만큼 우리 의식 속에 남아 있는 불교는 현실을 따라가며 인정하는 식이거나 지극히 개인 중심적이고 보수적이다. 개인의 문제들을 모조리 개인의 악업으로 설명하는 등 탈脫사회화·개별화되었고, 그 문제를 해결하는 방법 또한 개인적 차원의 '업장業障 소멸'에 그친다. 이렇다보니 불교 하면 절에 들어가 불공을 드리고 복을 비는 모습부터 떠올리기 마련이다. 이처럼 현실 순응적이고 개인 중심적인 불교에서는 작복作福, 즉 선업 쌓기도 결국 개인적 수행이나 신앙 행위라는 차원에서 이해된다.

게다가 불교의 대對사회적 측면 역시 현실을 무조건 긍정하고 재확인하는 '국가 수호', 즉 소위 '호국'에 국한되고 만다. 그들에게는 '대입 기도'로 고생하는 학부모들도, 서울 삼각산 도선사 명부전에 걸려 있는 고故 박정희·육영수 부부와 고 정주영 명예회장의 초상화도 별문제 되지 않는다. 입시 경쟁은 개인의 신앙 행위(기도)를 통해서 해결되는 문제고, 권력이나 재력을 장악한 사람은 "선업을 잘 쌓아 그렇게 되었"기 때문에 긍정의 대상으로 삼을 수 있는 것이다.

그러나 아프가니스탄이나 파키스탄에서 미군의 폭격을 받아 처참하고 고통스럽게 죽어간 아이들을 생각해보자. 그 죄 없는 아이들이 당한 고통을 두고 스스로 지은 '악업'의 결과일 뿐이라 말하며 은근히 워싱턴의 살인마들에게 면죄부를 주는 것이 옳은 일인가? 혹은 입시 경쟁이라는 지옥에서 고통받는 대한민국의 아들딸들을 "악업을 지은 결과"라 외면하면서, 고액 과외를 받아 '무사 통과'한 강남 자녀에게는 "선업을 잘 쌓은 결과"라며 박수를 보내야 하는가?

그런 식으로 해석한다면 자국의 이익을 추구하는 살인마들의 살육도, 소수 부유층 사이의 명문대 간판 대물림도 영구화되고, 이름 모를 무수한 타인에게 상상을 초월하는 고통을 끊임없이 안겨줄 것이다. 불교의 목적은 일체중생의 이고득락(離苦得樂, 고통을 없애고 즐거움을 얻음)인데, 제국주의와 자본주의가 낳은 고통을 영구화한다는 것은 불교의 근원적 목표와 상반된다. 고통을 증가시키는 쪽으로 고통을 이해한다면 이는 '나'와 우리 모두의 해탈을 궁극적으로 방해할 뿐이다.

생로병사의 고통을 발생시키고 강화하는 여러 요소 중 하나는 바로 나에 대한 집착인 아집我執, 즉 '나'와 나를 제외한 나머지 세계가 별개라는 뭇 중생의 착각이다. 이 착각만큼 반反불교적인 것도 없다. 나와 너, 세계가 따로 없으며 모든 것이 상즉상입(相卽相入, 모든 현상은 상호 융합되어 있고 인과관계를 이룸)한다는 불교적 진리의 차원에서는 머나먼 아프가니스탄에서 죽어간 아이들도 바로 우리고, 그들이 겪는 고통도 바로 우리의 고통이다.

그 고통은 개인의 악업이 만들어낸 결과라기보다 우리가 함께 만든 집단적 악업의 업보業報다. 인류가 아직도 제국주의라는 괴물을 청산하지 못하고 합리화하고 순응한 결과, 이 괴물은 지금 아프가니스탄이라는 머나먼 지구의 한구석에서 우리들의 분신分身을 잡아먹고 있는 것이다. 마찬가지로 입시 경쟁이라는 지옥도 경쟁의 당사자인 학생 개개인과 학부모들만의 문제는 결코 아니다. 자본주의 사회의 철저한 위계서열을 받아들이고 그 서열을 매기는 기준으로 학벌 자본academic capital을 받아들인 우리 모두가 함께 만든 결과다. 개인적인 차원의 문제가 아닌 자본주의의 멍에를 벗어나지 못하고 있는 우리 모두의 집단적 악업인 셈이다. 이에 대해 책임을 다하는 것이야말로 올바른 불교적 실천이다.

이런 시각에서 본다면 불교적 실천이란 결국 '국가 수호'의 정반대라고 할 우리의 아상·아집에 대한 부정과 해체며, 거기서 시작되는 국가와 자본주의, 제국주의에 대한 비판과 부정, 해체의 작업이다. 이것이야말로 중생이 겪는 수많은 고통의 상당 부분을 덜어줄 수 있는 집단적 치유의 길이며 집단적 선업을 쌓아가는 길이라 할 수 있다. 개인의 해탈과 병행될 수 있는 '더불어 하는 수행'인 것이다.

이처럼 우리가 사는 지구와 사회의 세포를 하나하나 갉아먹는 암과 같은 자본주의·제국주의의 폐해에 대항해 혁명적 투쟁을 벌이는 것도 집단 전체를 위한 해탈의 경험이 될 수는 있을 것이다. 하지만 당장 혁명이 어려운 지금과 같은 시점에서는 우리의 해방을 준비하는 모든 행위가 집단적 치유를 위한 길이라 할 수 있다. 파업하는 노동자들을 위해 연대하고, 사회적 약자를 위한 집회에 참석한다거나, 자본주의에 대한 비판적 분석을 구체화하여 발표하고 읽는 등의 지적 작업 역시 집단적 해탈을 향한 수행의 일종이라 하겠다.

어떤 보상도 받을 수 없고, 반대로 어쩌면 처벌을 받을 수도 있는 행동에 동참하며 우리는 욕심에서 멀어지는 법을 배우고, '남'을 나 자신보다 앞에 두며 나보다 타인을 더 생각하는 법을 배운다. 바로 여기서 자아와 타자의 경계선이 지워지고, 우리 '자아'가 궁극적으로 망상일 뿐이라는 점을 이해하게 된다. 자아도 타자도 궁극에 가서는 없으며 나만의 행복도 나만의 해탈도 무의미해진다. 하화중생(下化 衆生, 중생을 교화함)이 따르지 않으면 그 어떤 깨달음도 이기적인 정신의 유희에 지나지 않을 뿐이다. 중생의 모든 고통이 나와 관련된 것이라는 사실을 망각하는 순간 불교의 영혼은 도망가고 없다.

'해방 불교'에는 사찰도 불상도 기도도 필요 없거나 이차적이다. 해방 불교는 부처님에게 비는 것이 아니라 붓다가 되는 것이다. 고통이 있는 곳이라면 그곳에 임하고, 고통의 원인을 파헤치며 모든 중생과 함께 고통을 치유한다. 고통의 원인을 식별하고 치유하는 방법은 우리가 현대를 사는 한 오늘날의 사회과학에 의존하지 않을 순 없다. 그러나 이 작업의 근저에 흐르는 정신은 지난 2,500년 동안 바뀐 게 없다. 자아의 경계선을 넘는 자비의 정신은 불교의 시작이자 끝이다.

2011년 10월

박노자

2부. 붓다와 국가의 시간

1부
붓다와 나의 시간

1장

욕망의 힘과 지혜의 힘

自利利他 자리이타

'나'와 '세계'를 인식할 수 있게 한 무명(無明)과 망념(妄念)은 모든 중생이 공유하기에 '나'와 '남'의 경계란 절대적일 수 없다. 내가 더 깊이 미혹에 빠지면 곧 남에게도 피해를 줄 일이고, 반대로 내가 정진해서 깨달음의 경지에 이르면 곧 모든 중생의 제도(濟度)로 이어질 일이다. 이것이 바로 불교적 실천의 기본 원칙, 즉 자리이타(自利利他)다.

몇 년 전, 지금도 기억에서 지워버릴 수 없는, 미국의 〈내셔널 지오 그래픽〉이라는 채널에서 다큐멘터리 하나를 보았다. 중국 사회를 다룬 내용이었는데, 주제는 도시민 일각에서 유행하고 있다는 '증신 增身' 수술에 관한 것이었다.

다리뼈를 잘라서 늘이면 그 뼈가 결국 스스로 재생되어 늘어날 것이라고 하면 믿지 못할 사람들이 많을 것이다. 나만 해도 도저히 믿기 어려웠다. 백 보를 양보하여 이 수술로 키를 약간 늘일 수 있다손 치더라도, 과연 몇 센티미터나 늘어날지 모를 이 보장 없는 '증신 효과'를 노려 그야말로 분골粉骨·쇄골碎骨의 고통을 감수할 만한 가치가 있는지는 이런 수술을 받는 사람들에게 수많은 시청자가 맨 먼저 던지고 싶은 질문이었을 것이다.

그런데 다큐멘터리에 비친 '증신' 수술 환자들은 수술 후유증으로 몇 주간에 걸쳐 제대로 걷는 것초차 어려워 보였지만, 표정은 생각보다 훨씬 행복해 보였다. 평소에 작은 키라는 죄 아닌 죄로 취업할 때, 연애할 때, 사람들을 사귈 때 이런저런 애로를 수없이 당해왔다는 그들은 '이제는 나도 남 못지않은 위풍당당한 몸을 가지게 될 것이다'라는 기대로 세상의 모든 것을 얻은 듯한 인상이었다.

큰돈을 주고 상상하기 어려운 고통을 스스로 '산' 그리고 돈을 낸 만큼 소기의 목적을 달성할 수 있을 것이라는 보장도 확신할 수 없는 상황에서 이렇게나 행복해할 수 있는 이유는 무엇이었을까? 아마 그들이 오랫동안 품어온 욕망이 곧 현실이 된다는 기대로 미리부터 성취감에 가득 차게 된 것이었다고 봐야 할 것이다.

말 그대로 '뼈를 깎는 고통'을 감수케 하는 이 욕망이라는 무소불위의 힘을 어떻게 봐야 하는가? 얼핏 보면 판단이 엇갈리는 부분들이 없지 않다.

물론 효과가 제대로 검증되지 않아 위험천만할 뿐만 아니라 큰 비용을 요구하는 수술을 받으면서까지 외모 콤플렉스에 두 손 들어 항복하는 것이 너무 비겁하지 않으냐는 목소리도 있겠지만, 도대체 외모 차별이 얼마나 심하기에 이런 일까지 감행하느냐는 동정 어린 의견도 있을 것이다. 이 문제는 대한민국 안에서 우리를 이끄는 수많은 욕망과 그 욕망을 바라보는 엇갈리는 시선들을 포함하고 있다.

예를 들어 뭇 여성을 미인과 추녀로 나누어 아름다움의 기준을 일률적으로 구미歐美의 표준에 맞게 단일화(혹은 왜곡)한 성차별, 외모 차별의 획일주의 국가. 성형 수술의 심각한 부작용과 후유증을 온 세상 사람이 다 안다 해도 성형 수술을 안 하고서는 당당한 여성으로 살아갈 수 없는 곳이 바로 대한민국 아니냐는 의견이 있을 것이다.

또 몇 달이 멀다 하고 휴대전화기를 최신 모델로 바꾸는 학생들은 소비중독자들이 아니라, 조금이라도 유행에 뒤처지는 모습을 보이면 따돌림당하고 마는 소비주의·단체주의 사회에서 살아남을 유일한 길을 선택한 합리적 인간이란 평가도 등장할 것이다.

심지어 서울대라는 집단 주술에 걸려 과도한 사교육비를 지출한다거나 무의미한 주입식 교육에 시달리는 자녀의 건강을 돌보기는커녕 더욱더 극심한 '입시지옥'으로 내모는 학부모들 역시 '학벌 사회에서 살아남으려고 발버둥치는 우리 시대의 비장한 영웅'으로 이야기될 가능성도 크다.

우리는 (순전히 개인적인 취향이라 판단될 수 있는) 알코올중독, 마약중독, 성매매 중독 등으로 패가망신한 사람들을 보면 약하거나 어리석은 또는 비정상적인 사람이라고 생각한다. 하지만 어떤 욕망이 사회의 강요에 의한 것이라고 인식되는 순간, 비록 그가 자신과 사회에 막대한 해를 끼치는 사람일지라도 어디까지나 선택의 여지가 없는 선의의 피해자이거나 비극의 인물이라 여기려는 경향이 있다. 개체의 욕망이라면 얼마든지 과욕過慾 또는 탐욕貪慾일 수 있지만, 전체의 탐욕이라면 곧바로 어쩔 수 없이 따라야 할 '사회적 통념通念'이 되는 것이다.

'나'와 '남'의 경계를 넘어

그렇다면 사회가 요구하는 외모, 학력, 소비력 등의 기준에 맞추기 위해서라면 자신과 자녀가 입게 될 신체적·정신적 피해나 (휴대전화가 대량 폐기됨으로써 끼쳐지는) 환경 피해 등은 굳이 생각하지 않아도 된다는 이 심리를, 과연 초기 불교의 입장에서는 어떻게 해석해야 할 것인가? 다시 말해 그 폭력성이나 파괴성과 무관하게 사회가 강요하는 욕망에 뒤처지지 않기 위해서라면 말 그대로 분골쇄신도 마다하지 않는 사람을 초기 불교의 입장에서는 과연 누구로 보아야 하며, 어떤 가르침에 해당한다고 보아야 할까?

사회 전체의 탐욕에 대해 국내의 기존 제도권 불교가 보여준 해답은 문제의식이라곤 찾아볼 수 없는 단순한 인정認定, 나아가서는 그 장려다. 입시제도의 폐해를 줄이기 위해 정진대회라도 열어 모든 불자의 지혜와 신앙심을 모아 학력에 매달리지 않는 나라 만들기에 힘을 쏟아부어야 할 판에 오히려 사찰의 돈벌이로 '대입 기도'가 최고로 꼽히고, 몇몇 스님들의 고급 승용차 애용이나 고급 호텔 식당 출입 등이 사회문제가 된 지 오래기 때문이다.

역설적이게도 한국 사회가 그 집단적 탐욕으로 앓고 있는 모든 질환을 바로 불교계에서 그대로, 어쩌면 더 과장된 모습으로 발견할 수 있다. 그것이 유서 깊은 기복祈福 불교라 할 수도 있겠지만 사실 전통적인 기복 불교보다는 훨씬 후퇴한 모습을 보여준다.

전통적인 기복은 대개 부모나 친지 등의 극락왕생이라는 현실 세계를 뛰어넘는 목표를 위해 기도하거나 불상佛像을 조성하는 형태로 이루어졌다. 가정과 개인의 복을 비는 동시에 육도[이]의 모든 중생의 복을 빌었던 것이다. 오로지 내 자식만을 위한 대입 기도와는 차원이 다른 신앙의 일부분이었다. 물론 그것도 깨달음이라는 궁극적

•••••

이 육도(六度 또는 六道)란 중생이 생전에 한 행위에 따라 저마다 가서 살게 된다는 여섯 가지 세계를 말한다. 지옥도·아귀도·축생도·아수라도·인간도·천상도로 이루어졌다.

대입 수능 100일 기도를 여는 사찰들의 모습은 이젠 입시 철이면 흔히 볼 수 있는 광경이 되었다. 대표적으로 입시 제도의 폐해와 같은 우리 사회가 집단적 탐욕으로 앓고 있는 모든 질환을 바로 불교계에서 그대로, 어쩌면 더 과장된 모습으로 발견할 수 있다. 이를 두고 유서 깊은 기복 불교의 전통이라 할 수도 있겠지만 사실 전통적인 기복 불교보다도 훨씬 후퇴한 모습을 보여준다.

인 목표 달성을 위한 방편方便으로서의 기도라는 면에서 초기 불교의 변질로 볼 수 있겠지만, 적어도 오늘날의 대입 기도에 비하면 조금 더 고차원적이었을 것이다.

그런데 기복이라는 불교의 방편적인 측면을 떠나 초기 불교의 원리 원칙으로 따지자면 사회적 탐욕에 대해 관습적으로 행해지는 관용이 참 부끄럽게 느껴진다.

우선 불교는 자自와 타他, '나'와 '사회'를 고정되고 완벽하게 구분되는 것으로 보지 않는다. 내가 생각하는 '나'와 '사회'의 모습도 결국 무명無明[02]에 의한 허상虛像에 불과하다고 보기 때문이다. 따라서 이 두 허상 사이의 구별만큼이나 무의미한 것도 없을 것이다. '너'도 '그'도 궁극으로 가서 '나'의 그림자, 즉 실제로 존재하지도 않는 '그림자의 그림자'로 보이는 것이다.

> 너는 중생이 있다고 말하지만
> 그것은 곧 악마의 소견이다.
> 오직 빈 쌓음의 무더기거니
> 중생이라는 것 거기는 없다.
>
> 마치 여러 가지 재목을 한데 모아

●●●●●

[02] 눈앞에 보이는 현상을 참모습이라 착각해 믿는 것이다. 윤회(輪廻)의 원인이 되는 가장 근본적인 번뇌를 말한다.

세상에서 수레라 일컫는 것처럼

모든 쌓음의 인연이 모인 것을

거짓으로 중생이라 부르느니라.

《잡아함경》, 권45, 〈시라경尸羅經〉

이와 같은 견해가 19세기 초 처음 유럽에 소개됐을 때는 흔히 사물의 실체를 철저히 부정하는 극단적인 주관적 관념론이나 허무주의로 오해받았지만, 사실 그런 의미는 전혀 아니었다.

고대의 위대한 변증론 철학자 석가모니[03]는 극단이란 철학적으로도 성립이 안 되고 현실 속에서도 아무런 도움이 되지 않는다는 걸 잘 알고 있었다. 그래서 "만약 모든 법들이 다 무아無我[04]라면 이 진리를 알고 있는 나란 존재가 과연 무엇인가"라는 질문에 "(무명에 의한) 세간世間[05]의 발생을 바로 보면 세간이 없다고 볼 수 없지만, 세

●●●●●

03 석가모니(釋迦牟尼, 샤카무니)란 말은 석가(샤카)족의 성자를 칭하는 말로 고타마 싯다르타를 높여 부르는 말이다. 범어(산스크리트어)로 '깨달은 자'를 뜻하는 붓다(Buddha)라 부르기도 한다. 붓다가 한자로 음역되는 과정에서 불타(佛陀), 불(佛)이 되었는데 우리나라에서는 부처라고 불렀다. 이외에도 '여래십호(부처를 칭하는 열 가지 표현)'라 하여 여래(如來), 응공(應供), 정변지(正遍知), 명행족(明行足), 선서(善逝), 세간해(世間解), 무상사(無上士), 조어장부(調御丈夫), 천인사(天人師), 불세존(佛世尊)으로 불리기도 한다.

04 만물에는 '고정불변하는 실체로서의 나'가 없다는 뜻이다. 예를 들어 얼음이 얼었다가 녹아서 없어지듯 처음에는 일정한 형태가 있다가 변화를 거듭하고 결국에는 사라진다. 인간의 육체도 마찬가지다. 태어나서 늙고 죽음에 이르기까지 형태는 고정불변하지 않고 늘 변한다. 이처럼 세상 모든 것의 형태는 변할 뿐 궁극적인 실체가 없다. 불교의 무아관은 이를 깨달아 만물의 변하지 않는 본성을 바로 알기 위해 노력해야 한다는 것이다.

초기 불교의 경전: 삼장 자세히 보기

초기 불교의 경전은 '율律', '경經', '논論'이라고 하는 세 장藏, Pitaka으로 이루어졌다. 승단僧團의 규범이나 규례와 관련 있는 사항인 율장 Vinayapitaka, 부처님이 하신 설법들인 경장Sutrapitaka과 경전을 연구하면서 주석을 달고 체계적으로 설명한 논장Abhidharmapitaka이 그것이다. 이 때문에 불교 경전을 세 가지 광주리라는 의미의 '삼장三藏, Tripitaka'이라 부른다. 이 중 부처님의 설법인 경장을 구성하는 경전을 가리켜 수트라sutra, 經라 부르는데, 니까야Nikaya, 部는 바로 이 경들의 모음집을 말한다.

니까야는 초기 불교 연구에 매우 중요한 자료로, 《디가니까야Digha-nikaya》, 《맛지마니까야Majjhimanikaya》, 《상윳따니까야Samyuttanikaya》, 《앙굿따라니까야Anguttaranikaya》, 《쿳다까니까야Khuddakanikaya》로 구성되어 있다. 《디가니까야장부, 長部》는 내용이 긴 경을 모아놓은 모음집이고, 《맛지마니까야중부, 中部》는 중간 길이 경을 모아 놓은 모음집이다. 《상윳따니까야상응부, 相應部》는 주제에 따라 엮어진 모음집이란 뜻이며, 《앙굿따라니까야증지부, 增支部》는 상응부와 유사하지만 그보다 짧은 경들을 모은 것이다. 마지막으로 《쿳다까니까야소부, 小部》는 짧은 텍스트의 모음집으로 다양한 성격의 경들을 포함하고 있다.

니까야의 다른 표현으로는 아가마Agama가 있다. 니까야가 팔리어로 쓰여 있는 반면, 아가마는 범어로 쓰여 있다. 4, 5세기경 아가마가 한문으로 번역되면서 《아함경阿含經》으로 불리게 되었는데, 니까야가 단일 경전이 아닌 경전들의 묶음이므로 엄밀히 말하면 아함이라는 표현이 옳을 것이다. 《아함경》은 각각 다섯 니까야에 해당하는 《장아함경長阿含經》, 《중아함경中阿含經》, 《잡아함경雜阿含經》, 《증일아함경增一阿含經》의 네 가지로 구성되어 있다. 니까야와는 다르게 마지막 《쿳다까니까야》에 해당하는 아함경은 없으며, 《쿳다까니까야》를 구성하는 《법구경法句經》, 《숫타니파타經集》 등의 개별 경전으로 전해지고 있다.

간의 멸망을 바로 보면 세간이 실제로 있다고도 보기 어렵다. 여래
는 이 두 끝을 떠나 중도中道를 설한다"는 현답賢答을 내린 바 있었
다고 한다(《잡아함경》, 권10, 〈천타경闡陀經〉). 즉 다시 말해, 세상에는
고정불변하는 실체가 없기에 궁극적인 의미에서 '나'와 '세상'은 실제
로는 존재하지 않는다. 하지만 동시에 '나'와 '세상'을 포함한 모든 중
생이 지닌 무명과 망념妄念[06]이 만들어내는 허상 때문에 우리의 감
각기관이 인식할 수 있는 '나'와 '남'도 역시 존재하고 있다는 것이
다. 석가모니는 이 두 사실을 동시에 변증법적으로 인정한 것이다.

그런데 '나'와 '세계'를 인식할 수 있게 한 무명과 망념이란 모든 중
생이 공유하기에 '나'와 '남'의 경계란 절대적일 수는 없다. 내가 더
깊이 미혹에 빠지면 곧 남에게도 피해를 줄 일이고, 반대로 내가 정
진해서 깨달음의 경지에 이르면 곧 모든 중생의 제도濟度, 즉 구제
로 이어질 일이다. 이것이 바로 불교적 실천의 기본 원칙, 즉 '자리이
타自利利他'다.

붓다가 설한 바와 같이, 모든 경계를 허무는 깨달음의 본질상에
서는 '남'이 허덕이는 번뇌와 고통의 세계에 '나' 역시 무심할 수가
없는 것이다. 결국 그렇게 생각하다보면 내가 '사회', 즉 타인이 강요
하는 탐욕, 편견에 이끌리는 건 개인의 문제니 '어쩔 수 없는 일'이라
고 치부할 문제가 아니다. '자신'이 망념에서 해방되는 것을 방해받

05 집착과 번뇌에 얽매인 중생이 모여 사는 모든 시간과 공간.
06 사리에 어두워 갈피를 잡지 못하고 헤맴. 또는 그런 상태에 매달려 마음을 쏟음.

음으로써 동시에 '남'의 해방도 방해하는, 자타에 대한 악행이 되는
것이다.

서울대를 위해 분골쇄신해도 좋다는 누군가의 생각에 내가 이끌
리는 그 순간, 내 진정한 행복과 함께 내 영향을 받을 수 있는 모든
이의 진정한 행복도 멀어지고 만다. 사실, 그 유명한 '천상천하유아
독존'이라는 말의 뜻을 나는 바로 그렇게 이해하고자 한다. '나' 한
사람의 마음이 어떤 이유로든 탐욕으로 기울어진다면 이는 알게 모

무명　　　　　　　　　　　　　　　　　　　　　　　　[자세히 보기]

무명無明이란 진리를 바로 보지 못하는 것으로 모든 괴로움의 근본 원인이
된다. 불교에서는 생사의 고리로 말미암아 나타나는 인과의 원리를 발생
순서대로 12단계로 구분하여 십이인연十二因緣으로 설명하고 있다.

십이인연은 무명, 행(行, 주체의 행동에서 그 본질적 성질이 생김), 식(識, 그
성질에서 몸과 이를 인식하는 마음이 생김), 명색(名色, 몸과 마음에서 여섯 가지
작용이 생김), 육입(六入, 여섯 가지의 작용에서 감각이 생김), 촉(觸, 감각이 감정
을 낳음), 수(受, 감정 중에서 사랑과 미움 등이 생김), 애(愛, 차별적인 애착이 생
김), 취(取, 차별적인 애착에 따라 취하고 버리는 일이 생김), 유(有, 차별적인 사물
인식이 본질화됨), 생(生, 차별적인 사물 인식이 삶이 됨), 노사(老死, 삶에서 늙고
죽음이 생김) 순으로 일어나는데, 무명은 그 첫째 단계에 해당하는 것으로
모든 괴로움의 원인이 되는 가장 근본적인 번뇌다.

모든 중생은 무명을 통해 세상을 인식하게 되므로 삿된 소견과 망상에
사로잡히게 되고 인과의 고리가 발생하게 된다. 불교는 세간을 떠돌며 윤
회를 거듭하는 원인이 되는 무명에서 벗어나 해탈을 얻는 것을 목적으로
한다.

르게 온 세상에 악영향을 끼칠 것이다. 반대로 탐욕을 극복한다면 수많은 중생에게 도움을 줄 수 있다. 이렇듯 '나'는 '남'들과 아울러 사는 우주에서 귀중한 존재가 되는 것이다.

남과 다르게 생각할 권리

탐욕과 차별로 만들어진 잘못된 상식의 파괴에 늘 앞장섰던 것은 붓다 자신이었다. 오늘날 외모지상주의나 성형 수술의 보편화를 거의 당연시하는 우리로서는 초기 불교의 다음과 같은 일화를 읽으면 부끄러움을 느끼지 않을 수 없을 것이다.

> 이와 같이 내가 들었다.
>
> 어느 때 부처님께서는 급고독원(給孤獨園), 즉 "외로운 이 돕는 동산"에 계셨다. 그런데 어떤 비구는 바로 보기 민망할 만큼 얼굴이 추해, 여러 비구들의 업신여김을 받았는데 그는 부처님께 나아왔다.
>
> 그때 부처님께서는 네 부류 대중에게 둘러싸여 있었다. 비구들은 그 비구가 오는 것을 보고 모두 업신여기는 생각을 내어 서로 말하였다.
>
> '저 어떤 비구가 오는가. 얼굴이 추해 보기 민망하구나! 반드시 남의 업신여김을 받을 것이다.'
>
> 그때 세존께서는 여러 비구들의 생각을 아시고 그들에게 말씀하셨다.
>
> ......

"너희는 저 비구에 대해 업신여기는 생각을 내지 말라. 왜냐하면, 저 비구는 모든 번뇌가 다하고 할 일을 마쳤으며, 온갖 무거운 짐을 버리고 모든 결박을 끊고, 바른 지혜로 마음이 잘 해탈하였기 때문이다. 너희는 함부로 사람을 평가하지 말라. 오직 여래만이 사람을 평가할 수 있느니라."

......

부처님께서는 곧 게송[07]으로 말씀하셨다.

나는 새나 달리는 짐승
사자를 두려워하지 않는 것 없고
오직 짐승의 왕 사자만은
그와 견주어 같은 것 없느니라.

그와 같이 저 지혜로운 사람은
몸은 비록 작으나 큰 사람이다.
다만 그 몸의 겉모양 보고
업신여기는 마음을 내지 말라.
커다란 몸에 살덩이 많고
지혜 없으면 어디다 쓰리.

•••••
07 게(偈) 혹은 게송(偈頌)은 불교의 교리를 담아 부처님의 공덕을 찬미하는 4구(四句)로 된 시구를 말한다.

이 이는 훌륭하고 지혜 있거니

그는 곧 최상의 사나이니라.

《잡아함경》, 권38, 〈추루경醜陋經〉

"여래만이 사람을 평가할 수 있다." 이렇게 말함으로써 붓다가 다른 사람이 지닌 평가의 권한을 빼앗아오려 한 것은 결코 아니었다. 누구나 붓다와 같은 깨달음을 얻으면 그 사람의 허상이 아닌 진상眞相을 볼 수 있다는 말이다. 즉 깨달음을 향해서 노력하자는 말도 되지만 깨달음이 되지도 않은 상태에서 본인의 판단을 과신해 남을 업신여기고 괴롭히는 폭력성을 삼가자는 말도 된다. 결국 이 짤막한 이야기는 남이 보기에 추해 보이는 그 비구처럼 남들과는 무언가 다른 사람의 '다르게 생길 권리', '다르게 행동할 권리'를 집단적인 획일주의적 기준으로부터 옹호해야 함을 보여주고 있다.

붓다가 '나'와 '집단'의 경계를 상대시하고 집단의 망상을 경계했다는 것까지는 그렇게 어려운 이야기가 아니다. 그러나 이쯤에 와서 분명히 한 가지 의문이 생길 것이다. 관념적인 차원에서 외모나 학력·신장身長을 물신화하는 것이 왜 나쁜지는 이해할 수 있다. 하지만 키 작은 사람은 애인 만들기도 쉽지 않고 서울대 출신 엘리트 집단은 진골眞骨 귀족 행세하는 이 틀러먹은 주변부 자본주의[08]의 세상에서 붓다 시대의 수행자 공동체도 아닌 우리가 과연 집단의 폭력적인 망념에 저항할 수 있겠냐는 것이다.

우리는 붓다의 가르침을 무엇보다 수행의 지침으로, 수행자 공동

《잡아함경》〈추루경〉에 소개된 라꾼다까 밧디야(Lakuntaka Bhaddiya)는 얼굴도 못생긴 데다 난쟁이여서 사람들에게 심한 놀림을 받았다. '라꾼다까'라는 이름은 '난쟁이'라는 뜻인데, 심지어 기원정사에 있을 때조차 몇몇 비구 스님들에게 외면당하고 업신여기는 말을 들어야 했다. 하지만 그는 사람들의 비웃음거리가 되어도 결코 화를 내는 법이 없었다. 또한 외모와는 달리 목소리는 많은 여인들의 마음을 움직일 정도로 감미로웠다고 한다. 그는 자신의 소리를 듣고 달려온 여인이 웃는 모습을 보고 그것을 수행의 주제로 삼아서 불환과(不還果, 욕계의 탐욕과 성냄, 어리석음을 완전히 끊은 성자)에 도달하였다. 그리고 사리불(舍利佛) 존자의 가르침을 듣고 마침내 완전한 깨달음을 얻게 되었다. 밧디야 존자의 인욕의 능력을 높이 산 붓다는 다음과 같이 칭찬한다. "산 위의 바위가 바람에 흔들리지 않듯이 지혜로운 사람은 칭찬과 비방 때문에 평정을 잃지 않는다."

체의 생활 방식으로만 인식하려는 경향이 있다. 그래서 붓다가 수행에 대한 이야기 이외에 진흙탕 속에서 하루하루 번뇌 속에서 살아가는 중생을 위한 구체적인 처방을 내렸으리라고는 생각하지 못한다. 그러나 초기 불교에 나타난 붓다 가르침의 놀라운 특징은 출가수행자를 위한 가르침은 물론 가족과 고향을 떠나지 못하는 사람들을 위해 현실적이면서 구체적인 가르침도 함께 제시했다는 점이다.

진정한 혁명가가 세계혁명이 내일모레 터지리라는 환상에 빠지지 않고 늘 진지전陣地戰을 펼 자세가 돼 있듯, 붓다도 대다수 인간이 출가수행이라는 인간 해방의 첩경에 들어서기가 어려울 것을 분명히 인식하여 속박 속의 자유 공간을 마련하는 방편을 내놓았다.

나눔은 불가피하다

재물에 집착해 아끼는 마음이야말로 가장 큰 탐욕이다. 이를 평상시에 조금씩 극복하게끔 하는 실천 방법이 있으니 바로 보시布施, 즉 희생과 나눔이다.

●●●●●

08 이집트의 경제학자이자 세계체제론 대가 중 한 명인 사미르 아민(Samir Amin)은 제국주의 식민지 지배가 종식된 이후에도 국제분업체제하의 중심국은 끊임없이 종속국을 착취한다고 주장했다. 그는 이런 종속국의 자본주의를 주변부 자본주의(Peripheral Capitalism)라는 개념으로 설명했다.

보시하는 이는 사람들이 사랑하고

많은 사람들 그 이를 따르나니

그 이름은 날로 더욱 높아가

멀리나 가까이나 두루 들리네.

대중과 함께 있어 언제나 부드럽고

아낌을 떠났으매 두려움이 없나니

그러므로 그 지혜로운 보시는

아낌을 아주 끊어 남음이 없네.

《잡아함경》, 권24, 〈암라녀경菴羅女經〉

　　보시하는 사람이 많은 사회에 두려움이 없다는 것은, 분배가 잘
되는 사회일수록 안정적이라는 이야기가 될 것이다. 보통 우리가 '보
시'라 하면 흔히 사찰에 헌금, 즉 불전佛錢을 주는 행위를 가리키지
만, 초기 불교 경전에서 보시(산스크리트어: dana)는 아주 넓게 '나누
는 일', '베푸는 일'을 의미한다. 수행자들에게 필요한 물자를 조달해
주는 것도 보시지만 하인이나 고용인, 손님, 친족들에게 재산을 나
누어 행복하게 해주는 것도 재산 가진 사람의 도리다.[09]

　　이처럼 폭넓은 의미로 쓰이는 보시는 단순히 사회적 위신을 얻기
위해 행해지는 부자의 자선慈善과 차원이 달랐다. 초기 불교의 윤리
에서는 필요한 사람에게 행하는 재산의 분배가 상황을 고려한 '선택'

● ● ● ● ●

09 나카무라 하지메(中村元) 지음, 차차석 옮김, 《불교정치사회학》, 불교시대사, 1993, 44쪽.

이라기보다 거의 '의무'에 가까웠기 때문이다. 붓다는 "엄청나게 재산이 많고, 식량이 풍족한 사람이 혼자서만 맛있는 것을 먹는다면 이것이 파멸에 이르는 문이다"(《숫타니파타》, 102), "탐욕을 끝내 극복하지 못한 사람은 세세생생世世生生 따라다닐 악업을 지은 것일 뿐만 아니라, 금생今生의 죽음을 맞이하는 순간에도 공포에 떨며 비참하게 최후를 맞게 되어 있다"[10]라고 가르쳤다. 즉 '자선가'나 '선인'이 아니라 편안하게 죽음에 이르는 지극히 정상적인 사람이라도 되기 위해서는 부를 모은 만큼 나누어야 한다는 것이다.

붓다 당시의 정치적·사회적 발전 수준으로는 무상교육이나 무상의료 비용을 조달하기 위한 부유세와 같은 제도를 상상하기 어려웠겠지만, 초기 불교가 '나눔'의 불가피성과 정상성定常性에 대해 크게 강조한 것을 보면 사회적 약자를 염두에 둔 포괄적인 누진과세야말로 '초기 불교의 뜻에 맞는 세정稅政'이라 볼 수 있을 것이다.

실제로 붓다가 지혜로운 사람이라고 언급하는 브라만Brahman 출신의 고문은 살상과 약탈을 중지시킬 방안으로 임금 마하위지타 Mahavijita에게 농민에게는 종자와 음식을 지급하고 상인에게는 필요한 자본을 대출해줄 것을 제안하는 등 일종의 '재분배형型 경제 부양책'을 건의하였다고 경전에 전해진다." 이와 같은 정치·경제적 정책을 굳이 오늘날의 방식으로 표현하자면 아마도 사회민주주의적

•••••
[10] *Anguttaranikaya*(증일아함경), pp. 219, *Abhayasutta*(공포로부터의 자유에 대한 경전). 이 부분을 다음 인터넷 사이트에서 읽을 수 있다. http://www.metta.lk/tipitaka/2Sutta-Pitaka/4Anguttara-Nikaya/Anguttara2/4-catukkanipata/019-brahmanavaggo-e.html

국가 개입주의로 표현할 수 있었을 것이다.

붓다는 출가한 수행자 공동체에는 탐욕에서 완전히 해방될 것과 무소유를 철저히 실천할 것과 같은, 말하자면 '공산주의적' 이상理想을 요구한 반면 속인들에게는 적당한 나눔과 같은 '온건 사회민주주의적' 이상을 설파했다.

그 연장선상에서 그는 수행자 집단에서 철두철미하게 일체의 지배·복종 관계를 없애고 자신을 포함한 모든 수행자들에게 상호 동등한 선지식善知識,[12] 즉 '좋은 친구'와 같은 호칭을 사용할 것을 주장했다. 하지만 아직 권력관계를 완전히 벗어날 만큼 그 업業이 성숙하지 못했다고 생각되는 속인들을 대할 때는 적어도 권력관계상 피지배자로서의 인권과 권익을 존중하고 쌍방적인 소통과 서로에게 이로운 관계互惠性를 유지할 것을 강조했다.

예컨대 붓다가 재가자在家者[13]에게 준 '재가자 윤리 지침'을 보면 고용주는 고용인에게 그 능력에 맞는 일감을 줄 의무, 질병 때 보살필 의무, 필요할 때 휴가를 줄 의무, 적당한 급료를 지급할 의무, 귀중한 음식 같은 자신의 애호 물품을 함께 나눌 의무가 있다. 고용인 역시 주인의 재산을 아끼고 맡은 바 과업에 성실히 임해야 할 의무

•••••

11 *Dighanikaya*(장아함경), Vol. 5, *Kutadantasutta*(피를 흘리지 않는 제사). 이 부분은 다음 인터넷 사이트에서 읽을 수 있다. http://www.bps.lk/olib/wh/wh120-p.html

12 '좋은 친구'를 뜻하는 산스크리트어 칼리아니미트라(kalyamitra)에서 유래한 말로 수행에 도움을 주는 사람을 말한다.

13 불교에 귀의한 불자 중 승려가 되지 않고 사회생활을 하는 일반인을 말한다.

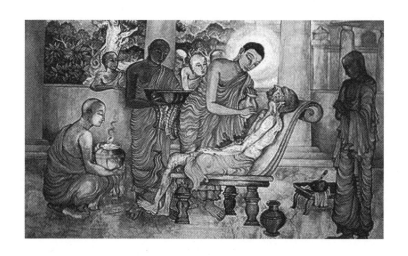

병자를 치료하고 있는 붓다. 붓다는 수행자 집단에서는 철두철미하게 지배·복종 관계를 없애고 자신을 포함한 모든 수행자들이 동등한 관계라고 주장했다. 하지만 부득이하게 아직 그 업이 성숙하지 않은 속인들을 피지배자로서 대해야 할 때는 인권을 존중하고 서로 이로운 관계를 유지하기 위한 의무를 다해야 한다고 가르쳤다.

가 있다.[14]

즉 붓다는 세습적 노예제를 비판하며 노예도 현명하기만 하면 브라만이 될 자격이 있다고 주장하는 등 신분계급 체제의 폐단을 준엄하게 비판했지만 속인에 한해서는 고용주와 고용자의 위계질서 그 자체를 부정하려 하지 않았다. 다만 요즘 말로 표현하자면 노동자를 대하는 자본가의 의무에 관해 의식이 강했던 것이다.

인간 해방의 철학을 전하는 초기 불교

이와 같은 초기 불교의 사회적 이상理想에 비추어볼 때, 사회·경제적 차별이 심하다 못해 신장身長, 외모까지도 위계서열로 인식되는 이 병리적인 사회를 고치기 위한 개인·집단 측면의 실천은 어떻게 이루어져야 할까? 즉 겉으로는 학벌 카스트를 비판하면서도 실제로는 그에 편입되는 것을 당연시하고 아이들에게는 남부럽지 않은 사교육을 시키고자 하는 '마음 따로, 말 따로, 행동 따로'인 현실을 어떻게 해야 할 것인가?

물론 2,000년 전에 만들어진 초기 불교 텍스트에서 우리에게 딱맞는 '맞춤형 행동 지침'을 발견하기란 어렵다. 붓다 자신도 제자에

•••••

14 Dighanikaya, Vol. 31, Sigalovadasutta(재가자 시갈라에게 준 가르침). 이 부분을 다음 인터넷 사이트에서 읽을 수 있다. http://www.accesstoinsight.org/tipitaka/dn/dn.31.0.nara.html

게 결코 맹신할 것을 원하지 않았다. '법을 의지하고 자신을 의지하라'는 붓다의 유언은, 결국 붓다의 법을 참고삼아 임기응변의 방편을 취하라는 말씀으로 이해해야 할 것이다.

초기 불교의 실천 정신을 대표하는 당시의 개념들이라면 타인을 대할 때 교언영색함이 없이 사랑을 전하고 바른 생각을 일으키는 말을 하라는 의미의 '애어愛語, peyyavajja'와 이웃의 어려움을 외면하지 말고 늘 그 해결에 동참하라는 의미의 '동사同事, samanattata' 등을 들 수 있다.[15] 마음과 입 그리고 손의 업으로써 늘 '나'와 '남'을 둘이면서도 하나로 여기는 이 정신을 우리는 마땅히 행동의 기본 배경으로 삼아야 할 것이다.

배경이 이렇다면 구체적인 실천의 방도는 불교 수행의 기본 이념인 '여덟 가지 올바른 길八正道'[16]을 일상생활에 적용해 생각해보면 어떨까 싶다. 가령 재가자의 입장에서, 바른 사고방식을 의미하는 바른 견해正見와 바른 생각正思惟은 사회문제에 대해 제도권이 만들어내는 환상에 빠지지 말라는 의미로 해석된다. '명문대생들의 사회적 특권은 실력에 따르는 보상이다', '여자는 일단 예뻐야 한다'는 것은 진리가 아님은 물론이거니와 다원주의 원칙에 따르면 관용해야

•••••

15 중생을 교화하기 위한 네 가지 실천 덕목인 사섭법(四攝法)에 해당하는 덕목들이다. 애어섭(愛語攝)과 동사섭(同事攝) 외에, 재물이나 법을 베풀어주는 보시섭(布施攝), 선행으로 이익을 얻게끔 하는 이행섭(利行攝)이 있다.
16 여덟 가지 올바른 길, 즉 팔정도는 인생의 고통을 치유하고 '참나'로 돌아가기 위한 여덟 가지 방법이다. 바른 견해(正見), 바른 생각(正思惟), 바른 말(正語), 바른 행위(正業), 바른 삶(正命), 바른 노력(正精進), 바른 마음챙김(正念), 바른 수행(正定)을 말한다.

할 정당한 '의견'도 아니다.

불교적 언어로 표현하자면 그것이야말로 나쁜 견해邪見, 즉 바른 견해의 정반대로 인간의 존엄성을 짓밟는 생각이다. 같은 논리로 바른 말正語는 언론에서든 학술 작업에서든 인터넷의 게시판에서든 그릇된 사회가 만들어내는 나쁜 말邪語들의 허구성을 피하고 참된 말을 하라는 이야기가 될 것이다.

그리고 원래 '바르게 생활한다'는 의미가 있는 바른 행위正業와 바른 삶正命은, 지금 나 자신부터 병든 사회의 나쁜 행위邪業를 사소한 것이라도 잘 분별해 거부하자는 의미일 것이다.

물론 나쁜 말 싣는 것을 업으로 삼는 신문 구독을 거부하거나, 소비자의 심신을 파괴하는 잘못된 돈벌이의 일환으로 만든 술 마시기를 거부하는 것까지는 비교적으로 쉬울지 모른다. 하지만 명문대 입학이나 재벌 입사와 같은 '청운의 꿈'을 접는 일이나 살인을 훈련시켜주는 군대 가기를 거부하는 일 등은 그보다 훨씬 더 많은 내면의 힘을 요구할 것이다.

그러나 '큰 업'까지 깨끗하게 하기는 어렵더라도 적어도 나쁜 견해, 즉 자기기만에 빠지지 않는 것은 어떨까? 가령 명문대를 지향하더라도 명문대란 극히 배타적인 학벌 집단들이 사리사욕을 채우기 위해 만들어내는 간판이라는 사실을 염두에 두는 것이다. 재벌기업에 입사하더라도 재벌이 일감 몰아주기 등 매우 불공정한 방법을 동원해 이윤을 추구한다는 사실을 염念한다. 또 군대에 끌려가더라도 군대란 착취자들을 사수할 총알받이를 생산하는 살인 학교라는 사실을 기억한다면, 훗날 용기를 되찾아 나쁜 행위에서 벗어날 수 있는 바탕이라도 잃지 않게 될 것이다.

물론 자신에 대한 달갑지 않은 진실을 염두에 두고 생활하는 일만큼 괴로운 일도 없을 것이다. 자기를 합리화하지 않고 '나는 용기가 없어서 지금까지 바른 행위가 아닌 일을 해왔다. 그러나 언젠가 이 거짓된 나假我가 아닌 진실한 나眞我를 되찾기 위해 용기를 내 결단해야 할 것이다'와 같은 생각으로 하루하루 살기란 말 그대로 고통 그 자체다.

그러나 좋은 행위를 하지 못하는 전반적인 상황에서 그런 아픔 정도는 스스로 감수해야 바른 노력正精進, 바른 마음챙김正念에 근접할 수 있을 것이라 봐야 하지 않을까? '나' 자신에 대한 아픈 진실은 바른 마음챙김의 기반이 될 수는 있어도 결코 달콤한 거짓말은 되지 않을 것이기 때문이다.

결국 초기 불교란 무엇인가? 일체의 인간들을 해탈을 이룰 수 있고 해방의 가능성이 잠재된 존재라 보는 고차원적인 인간 해방의 철학이다. 해방된 자에게는 우리가 '세상'이라고 보는 것들이 모두 꿈에 불과하겠지만, 해방의 맛을 본 사람이라면 남들(자신의 분신, 즉 또 다른 나)이 몸과 얼굴을 수술로 뜯어고치고, 황금 연령기를 주입식 암기 교육의 지옥에서 보내도록 내버려 두지 않을 것이다. 깨워서 내가 일어났으면 때가 된 줄 알고 옆에서 자는 이들을 깨운다. 사실, 이와 같은 몇 마디로 대장경의 수많은 경전을 압축해도 무리가 없을 것이다.

붓다가 보리수 아래서 깨달음을 얻은 뒤 다섯 수행자 앞에서 최초로 설법(初轉法輪)한 녹야원의 모습. 붓다 탄생지인 룸비니, 깨달음을 얻은 곳인 부다가야, 열반지인 쿠시나가라와 함께 불교의 4대 성지 중 하나다. 뒤로 붓다가 초전법륜을 펼친 장소를 기념하기 위해 세운 아소카 석주(Dhamek Stupa)가 보인다. 붓다는 이곳에서 삼법인(三法印), 사성제(四聖諦), 팔정도(八正道), 12연기(十二緣起) 등을 설법하였다. 그중 팔정도는 '나'와 '남'을 둘이면서도 하나로 여기는 초기 불교의 정신을 실현할 수 있는 가장 기본적이면서도 중요한 실천 덕목이다.

도법 스님과의 대담 1 "있는 그대로의 참모습을 보자"

박노자 도법 스님 안녕하세요? 뵙게 되어 반갑습니다. 제가 처음 불교를 알게 된 것은 고등학생 때였습니다. 그때 《법구경法句經》을 읽었는데, 운 좋게 러시아 말로 잘 번역된 게 있어서 읽게 되었지요. 당시 저로서는 가장 큰 충격이면서 감명 깊었던 부분이 바로 불교에서 말하는 '관계성의 논리'입니다. 근대 철학의 경우에는 주체와 객체, 주체와 대상이 명확하게 구분이 되어 있고, 이에 따라 어떤 경우에는 대상에 대한 주체의 폭력이 허용될 수 있는 철학적인 맥락이 만들어집니다. 그런데 불교는 남에 대해 부정적인 행위를 하는 것이 '나' 자신을 향해서 부정적인 행위를 하는 것과 마찬가지라 말하고 있어요. 불교에서는 '나'와 '너'가 따로 없잖아요. 시작도 끝도 없는, 시공을 초월한 세계에서 본다면 내가 남에게 무언가 잘못을 저지른다면 지금 생이든 다른 생이든 결국 언젠가 우리한테 다시 돌아오게 된다는 말이 저로서는 가장 감동적인 부분이었습니다.

이것은 근대 철학으로서는 거의 도달할 수 없었던 부분이었기 때문이었는데요. 이와 같은 원리와 불교적인 관계성은 바로 비폭력, 아힘사ahimsa[17]의 원천이 아닌가 싶습니다. 결국에는 '너'와 '나'가 따로 없으니까 남에게 가하는 폭력이나 기만과 같은 부정적인 행위는

• • • • •

[17] 살아 있는 모든 것에 대한 불살생(不殺生), 불상해(不傷害), 비폭력을 가르치는 인도 힌두교의 전통 사상이다. 이는 불교에도 영향을 끼쳐 불살생계(不殺生戒), 중생에 대한 자비심 등으로 나타났다.

결국 자기 자신을 향해서 하는 거죠. 그런데 문제는 현실 속 삶을 보면 폭력을 행하지 않으려고 해도 하게 되어 있는 부분들이 있다는 겁니다.

예컨대 사찰에서 대입 기도를 하는 분들이 많습니다. 대학 입시는 서로 경쟁을 하는 것이잖아요. 기도할 때도 '내 자식이 좀 잘되게 해달라'는 건데요, 이는 본인은 원치 않더라도 다른 집안의 자식이 잘 안 되게 해달라는 말이 될 수도 있지 않을까요? 즉 몸身과 입口과 마음意으로 짓는 세 가지 업三業[18]에 따라 남에게 폭력을 행하는 것이 몸으로만 행하는 것이 아니고, 부정적인 어떠한 생각을 품고 말하는 것도 불교적으로 말할 때는 아힘사(비폭력)의 원칙에 어긋나게 됩니다.

이 때문에 입시 경쟁이라는 구조 자체가 우리로 하여금 폭력적이 되도록 만드는 게 아닌가 싶구요. 세상에는 이런 일이 이것 말고도 한두 가지가 아니지 않습니까? 그래서 제가 늘 갖고 있는 화두話頭라면 화두인데요, 과연 불교의 논리를 실천하려는 사람이라면 어떻게 행동해야 할지, 이처럼 구조적인 폭력에 부딪힐 때 우리는 불자로서 어떻게 대응해야 하는지 알고 싶습니다.

도법 사실 저도 잘 모르고, 어떻게 해야 하는지 헤매고 있는 게 현

•••••
[18] 삼업은 신체적 행위, 언어적 행위, 심리적 행위의 세 가지 행위를 말한다. 업은 본래 행위를 의미하는 것이었는데 이것이 불교에 수용되어 몸, 입, 마음으로 하는 선하고 악한 행위의 결과로 얻게 되는 과보(果報)를 설명하게 되었다.

실이죠. 그러나 우리가 논리적으로 천착을 해보면 '구조적인 모순이 왜 만들어졌는가?'라는 질문에 대한 답부터 분명히 짚어봐야 한다고 봅니다. 세상에는 치유될 수 없는 병은 없고, 해결될 수 없는 문제는 없다고 생각합니다. 다만 우리가 그 병을 제대로 모르고, 제대로 치유할 수 있는 약이나 기술을 갖고 있지 않아서 치유를 못하는 거죠. 병이 있으면 반드시 치유할 수 있는 길이 있기 마련이고, 문제가 있으면 해결할 수 있는 길도 분명히 있을 겁니다. 다만 이러한 병이나 문제를 해결하기 위해서는 정확하게 무엇이 문제인지, 그 문제가 왜 발생했는지 하는 것들이 정확하게 짚어져야 그에 맞는 해답을 찾거나 처방을 내릴 수 있으리라고 보는 거죠.

우리가 자꾸 구조적인 모순이라는 얘기를 하는데, '과연 이 구조적인 모순은 왜 만들어졌는가, 누구에 의해서 만들어졌는가' 하는 문제를 봅시다. 그것을 설명하려면 굉장히 복잡할 수밖에 없는데요, 하지만 사실을 그대로 보면 결국 사람이 만든 것이에요. 잘못된 소견과 삶의 태도로 살아가는 사람들에 의해 만들어진 것이 곧 모순에 찬 사회인 것이지요. 그래서 이를 조금 단순화시켜 본다면 불교적 관점에서 보는 문제의 원인은, 가장 첫 번째가 존재에 대해 모르기 때문에 혹은 세계에 대해 모르기 때문이라고 할 수 있겠습니다. 불교적 언어를 쓰자면 존재의 실상, 또는 세계의 실상에 대한 무지라고 할 수 있을 텐데요. 바로 그 무지가 원인이 되어 구조적 모순까지 이르게 된다고 보는 겁니다.

세상을 만드는 주체가 자기 자신이고 사람들이라면 그 주체들이 어떤 세계관과 철학으로 살아가고 있는가가 핵심일 수밖에 없다는 것이지요. 물론 구조적 모순은 개인이 만들어낸 것은 아닙니다. 조직화된 사회 속에서 만들어졌지요. 그런데 그 조직화된 사회라고 하는 것도 다른 수많은 구성원들로 이루어졌고, 그 구성원들이 자기 존재의 참모습에 대해 알지 못할 때 바로 문제는 시작됩니다. 그 무지 때문에 삶에 대한 왜곡된 이해와 인식들이 형성되고, 삶에 대한 왜곡된 이해와 인식들이 모순된 사회로 나타나는 것이지요.

결국 구조적인 모순이란 사람들이 자기 존재의 '있는 그대로의 참모습'에 대해 모르기 때문에 생기는 것이라 볼 수 있습니다. 그렇다면 그에 대한 해결책은 어디서부터 찾아야 할까요? 바로 존재에 대한 눈뜸을 통해서만 가능하다는 거예요.

이렇듯 문제의 원인을 따져보면 문제의 시작도, 해결점도 나로부터 비롯되어야 한다는 결론에 도달하게 됩니다. 이것은 옷을 입을 때 첫 단추를 꿰는 것과 같습니다. 첫 단추가 잘못 끼워진 상태에서는 어떤 대책을 세워도 끝까지 모순이 재생산될 수밖에 없고, 모순이 복잡해질 수밖에 없다는 거예요. 자기 존재의 참모습에 대해 모른다는 것은 삶의 문제를 다루는 데 있어서 첫 단추를 잘못 꿰는 것과 같은 이야기입니다. 그러니 이걸 풀어내기 위해서는 그 참모습에 대한 눈뜸이 필요하다는 거죠.

부처님의 가르침이 이와 같다고 볼 때 부처님이 등장하기 이전, 또는 부처님이 등장했을 당시 사회를 지배하고 있었던 세계관을 여러 가지로 얘기할 수가 있겠죠. 성선설, 성악설, 일원론, 이원론, 유신론, 무신론, 관념론, 유물론 이런 세계관들이 지배하고 있었단 말입니다. 그런데 부처님이 이걸 다 비판, 부정했어요. 왜 그러냐 하면 존재의 참모습에 대한 무지와 왜곡된 안목에 의해서 만들어진 이론이고, 세계관들이라는 겁니다. 이런 세계관으로 문제를 다뤄서 사회적으로 나타난 것이 '생존경쟁'과 '약육강식'입니다. 이원론적이고, 대립적인 세계죠. 그래서 부처님이 그게 아니라고 하면서 내놓은 것이 연기론緣起論입니다. 연기론은 일원론도 아니고, 이원론도 아니고, 성선설도 아니고, 성악설도 아니란 얘기죠. 바로 '관계론'이고, 이것은 누구에 의해서가 아니라 현재의 행위에 따라 모든 결과가 좌우된다는 겁니다.

이런 연기론적 관점에서 삶을 파악한 것이 '서로 의지하고 서로 돕는다相依相資'는 이론이죠. 즉 이 세상은 서로 분리되어 대립하도록 되어 있는 것이 아니고, 서로 의지하고, 서로 협력하면서 살도록 되어 있다는 겁니다. 전혀 다른 관점이죠. 다른 이론들이 이원론적이고, 대립적 관점에서 삶을 바라봤다고 한다면 부처님의 연기론은 서로 의지하고 협력하는 관점에서 바라봅니다. 서로 의지하고, 협력하면서 살도록 되어 있는 것이 존재의 법칙이고, 존재의 질서기 때문입니다. 생존경쟁과 약육강식의 삶의 방식은 거기에 설 땅이 없는 거죠.

그래서 비록 구조적인 모순이라고 하더라도 이 문제를 제대로 풀어내기 위해서는 개인의 삶이 되었든 사회의 삶이 되었든 우리가 희망하지 않은 고통과 불행, 비극이 생길 수밖에 없었던 본질적 원인을 되짚어봐야 합니다. 그러면 존재의 참모습에 대한 무지, 왜곡된 이해와 인식에서 비롯되었다는 결론에 도달하게 됩니다. 그러므로 이 문제를 해결하지 않고 내려지는 어떤 대책과 처방도 또 다른 모순과 혼란을 야기할 수밖에 없을 것이라 생각합니다.

2장

여자의 몸으로
부처가 될 수 없다고?

如實知見 여실지견

편견 없이 있는 그대로를 보는 것을 말한다. 붓다가 선정을 통해 깨달은 바는 바로 욕망이 고통으로
이어지는 이 우주의 근원적 법칙, 즉 '있는 그대로의 현실(yathabhutananadassana)'이다. 이 깨달
음을 얻은 중생은 남성이든 여성이든 나이가 많든 적든, 사회적 위치나 신체가 어떻든 곧바로 윤회의
세계에 대한 애착을 끊은 무욕(無慾: viraga)이라는 정신적 상태를 얻게 된다.

13년 전인가 불교계 언론의 여기자를 만난 일이 있었다. 한국 불교의 과거와 현실을 서구의 기독교 등 여러 다른 종교와 비교해가면서 논하던 중에, 여성과 종교의 관계를 들어 한국 불교를 칭찬해주었다. 중세 말기 유럽 기독교의 그 끔찍한 "마녀 사냥"부터 오늘날 여성의 피임避妊이나 여성 신부의 서품 등에 대한 가톨릭 교회의 완고한 반대에 이르기까지 종교가 여권女權 탄압의 최전선을 떠난 적이 없는 것과 정반대로 한국 등 불교권의 나라에서는 적어도 종교적 차원에서 여성을 차별하거나 탄압하지 않았다는 것이 그때 내 발언의 핵심이었다. 그런데 이야기를 들은 그 기자는, 당신은 너무 순진해서 안 된다는 듯한 표정으로 나를 쳐다보며 이렇게 말했다.

"물론, 원칙상 깨달음과 수행, 보시에서 남녀의 차이는 없고, 불교가 기독교만큼이나 여성을 괴롭힌 내력이 없다는 것은 사실이지만, 적극적으로 탄압을 안 하거나 못 한 것과 여성을 진짜로 평등하게 보는 것은 근본적으로 다르잖아요? 한국 불교는 성별을 바꿔서

•••••

여 대승불교 경전에 기록된 여성 지위에 대한 입장들은 크게 세 가지로 나뉜다. 여성의 몸으로는 부처가 될 수 없다는 전통적인 소승불교의 견해를 답습하는 여성불성불론(女性不成佛論), 이를 조금 완화해 다음 생에 남성의 몸으로 거듭나 수행하면 부처가 될 수 있다는 변성성불론(變性成佛論) 그리고 여성의 몸 그대로 부처가 될 수 있다는 여성성불론(女性成佛論)이 그것이다. 《법화경(法華經)》을 비롯한 대다수의 대승 경전은 변성성불론을 채택하고 있으며 《승만경(勝鬘經)》, 《유마경(維摩經)》 등의 일부 대승 경전에서 여성성불론을 인정하고 있다.

깨달을 수 있다는 변성성불론°과 같은 이야기에 계속 집착하고 이를 비판적으로 검토하지 않는 것만 봐도, 불교가 남녀를 평등하게 대하려면 아직 멀어도 한참 멀었지요."

변성성불, 부처가 되기 위해 여성이 그 성별을 바꾸어서 남성으로 한 번이라도 거듭나야 한다는 이야기……. 사실, 나는 그 자리에서 '변성성불론'에 대해 처음으로 들은 것이었다. 전에 러시아에서 《법구경》과 같은 초기 경전으로 배운 불교에는 수행자의 성별에 대한 별다른 언급이 없었다. 또한 불교적 공空의 논리에 따르면 성별에 관한 중생들의 일체 선입견들이 다 허위의식으로밖에 해석되지 않기에 '여자의 몸으로 감히……'라는 논리가 불교의 성직자 입에서 나올 리가 없다는 것이 내 원래 불교관이었다.

그러나 역시 아니나 다를까, 원리원칙이 아닌 사회적 실체로 접한 불교는 여느 다른 계급 사회의 종교와 다르지 않게 여성에 '특별 대우(?)'를 아끼지 않는 것이었다. 물론 여성이나 '미주 대륙의 야만인'에게 과연 영혼이 있는가라는 중차대한 문제(?)를 가지고 진지한 토론을 벌였던 16세기 초반의 유럽 기독교에 비하면 훨씬 나아 보이지만, 불교의 형이상적 평등의 원칙도 역시 제도화된 불평등의 현실 앞에 굴곡을 겪지 않을 수 없었다.

그래도 조선시대의 불교든 오늘날의 불교든 여성이 열성 신도의 거의 다수를 점하고 있고 수많은 남성 신도들이 엄마의 손을 잡고 사찰에 다녔던 어릴 적 '모태 신앙'의 기억으로 부처님과 인연을 맺는다는 점을 이미 알고 있었던 나로서는 변성성불의 이야기가 충격으로 다가오지 않을 수 없었다. 결국 여성의 손에 살림살이를 이어 가고 후대에 이어지고 키워지는 한국 불교가 그 기반인 여성 신도들을 이론적으로까지 차별하는 역설을 보인 셈이었기 때문이다.

여자의 몸에는 다섯 가지 장애가 있다?

몸 그 자체를 벗어나야 할 것으로 생각하고, 남성으로든 여성으로든 다음 생애에 중생의 몸을 갖추어 태어나지 않기를 기원하는 종교에서, 과연 어떻게 해서 '여자의 몸이 남자의 몸보다 더럽다'는 이야기가 성립될 수 있었을까?

'변성성불론'에 대해 처음 들은 나는 그 뒤에 이를 잊지 않고 그 이야기의 출처를 열심히 찾아다녔는데, 결국 찾아낸 것은 대승 경전의 백미라 할 《법화경》의 제12장, 즉 제바달다품提婆達多品의 용녀龍女 전설이었다. 용왕의 여덟 살짜리 딸이 이미 입으로도 몸으로도 생각으로도 물러남이 없는 정진과 공덕을 이루어냈고, 모든 세계의 뭇 중생들을 다 친자식처럼 보살피고 사랑했지만 이 여성을 향한 남성 불제자의 시선은 여전히 성별이라는 틀에서 벗어나지 못하고 있는 것처럼 묘사된다. 즉 지혜제일 사리불[02]이라는 붓다의 제자는 용녀에게 다음과 같은 말을 건넨다.

> 그대는 오래지 않아 위 없는 도를 얻으리라 생각하나, 나는 그 일을

믿기 어렵노라. 그 까닭을 말하면, 여자의 몸은 때 묻고 더러워서 법의 그릇이 아니거늘, 어떻게 위 없는 보리를 얻겠는가. 부처 되는 길은 멀고 멀어서, 한량없는 겁을 지나면서 애써 수행을 쌓으며, 여러 가지 바라밀다(波羅密多, 열반에 이르게 하는 수행법)를 구족하게 닦고서야 이루는 것이 아닌가. 또 여자의 몸에는 다섯 가지 장애가 있나니, 첫째, 범천왕(梵天王)이 되지 못하고, 둘째, 제석천왕(帝釋天王)이 되지 못하며, 셋째, 마왕(魔王)이 되지 못하고, 넷째, 전륜성왕(轉輪聖王)이 되지 못하며, 다섯째, 부처가 되지 못하는 것이 그것이니라. 어떻게 여자의 몸으로 빨리 성불할 수 있겠느냐.

이 말을 들은 용녀가 붓다에게 보배로운 진주를 바치고는 '잠깐 동안' 남자의 몸을 갖추어서 바로 성불한 것으로 이야기는 끝을 맺지만,[03] 이 이야기에 담긴 '여성의 몸에 있는 다섯 가지 장애설五障設'은 적지 않은 문제를 남긴다. 이 말을 문자 그대로 믿는다 하더라도 여자의 몸으로 도저히 얻을 수 없다는 그 범천왕이나 제석천왕 그리고 마왕의 지위란 것이 과연 다 무엇인가라는 질문이 떠오른다.

●●●●●

02 지혜제일 사리불(智慧第一 舍利佛, Sariputra)은 석가모니의 제자 중 가장 뛰어난 제자 열 명을 일컫는 십대제자(十大弟子) 중 한 명으로 지혜가 가장 뛰어나 지혜제일(智慧第一)로 불렸다. 그 외에, 신통제일 목건련(神通第一目建連, Maudgalyayana), 두타제일 마하가섭(頭陀第一摩訶迦葉, Mahakasyapa), 천안제일 아나율(天眼第一阿那律, Aniruddha), 다문제일 아난(多聞第一阿難, Ananda), 지계제일 우바리(持戒第一優婆離, Upali), 설법제일 부루나(說法第一富樓那, Purna), 해공제일 수보리(解空第一須菩提, Subhuti), 논의제일 가전연(論議第一迦旃延, Katyayana), 밀행제일 라후라(密行第一羅睺羅, Rahula)가 있다.

03 《법화경》, 이민수 옮김, 홍신문화사, 1987, 247~250쪽.

©Bhante Anandajori

대승 경전인 《법화경》 제12장 제바달다품의 용녀 전설에서 붓다의 제자 사리불 등은 여성의
몸은 더럽고 다섯 가지 장애가 있어 성불할 수 없다고 말한다. 그러자 용녀는 붓다에게 보배
스러운 진주를 바치고 곧 남자의 몸으로 변하여 즉시 성불에 이르렀다. 32상(相) 부처님 모습
을 하고 법화경을 설하니 이에 사리불 등은 깜짝 놀라며 묵묵히 그 공덕에 감동하였다.

범천왕, 즉 브라흐마Brahma[04]가 전통 인도 신앙에서 세계의 창조 신으로 받들어지는 한편, 불교에서는 음욕淫慾을 떠난 청정한 하늘 세계[05]에서 살고 있는 불교의 한 수호신으로 묘사된다. 인드라因陀羅, Indra[06]라 불리는 제석천 역시 전통 인도 신앙의 중심적인 하늘 신이지만, 불교에서는 도리천忉利天[07]에서 살고 있는 수호신일 뿐이다. 마왕 또는 마라魔羅, Mara는 음욕이 아직 존재할 수 있는 하늘 나라欲天 중에서 가장 높은 하늘나라[08]에 있으면서 수행자들을 방해하여 그들이 욕구를 견뎌낼 수 있을지 시험하는 악마인데, 그 계통 또한 고대 인도 신앙의 세계다. 전륜성왕, 즉 작가라발랄저斫迦羅跋剌底, Chakravartiraja는 폭력 없이 세상을 통일해 다스리는 고대 인도의 이상적인 통치자의 이미지를 가리킨다.

　남성 우월주의적인 고대 인도 사회에서 여성의 몸으로 남성적인 (힘세고 공격적인) 하늘 신 범천왕이나 제석천, 또는 마왕 그리고 역시 가부장적 임금인 전륜성왕이 될 수 없다는 논리쯤이야 '상식'이

●●●●●

04 전통 인도 신화에 나오는 세상의 창조 신이다. 바라문교 신앙에서 우주의 근본 원리이자 최고 원리를 의미하는 브라만이 인격화된 남신을 상징한다. 불교에서는 불법을 수호하는 호법신으로 수용되었다.

05 삼계(三界) 중 욕심이 지배하는 욕계(欲界)를 제외한 곳을 뜻하며 구체적으로는 색계(色界)를 말한다.

06 인도 전통 신앙에서는 아리아인의 수호자로 등장했으며 신들의 왕으로 불렸다. 불교에서는 범천왕과 함께 불법을 수호하는 호법신으로 수용되었다.

07 불교의 이상향으로 세계의 중심인 수미산(須彌山) 정상에 있으며 불법을 수호하는 제석천(帝釋天)이 살고 있다.

08 육도(육천, 욕계) 중 천상도에 해당하는 여섯 하늘(육욕천) 가운데 가장 높은 하늘인 타화자재천(他化自在天)을 말한다.

라 해도 별로 놀라운 일은 아닐 것이다. 그러나 여성이 하늘 신이나 임금이 될 수가 없다고 해서 여성에게서 성불의 가능성까지 가차없이 박탈한 《법화경》 사리불의 말은 과연 불교적으로 이치에 맞는가? 몸의 형태도 일체의 욕망도 다 벗어난 최고最高의 스승 붓다와 그에게 설법을 청하러 오는 범천왕 따위가 과연 격이 같을 수가 있는가? 가부장적인 세상에서 여성이 하늘 신으로 태어날 수 없다고 해서, 붓다의 세계에 과연 '여성'으로서의 한계가 있을 수 있는가?

생각하면 할수록 《법화경》에 나오는 사리불의 말은 불교의 원칙 그 자체와 전혀 무관한 인도의 전통적인 남성 우월주의의 발로로만 생각된다. 《법화경》이 북인도에서 성립된 기원후 1세기쯤[09]에는 이미 불교가 그만큼 종래의 관습, 전통과 타협을 이루었다고 봐야 할 것이다. 그런데 2,000년 전 사회의 어두운 현실을 반영한 책을 가지고 과연 오늘날에 와서 불교의 세계에서 여성을 하위로 배치해도 되는가? 더군다나 가끔 성경의 '무오류성'을 들먹이는 몇몇 보수 기독교도와 달리, 신앙이 보수적인 승려라 해도 서로 성립의 시기가 크게 차이 나는 수많은 대승 경전이 모두 문자 그대로 불설佛說, 즉 '부처님의 말씀'이었을 리가 없다는 사실은 어느 정도 인정하지 않는가?

• • • • •

09 와타나베 쇼코(渡邊照宏) 지음, 김무득 옮김, 《경전성립론》, 경서원, 1983, 205~217쪽.

불교의 세간世間, 세속, 우주은 삼계三界·육도六道의 개념을 통해 표현된다. 삼계는 욕계欲界, 색계色界, 무색계無色界로 구성되어 있으며 욕망의 지배를 받는 욕계에 비해 나머지 두 세계는 욕망을 벗어난 정신적인 상태를 뜻한다. 여기서 육도六道는 세 가지 세계 중 가장 아래에 있는 욕계에 해당한다. 색계는 욕계 위에 있으며 물질色은 있어도 욕심이 없어 몸의 더러움이 없이 청정하고 즐거움이 넘치는 곳이다. 무색계는 모든 질적인 것도 떠난 순수한 정신만의 세계로 무념무상無念無想, 삼매三昧의 경지다.

욕계인 육도에서 육도윤회六道輪廻가 일어나는데 육도는 불교에서 깨달음을 얻지 못한 자, 즉 해탈하지 못한 중생이 죽어서 생전에 한 행위에 따라서 윤회하게 되는 여섯 가지 세계다. 가장 완벽한 고통의 세계로 극도의 괴로움에 시달리는 지옥도地獄道, 극심한 굶주림에 시달리게 되는 아귀도餓鬼道, 죽을 때까지 일하며 인간에게 부림을 당하는 축생도畜生道, 분노와 질투로 오로지 싸움만 아는 사람들이 사는 아수라도阿修羅道, 현재 인간이 사는 인간도人間道, 하늘나라의 세계인 천상도天上道로 이루어져 있다. 천상도는 다시 사왕천四王天, 도리천忉利天, 야마천夜摩天, 도솔타천兜率陀天, 화락천化樂天, 타화자재천他化自在天이라는 여섯 가지 하늘인 육욕천六欲天으로 구분된다. 즉 삼계 혹은 세간이라 함은 깨달음을 얻지 못한 중생이 윤회를 거듭하는 세계를 말하며, 이에 반해 출세간出世間은 생사윤회를 초탈한 해탈의 세계를 뜻한다.

대승불교와 여성성의 관계

물론 초기 대승불교라고 해서 여성의 위치가 꼭 낮은 것만도 아니

었다. 예컨대 한국 역사에서 일찌감치 그 위력을 나타낸 《승만경勝
鬘經, Srimaladevi-simhanada-sutra》을 보자. 여자의 몸으로 전륜성
왕이 될 수 없다 하더라도 진덕왕이라는 여성이 647~654년간이라는
짧은 기간 동안 일부 귀족들의 반대에도 불구하고 신라를 지배했는
데, 그녀의 이름은 바로 《승만경》에서 따온 것으로 보이는 승만勝鬘
이었다.[10]

불교가 국교國敎의 위치에 있었던 7세기 중반의 신라에서 정치에
참여하려는 여성으로서 여성이 종교적, 정치적 활동을 펼쳐도 된다
는 불교적 근거를 제시하는 것은 대단히 유리한 일이었을 것이다.
진덕여왕이 이름을 따온 경전 속의 승만 부인이야말로 왕후로서의
정치적 역할과 불제자로서의 재가 수행을 완벽하게 겸비한 훌륭한
모델이었다. 그녀는 비구니가 되지도 않은 속인의 몸으로서 붓다 앞
에 설법자로 나아가 설법의 내용이 옳다는 붓다의 인가를 받고 '오
늘부터 깨달음을 얻을 때까지' 다음과 같은 열 가지 사항을 지키겠
노라 다짐하기도 한다.

첫째, 받아 지닌 계율에 대하여 범하고자 하는 마음을 일으키지 않
겠습니다. 둘째, 모든 어른들에 대하여 오만한 마음을 일으키지 않겠
습니다. 셋째, 모든 중생에 대하여 화내는 마음을 일으키지 않겠습니
다. 넷째, 다른 사람의 신체 및 소유물에 대하여 질투하는 마음을 일

•••••
[10] 김부식 편찬, 이재호 옮김, 《삼국사기》, 광신출판사, 1993, 104쪽.

으키지 않겠습니다. 다섯째, 인류의 모든 것에 대한 아끼는 마음을 일으키지 않겠습니다. 여섯째, 자신을 위해서 재물을 쌓아 두지 않으며 전부 가난한 중생들을 성숙시키는 데 쓰겠습니다. 일곱째, 자신을 위해서 사섭법(四攝法)[11]을 행하지 않겠사오니, 모든 중생을 위해서입니다. 애착하지 않는 마음, 싫어하거나 만족하지 않는 마음, 걸림 없는 마음으로 중생을 거두어들이겠습니다. 여덟째, 부모가 안 계신 아이, 자식이 없는 노인, 죄를 짓고 갇힌 사람, 병든 사람 등 갖가지 고난으로 괴로움에 처한 중생을 보면 마침내 잠시도 외면하지 않으며 반드시 안온케 하겠습니다. 재물로써 이익케 하여 모든 고통을 벗어나게 한 뒤에야 외면하겠습니다. 아홉째, 동물을 잡아 기르는 등의 갖가지 올바르지 못한 생활 방편(惡律儀) 및 계를 깨뜨리는 것을 보게 되면 절대로 외면하지 않겠습니다. 열째, 올바른 가르침을 받아들여서 마침내 잊지 않겠습니다. 왜 그러냐 하면, 가르침을 잊는다는 것은 곧 대승을 잊는 것이 되며, 대승을 잊는다는 것은 곧 바라밀다를 잊는 것이 되며, 바라밀다를 잊는 것은 대승을 욕구하지 않는 것이 되기 때문입니다. 만약 보살이 대승에 머무르지 않는다면 곧 능히 올바른 가르침을 받아들일 수 없을 것이며, 즐거워하는 바를 따라서 들어가고자 하나 영원히 범부의 경지를 뛰어넘을 수 없게 될 것입니다.[12]

* * * * *

11 보살이 중생을 위하는 네 가지 방법, 즉 재물이나 법의 보시, 착한 말로 이끌어들이는 일, 선행으로 이익을 얻게끔 하는 일, 친히 나타나서 행동을 같이 함으로써 열반으로 이끌어들이는 일이다.

12 이인혜 옮김, 《승만경, 여래장경, 부증불감경》, 시공사, 2002. 이 책 외 경전의 국역 참조.

이 경전이 성립됐던 3~4세기의 북인도(아유티아 지역)[13]나 지금 우리가 사는 세상이나 여성을 차별하려는 무리들은 여성에게 질투심이나 오만함, 절제되지 못한 욕망과 탐욕 등 부정적인 성질이 내재해 있다는 이야기를 하고 다닌다.

그러나 이 경전을 보면 그와는 정반대로 질투와 오만, 탐욕을 떠나 오로지 중생을 위하는 일에 몰두하고 있는 여성 수행자의 모습이 나타나는 것이다. 이로써 대승불교의 여성에 대한 부정적인 선입견들을 모범적으로 깨뜨리고 만다. 나아가 이 이야기를 페미니즘의 프리즘으로 보면 긍정적 의미의 '여성적 가치' 선언으로도 읽을 수 있는 것이다.

'여성다움'이 본질적인 것이라기보다 대개 사회가 만들어내는 담론들이지만, 생리적으로 여성과 남성이 다른 부분이 정말 있다면 그건 여성과 달리 새 생명을 직접 낳을 수 없는 남성의 신체적 결함(?)일 것이다. 여성이 사회의 번식 기능을 담당하는 이상 대개 남성에 견줘 덜 폭력적일 가능성이 크고 보살피는 마음을 품기에도 신체 조건이 더 유리하다.

'나'와 '중생'의 구분을 떠난, 목숨을 부지하고 있는 모든 것들에 대한 보살핌은 불교의 근본 가치이기도 하지만 특히 여성은 이를 체득하여 행하는 데 분명히 이점이 있다. 또한 현실 사회에서 남성적 폭력의 희생양이 될 가능성이 있는 여성이야말로 폭력 근절에 관심

•••••
13 와타나베 쇼코(渡邊照宏) 지음, 김무득 옮김, 《경전성립론》, 경서원, 1983, 196~203쪽.

을 가지지 않을 수 없다. 왕궁에 쌓여 있는 재물을 가난뱅이를 위해 다 쓰겠다, 죄수·병자·고아 등 어려운 사람들을 돌봐주는 데에 몸을 아끼지 않겠다, 동물을 잡는 등 자연에 대한 폭력을 외면하지 않겠다는 다짐을 하는 승만 부인은 불교적인 가치를 확립시키는 동시에 여성적 가치의 체계를 확립시키기도 한다. 보살핌, 남을 사랑함愛他, 박애를 근간으로 하는 이 여성적인 가치는 가부장적인 계급사회와 사실상 정면으로 배치됨은 불문가지 일이기도 하다.

대승불교와 여성성의 관계를 한마디로 정리하자면, 불교 그 자체의 여성적인(비폭력적이고 이타적인) 기본 자세는 대승불교의 실천에서 늘 표현되는 주제임에도 남성 수행자에 의해 만들어지는 종교의 교의敎義는 여성에게 자주 부담을 지우고 반여성적 정서를 고양한다. 이율배반적 상황이라 말할 수 있을 듯하다.

한편으로는 당나라 말, 송나라 초기(9~10세기)부터 남녀의 '묘합妙合'을 종교적으로 승화시켜온 밀교密敎[14]의 영향을 받기도 한다. 이 때문에 설화 속에서 주로 여성으로 묘사되는 대자대비 관세음보살이 월경 중인 여성의 아픔을 덜어주고 남편 등의 폭력에 시달리는 여성을 구해주며, 결혼하고 싶지 않은 처녀들에게는 출산의 고역에

•••••

14 대승불교가 후기에 이르러 초기의 대중성을 잃고 난해해지자 이에 대한 반성으로 7세기에 성립하였다. 어려운 경전이나 사상을 통하지 않고서도 비밀스러운 진언을 간단하게 읊고 쓰는 것만으로 깨달음을 얻을 수 있다고 믿는다. 이런 성격은 힌두교의 영향을 받아 미신적인 성향으로 치우치기도 했다. 동아시아 불교가 선종(禪宗)과 경전을 중심으로 한다면 티베트나 네팔 등의 불교는 밀교를 중심으로 한다.

밀교의 특징 중 하나인 만다라는 다양하게 변하는 우주의 본질을 모아 그림으로 표현한
불화다. 불교뿐만 아니라 재래 신앙의 신들까지 모두 수용하면서 다양한 신앙 형태를 불
교적 원리로 통일하여 상징적으로 그려낸다. 주술적 요소 등 이전의 불교에서 인정하지
않았던 새로운 사상 체계를 갖추고 탄생한 밀교는 더 많은 보살(菩薩)과 인도 재래의 신들
까지 수용해 신앙의 대상으로 삼음으로써 대중성은 더욱 강화되었지만 정작 인도에서는
힌두교와의 차별성이 없어지고 세속화하는 계기가 된다. 사진 속의 만다라는 태장계만다
라(胎藏界曼茶羅)다.

시달리지 않고 수행 생활을 해나갈 수 있는 길을 열어주기도 한다.[15]

우리의 전통 불교 설화만 보더라도 한 여인이 월경대, 즉 서답을 빨던 물을 마시라 권하자 이를 더럽게 여겨 마시기를 거부한 원효 스님(元曉, 617~686)이 뒤늦게 그 여성이 바로 관세음보살의 진신眞身이었음을 깨닫고 나서 크게 후회했다는 유명한 이야기가 《삼국유사》 속에 있지 않은가? 중세의 대중 불교지만 관세음보살이 오만한 남성을 골탕먹였다는 내용으로, 여성의 월경을 더럽게 여기는 남성 우월적인 오만함을 벗어나지 못한 남성 수행자가 결국 갈구하고 갈구했던 관세음보살의 진용眞容을 뵙지 못했다는, 그야말로 '불교적 페미니즘'이라 부를 만한 이야기다.[16]

또한 만해 한용운 선생은 근대 한국 불교와 민주·인권 사상 간의 접목을 시도한 '근대적 고덕대사高德大師'의 대열에서 페미니즘 사상에 동조한 남성인데, 그와 함께 비구니 스님이자 위대한 시인인 김일엽(金一葉, 1896~1971) 역시 페미니즘의 선두에 서 있었다는 점도 의미심장한 현상이다.

●●●●●

15 Barbara E.Reed, The Gender Symbolism of Kuan-yin Bodhisattva, Jose Ignacio Cabezon (ed.), *Buddhism, Sexuality, and Gender*, Albany, New York: State University of New York Press, 1992, pp. 159~180.

16 《삼국유사》 권3, 〈낙산이대성 관음 정취 조신〉: 일연 지음, 이민수 옮김, 《삼국유사》, 을유문화사, 1983, 260쪽. 신라의 고승인 원효는 관음이 머물고 있다는 오늘날의 동해 낙산사 자리로 가던 중 관음보살의 화신인 한 여성이 생리 피가 묻은 서답을 빨고 있는 모습을 보게 된다. 마침 목이 말라 마실 물을 청하는 원효에게 여인은 서답을 빨던 물을 준다. 원효가 그 물을 "더럽다"고 거절하자 관음보살은 그에게 아직도 아집이 남아 있음을 알아차렸고, 원효는 관세음보살의 참모습을 만나볼 수 없었다고 한다.

낙산사 홍련암 관음굴의 모습. 의상 대사는 중생들을 제도할 관음 도량을 세우기 위해 찾은
동해 낙산에서 수련을 거듭하며 마침내 관세음보살을 친견할 수 있었다. 의상은 그 굴을 관음
굴이라 명명하고 그 위에 홍련암을 세운다. 원효 역시 관음을 친견하기 위해 낙산사로 향했지
만 눈앞에서 관세음보살의 참모습을 놓치게 되고, 뒤늦게 관음굴을 찾았을 때는 파도가 크게
일어 들어갈 수 없었다고 한다.

아! 나는 절실한 개인주의자가 되었다. …… 자기의 세계를 창조하

고 향락하기 위해서 남의 생명을 간섭하지 않으며, 자기의 생명과 권

' 위(즉 존엄성-저자 주)를 보존하기 위하여 남의 생명과 인격을 존중히 여

길 때가 반드시 올 것이다.[17]

　김일엽 스님의 말은 한국 근대의 어느 명저보다도 인간이 개인답
게 살아야 할 길을 정확하게 짚어주었는데, 가장 여성적인 종교인
불교에 투신한 '신여성' 김일엽이 남성 우월주의적 집단주의에 매몰
된 사회를 향해 여성적이며 불교적인 개인주의의 화두를 던진 것은
우연이 아닐 것이다. 그러나 여전히 이론상으로는 성별을 바꿔서 깨
달을 수 있다는 논리나 여성의 몸에는 다섯 가지 장애가 있다는 식
의 남성 우월주의적 왜곡이 거의 '진리'로 군림하고 있는 현실상, 김
일엽 스님처럼 뛰어난 비구니라 해도 남성 수행자와 동격으로 인정
받지 못하는 것 또한 우리의 형편인 상황이다.

　오늘날 한국 불교가 사회 영역에서 보이는 근본적 모순을 열거하
자면 여러 가지가 있겠지만 폭력을 반대하는 종교인 불교가 폭력을
행사하는 단체인 국가에 복속하기, 즉 '호국불교'의 허구를 떨쳐버리
지 못하고 있다는 점과 여성적인 시대에 가장 적합한 종교인 불교가
남성 우월주의를 벗어나지 못하고 있다는 점은 가장 큰 모순이라 할
수 있을 것이다.

●●●●●

17 김일엽, 《당신은 나에게 무엇이 되었삽기에》, 문화사랑, 1997, 46쪽.

그렇다면 대승불교의 모태라 할 원시 불교에서 여성의 위치는 어떠했을까? 원칙상 초기 불교에 계급적 차별이 없듯이 성별性別 그 자체도 설 자리가 없지만 여기서도 적지 않은 모순이 발견된다.

붓다가 깨달은 바는 바로 욕망이 고통으로 이어지는 이 우주의 근원적 법칙, '있는 그대로의 현실yathabhutananadassana'이다. 이 깨달음을 얻은 중생은 남성이든 여성이든 나이가 많든 적든 사회적 위치나 신체가 어떻든 곧바로 윤회의 세계에 대한 애착에서 벗어나 욕심이 없는無慾, 윤회의 사슬을 끊은 정신적 상태를 얻게 된다.[18]

애착과 윤회가 끊어지는 그곳에서는 남녀의 차이에 대한 중생의 일체 집착들도 다 끊어져야 하지 않을까? 붓다가 근원적 가르침의 차원에서 우려하는 것은 윤회의 업을 만드는 남녀 사이의 음욕淫慾이었다. 그러나 중세 기독교가 '여색의 유혹'을 '지옥의 관문'으로 보고 여성을 거의 악마화시킨 것과 달리 초기 불교의 원리·원칙상 음욕은 어떤 '절대악'이라기보다는 탐욕貪慾이나 불만不滿 등 수많은 다른 욕망과 함께 수행자가 진정한 깨달음을 통해 극복해야 할 장애물 중 하나일 뿐이었다.

따라서 여성 수행자들에게도 남성에 대한 음욕의 극복이 주된

●●●●●

18 L. Feer (ed.), *Samyutta Nikaya*(相應部), London: Pali Text Society, 1884~1898, II:30.

수행의 테마였을 것이다. 한편 남성이 대다수인 초기의 제자들에게 "자식이나 아내에 대한 집착은 마치 가지가 무성한 대나무가 서로 엉켜 있는 것과 같다. 죽순이 다른 것에 달라붙지 않도록, 무소의 뿔처럼 혼자서 가라"[19]와 같은 가르침이 설해지는데, 여성의 신체를 '더러움', '죽음', '실체 없는 욕망'의 사례로 이용한[20] 부정적인 묘사들이 초기 불교 경전에 너무 많이 등장하는 것을 보면 일견 부자연스럽다는 생각도 든다. 하지만 적어도 원리·원칙상 이는 남성 수행자들의 음욕 극복에 도움을 주기 위한 방편일 뿐이었으며, 여성 수행자의 참선 시간에도 똑같이 남성의 신체가 '비판적 분석'의 대상이 될 수 있었을 것이다.

　"몸을 가지고 태어난 생물 사이에는 각기 구별이 있지만 인간에게는 그런 구별이 없다. 인간 사이에서 구별이 있는 것은 다만 그 이름뿐이다"[21]와 같은 그 당시로서는 혁명에 가까운 주장으로 붓다는 여성 차별을 위시한 인간 세계에 만연한 모든 차별 관행에 철퇴를 가한다. 사도使徒들의 독지가나 교단의 후원자 심지어 순교자로까지 여성을 종교 생활의 영역에 적극적으로 참여시켜 그들에게 새로운 세계를 열어준 초기의 기독교처럼, 초기 불교에서도 재가 여성 불제자의 활발한 참여나 비구니들의 뛰어난 수행 등이 이어지며 가부장제에 눌렸던 인도 여성들에게 새로운 삶의 지평을 열어준다. 실제로

•••••

19　법정 옮김, 《숫타니파타》, 이레, 1999, 27쪽.
20　Liz Wilson, *Charming Cadavers*, Chicago: The University of Chicago Press, 1996.
21　법정 옮김, 《숫타니파타》, 218쪽.

붓다는 자신의 여성 제자들 중에서 깨달음의 세계彼岸에 이르고 더이상 욕망의 세계로 물러날 수 없는 불퇴不退의 지위에 오른 이들이 적지 않았다고 이야기하기도 한다.[22] 또 현명하고 도덕적인 인간이 될 수 있는 딸을 낳는 것이 그렇지 못한 아들을 낳는 것보다 더 큰 복이라고 하기도 했다.[23]

그러나 웬일일까? "정진의 수레에 탄 사람은 남자이건 여자이건 실로 이 수레에 의해서 열반으로 가게 될 것이다"[24]라는 그 당시로서는 파격적인 선언을 한 종교답지 않게, 초기 불교의 수많은 텍스트들은 또 한편으로는 여성에 대한 구체적인 차별적 내용을 담고 있다. 그러니 도대체 이와 같은 내용이 원칙적인 양성 평등주의와 어떻게 어울릴 수 있는가에 대한 궁금증이 생기지 않을 수 없다.

예컨대 여성에 대한 최악의 편견을 담은 "부인은 화내기 쉽다, 부인은 질투가 심하다, 부인은 인색하다, 부인은 어리석다, 이것이야말로 부인이 공적인 모임에 앉지 않고 직업에 종사하지 않고, 직업에 의해 생계를 세우지 않는 이유다"와 같은 우리로서는 상식 이하라고 판단될 수밖에 없는 발언을 초기 불교의 한 경전에서 붓다가 제자 아난다阿難와 대화를 나누면서 한 것처럼 서술된 것이다.[25] 인간 사

●●●●●

[22] P. Steinthal (ed.), *Udana*(自說經), London: Pali Text Society, 1885, VII:10.

[23] L. Feer (ed.), *Samyutta Nikaya*, I:82~83.

[24] L. Feer (ed.), *Samyutta Nikaya*, I:56.

[25] R. Morris et.al. (ed.), *The Anguttara Nikaya*(增支部), London: Pali Text Society, 1885, II:82~83.

이의 차이는 이름뿐이라는 진리를 세계 종교사상 최초로 설파하신 분이 했으리라고 믿기지가 않는 발언인데 이것이 초기 경전에 명기된 것은 사실이다.

그것뿐인가? 초기 경전에 실려 있는 붓다의 많은 설법들에서 여성은 종종 '악마의 함정'으로 묘사돼 있다. 단순히 "남성 수행자의 음욕을 자극할 수 있는 신체"라는 의미에서 벗어나 "부풀려져 있으며, 욕심이 많고, 속박을 벗어나지 못하고, 욕망에 노예화된 여성의 몸"[26] 또는 욕망에서 벗어나기 매우 어려운 '태생적인 한계'를 지닌다고 하는데 이는 여성성 그 자체에 대한 남성 우월주의적 혐오감으로만 비추어진다. 심지어 일부 초기 경전에서는 "여성이 전륜성왕이 될 수 없듯이 붓다가 될 수도 없고 아라한[27]이 될 수 없다"는 훗날 대승불교의 성차별 구조의 중심인 '여성의 몸에 있는 다섯 가지 장애설'이나 '성별을 바꿔서 깨달을 수 있다는 논리'의 모태가 되는 주장들마저 보인다.[28]

•••••

[26] R. Morris et.al. (ed.), *The Anguttara Nikaya*, London: Pali Text Society, 1885, III:67~68.
[27] 아라한(阿羅漢)은 초기 불교에서 붓다와 같은 수준, 즉 최고 수준에 도달한 수행자를 가리킨다. 줄여서 나한(羅漢)이라고 한다. 산스크리트어로 마땅히 공양받고 존경받을 만한 성자라는 뜻으로 응공(應供)이라 번역하기도 한다. 또한 아라한이 된 사람은 더 이상 배울 것이 없다고 하여 무학(無學)이라고도 부른다.
[28] R. Morris et.al. (ed.), *The Anguttara Nikaya*, I:112.

동서양을 막론하고 여성을 부정적으로 표현한 사례는 무수히 많다. 그림은 로비스 코린트 (Lovis Corinth)가 그린 〈성 안토니우스의 유혹The Temptation of Saint Anthony〉(1897)이다. 이집트의 수도자 성 안토니우스가 사막에서 금욕생활을 하며 고행을 하던 중 여자로 변한 악마들의 유혹에 시달리는 장면을 묘사하고 있다.

과연 어떻게 해서 여성 해방의 영웅 붓다가 여성 억압을 뒷받침해주는 주장들을 펴게 됐는가? 여성에 대한 억압의 합리화라는 죄악은 어떤 말로도 변론할 수 없지만, 그래도 한번 붓다, 내지는 붓다에게 여성에 대한 차별주의적 발언을 빌어온 초기 경전의 저술가들을 변호해보고 싶다.

마르크스 가르침의 중심은 모든 인간들을 자본주의적 소외로부터 해방하는 것이다. 그렇지만 그 시대의 한계를 끝내 극복하지 못한 마르크스도 일종의 '식민지 근대화론'에 입각하여 영국인들에 의해 총칼과 배고픔으로 신음하던 인도에 심어진 식민지형型 자본주의를 한때나마 '진보'라고 보았다. 이는 서구의 침략이 없었다면 '동양'이 스스로 자본화되지 못했으리라는 '타율성' 내지 '정체성'의 오리엔탈리즘적 논리를 한때 일시적으로나마 받아들인 것은 아니던가?[29]

인류의 탈자본주의적 해방의 등불인 마르크스도 자신이 속했던 지역과 사회의 한계를 처음부터 완벽하게 벗어나지 못했듯, 인류의

• • • • •

[29] Pranav Jani, Karl Marx, Eurocentrism, and the 1857 Revolt in British India, C.Bartolovich, N.Lazarus (ed.), *Marxism, Modernity, and Postcolonial Studies*, Cambridge: Cambridge University Press, 2002. pp. 81~101. 마르크스는 1857년 인도의 무장독립투쟁을 지지하고 제2차 아편전쟁을 반대하는 등 양심적인 지식인으로서 제국주의의 잔혹한 침탈을 규탄했다. 하지만 그러면서도 그는 그 시기의 '동양'을 정체된 것으로 보는 시각을 그대로 견지했다.

궁극적 해방의 길을 열어준 뭇 중생의 영원한 스승 붓다 역시 자신이 속하는 사회의 관습과 규칙들이 일부는 몸에 배기도 하고 일부는 어쩔 수 없이 무시하지 못하기도 했다. 예컨대 수행자 공동체에 비구니들을 처음으로 받아들인 붓다는 비구니들을 비구 밑으로 두는, 지금까지도 비구니를 제도적으로 차별하는 근거가 되는 '여덟 가지 공경하는 법八敬法'이라는 불명예스러운 규칙을 정한 바 있었다고 한다.

1. 법랍(法臘. 스님으로서의 경력)이 백 년 된 비구니일지라도 비구를 대할 때면 언제나 먼저 합당한 경의를 표해야 한다.

2. 비구니는 비구에 대하여 비판하거나 질책해서는 안 된다.

3. 비구니는 비구의 허물을 문제 삼거나 비구를 가르치지 못한다.

……

6. 비구니는 보름마다 비구들에게 교수해 주기를 청해야 한다.

7. 비구니는 비구 도량에 의지하여 안거(安居)를 해야 한다.

8. 비구니 대중은 안거를 마치고 비구 대중 가운데서 보고, 듣고, 의심나는 것에 대해 물어봐야 한다.[30]

오늘로써는 당연히 하루빨리 철폐돼야 할 반인륜적 내용으로밖

• • • • •

30 N. Falk, The Case of the Vanishing Nuns: the Fruits of Ambivalence in Ancient Indian Buddhism, N.Falk and R.Cross (ed.), *Unspoken Worlds: Women's Religious Lives and Non-Western Cultures*, Belmont, CA: Wadsworth, 1989, p.215.

에 보이지 않지만, 성차별이 제도화돼 있던 그 당시 인도 사회에서 비구니와 비구가 평등하게 참여하는 수행자 조직을 받아들일 준비가 돼 있었던가?

차별주의적 현실과의 이와 같은 종류의 타협은 결코 좋은 일이 아니다. 하지만 의례화된 걸식(탁발)에 의존하는 수행자 공동체로서는 일반 사회의 여론을 그저 무시할 수만도 없는 일이었다. 일반인에게 수행자 공동체란 커다란 가족으로 인식됐지만 가부장적 가족이 아닌 평등한 가족이라고는 찾아볼 수 없었던 그 당시의 사회로서는 '유사 가족'으로서의 수행자 공동체 내부 구성 역시 가부장적 제도의 조건들에 맞아야만 했을 것이다.

초기 수행자 공동체의 불평등한 성별 구조야 그렇다 치고 여성의 정진 능력을 원칙상 인정하면서도 거의 습관적으로 여성을 '악마의 함정', '욕망의 몸'으로 여기는 수행자 붓다, 또는 붓다의 입을 빌린 초기 경전 저술가들의 부정적인 여성관은 과연 어떻게 봐야 할까?

사실 이처럼 부정적인 여성관은 붓다의 기본적 세계관이나 종교적 실천론과 정면으로 충돌한다. 세계가 공空하고 모든 현상이 사막의 신기루와 같은 무명에 가린 우리 인식의 산물이라면 과연 남성과 여성이 따로 존재할 리가 있겠는가?

남성 수행자가 어떤 인식의 대상을 '여성'이라고 분류하고 그 대상을 성애화性愛化하여 자신의 성적 욕망을 투영한다면, 그건 아직 지계持戒[3]와 정진을 통해 욕망의 업을 끊지 못한 그 남성 수행자의 자격 문제지 결코 '욕망의 덩어리인 여성'의 문제가 될 수 없다. 자신의 욕망을 다스리지도 못하는 자격 미달의 수행자가 그 욕망이 발생한 진원지로 '여성'을 지목하여 그 '여성'에 대해 혐오하는 마음을 일으킨다면 그 사람은 '여덟 가지 올바른 길'을 따르는 것이 아니라 죄악을 짓고 있을 뿐이다.

불교 근본 가르침의 자명한 논리가 이와 같음에도 초기 경전 속의 붓다가 가끔 그 논리에 위배되는 발언을 한다는 것은 붓다나 그 입을 빌린 사람들이 젖어 있던 브라만이라는 지배층 성직자의 수행 문화와 무관하지 않을 것이다.[32]

청소년·청년기의 젊은 브라만의 수행인 소위 범행梵行, brahma-charya[33]은 철저한 성교性交 금지 그리고 여성과의 격리 생활을 전제로 했다. 때문에 이를 참기 힘든 젊은 브라만들의 '사기 고양'의 한 방편으로 '혐오스러운 여성 신체'에 대한 각종 험담들이 유통되는 것이 전통 종교 지배계급의 종교 문화 분위기였다. 사회 자체가 가부장제로 이루어져 있었지만 종교 문화는 이를 더 집중적으로, 더 심하게 표현한 셈이다.

브라만 계통 수행자들의 극단적인 금욕주의를 타파하여 중도中道에 입각한 새로운 수행 문화를 창조한 것이 바로 붓다였지만, 여성 혐오를 바탕에 깔고 있는 그 당시 숲 속 수행자의 내면화된 의식

●●●●●

31 계율을 지킨다는 뜻.
32 K. K. Young, Hinduism, A. Sharma (ed.), *Women in World Religions*, Albany: SUNY Press, 1987.
33 수행자가 스승(Guru) 밑에서 학습에 몰두하는 기간을 말한다.

에서 그 역시 완전히 벗어나지 못했을 가능성은 있다.[34] 그리고 설령 붓다 본인이 벗어났다 하더라도 붓다의 열반 이후 초기 경전이 정리되는 단계에서 여성혐오주의에 그대로 젖어 있는 제자들이 본인의 생각을 돌아가신 스승의 입을 빌려 말했을 가능성도 크다.

결국 여성 해방의 길에 새로운 지평을 열어준 인류의 스승 붓다의 가르침까지도 그 발전의 어느 단계에서는 일찌감치 남성 우월주의적 아비투스(habitus, 내면화된 관습)의 그물에 그대로 걸려버리고 말았다고 봐야 한다.

> ······ 앉아서 선정(禪定)에 들어 마음이 흩어지지 않는 사마(奢摩) 비
> 구니, 이치를 분별하여 도를 널리 편 파두란사나(波頭蘭奢那) 비구니,
> 계율을 받들어 범하지 않는 파라차나(波羅遮那) 비구니, 믿음의 해탈
> 을 얻어 더 이상 물러나지 않는 가전연(迦旃延) 비구니 ······
>
> 《증일아함경(增一阿含經)》, 권3 제5, 〈비구니품〉

초기 경전들은 붓다의 길을 걸어 자신과 수많은 타인을 욕망의 멍에로부터 해방시킨 뛰어난 여성 수행자들의 이름을 나열한다. 이 비구니들과 함께 승만 부인 같은 우리에게 꽤 익숙한 대승불교의 이상적 여성 불제자의 이미지를 생각한다면, 오늘날의 어처구니없는

•••••

34 A. Sponberg, Attitudes toward Women and the Feminine in Early Buddhism, Jose Ignacio Cabezon (ed.), *Buddhism, Sexuality, and Gender*, Albany, New York: State University of New York Press, 1992, pp. 3~37.

《앙굿따라니까야(증일아함경)》에는 붓다가 직접 언급한 열세 명의 뛰어난 비구니에 대한 내용이 실려 있다. 그중 한 명인 파라차라(波羅遮那)는 계율에 능한 비구니(vinayadhara, 律師). 그녀는 본래 부유한 집안의 딸이었는데 집안의 하인과 연정을 통하고서 함께 도망친다. 그러나 후에 두 아들과 남편을 잃게 되고 결국 옷을 벗은 줄도 모를 만큼 미쳐버린다. 그래서 파라차라(옷 없이 돌아다니는 이)라는 이름을 얻게 된다. 그러던 중 붓다가 설법하는 자리에 도착하여 이성을 되찾게 되었고 수행에 정진하여 아라한이 되었다.

'성별을 바꿔 깨달을 수 있다는 논리'나 제도화된 비구니의 낮은 지위 그리고 그 모태이자 근거인 환골탈태하지 못한 초기 불교 마초들의 관습화된 여성 폄하와 혐오에 대해 끝없이 부끄러운 생각이 들 뿐이다.

붓다의 가르침이 가식과 거짓에 둘러싸인 모든 이분법적 구별로부터 벗어나는 길을 제시했음에도 그 가르침을 받들고 행해야 할 종교인들마저 '나는 남자, 너는 여자'라는 방식의 속된 사고를 벗어나지 못하는 것으로 봐서는 인간이란 붓다의 깨달음으로도 교화하기 어려운, 참 고집스럽고 완고한 존재다.

붓다의 신성한 이름을 보호막으로 삼아 불교 교단 안의 남성 우월주의자들이 그 '태생적인' 기득권을 여태까지 신줏단지처럼 지켜온 것은 불교의 부끄러운 역사다. 이 부끄러운 역사를 씻어내고 붓다의 가르침을 온전하게 실천하기 위해서는 깨달아야 할 점이 있다. 남녀를 구별하는 식의 분별심分別心을 일으키는 사람이라면 몸이 굳어지도록 참선을 해도 열반을 얻을 수 없다는 것 그리고 굳이 '남성성'이나 '여성성'을 따지자면 불교의 비폭력성과 자비가 차라리 '여성적'이라는 사실이다. 그러한 깨달음을 얻고 사회적으로 확산한 후라야 불교의 시대이자 여성이 주체가 되는 시대가 마침내 도래할 것이다.

도법 스님과의 대담 2 "자기 삶의 주체가 되자"

박노자 불교에서는 다른 종교와는 달리 무아無我설이라는 것이 있지 않습니까? 고정된 '나'라는 것이 없다, 결국에는 '나'라는 것도 오온[35]의 가합假合, 말하자면 다섯 가지 요소가 일시적으로 합해진 것이고요. 그런 면에서 고정된 '나'도 고정된 타자도 없으며 나와 타자가 끊임없이 스며들어가고, 서로 어울렸다가 헤어지기를 반복하지요. 이런 게 불교 생명의 이해가 아닌가 싶습니다.

또 하나는 불교에서는 이 다섯 가지 요소가 임시로 합쳐져 무더기를 이루게 된 원동력을 '업력業力'이라고 보는 걸로 저는 이해합니다. 업력이라는 것은 전생 혹은 시작도 없는 과거에서 내려오는 어떠한 의지의 힘, 우리가 의식적으로 알기 어려운 과거의 무게인데, 불교에서는 그것이 생명의 조건이 되기도 하지요. 그러나 한편으로는 우리가 해탈을 향해 나아가기 위해 극복해야 할 질곡이라 볼 수도 있을 것 같습니다. 이 문제를 어떻게 풀어가야 할까요? 스님께서 이 부분에 대해 말씀해주셨으면 좋겠습니다.

도법 일단 사유방식에서 불교가 존재와 세계에 대한, 혹은 '나'에 대한 시간관념을 어떻게 가지는가 하면 '시작도 없고 끝도 없다'고 봅

•••••
35 다섯 가지가 뭉친 무더기, 오온(五蘊)은 인간을 구성하는 다섯 가지 요소다. 즉 육체(色), 육체로 받아들인 감각과 느낌(受), 느낌을 바탕으로 하게 되는 여러 가지 궁리와 고민(想), 직접 행동으로 옮기는 것(行), 행동한 후에 얻는 생각과 관념(識)을 뜻한다.

니다. 즉 무시무종無始無終이지요. 또 한 가지는 대부분 우리가 불완전에서 완전함으로, 미완성에서 완성으로 발전해간다고 생각하지만 불교는 그렇게 보지 않습니다. 본래부터 완전한 존재라는 입장에서 존재를 바라보고 있어요. 다시 말해 '시작도 없고 끝도 없다, 본래부터 완전한 존재다'라는 관점에서 존재 혹은 생명에 대한 이해를 하고 있다는 말이지요.

'본래부터 완전한 존재 혹은 시작도 없고 끝도 없는 그런 존재는 어떻게 이루어진 존재일까' 했을 때, 이것을 우리는 연기緣起적 존재라고 말합니다. 연기를 요샛말로 하면 관계성의 진리, 서로 의지하고 도움을 주고받는 존재라고 설명해요. 바로 이런 관점이나 이해를 바탕으로 인간이든 자연이든 정신적이든 물질적이든 어떤 형태라도 한 존재를 얘기할 때는 관계로 이루어져 있다고 정의하지요. 그다음에 구체적으로 인간이라는 존재는 어떻게 이루어진 존재일까 했을 때 아까 말씀하신 오온의 가합이라고 하는 것을 들 수 있습니다. 크게 얘기하면 정신적으로 모인 것, 물질적으로 모인 것인데요. 이 두 가지가 함께 모여서 인간이라는 존재를 이루고 있다, 혹은 한 생명체를 이루고 있다고 보는 거지요.

그다음에 다섯 가지 요소가 함께 어울려서 이루어진 존재가 삶(때에 따라서는 불행한 삶도 있을 수 있고 행복한 삶도 있을 수가 있겠지만)을 만들어가는 데 있어서, 이 요소들을 어떻게 이루어가고 있을까 했을 때는 소위 업이라는 얘기를 하죠. 업이라는 말은 행위라는 것입니다. 몸으로 하는 행위, 입으로 하는 행위, 마음으로 하는 행위

세 가지를 통틀어서 행위라고 얘기하죠. 이걸 신身, 구口, 의意 삼업이라고 합니다. 그러니까 내 삶은 규정되어 있는 게 아니라 현재 내가 어떻게 행위하느냐에 따라서 현재의 삶, 혹은 미래의 삶이 좌우된다고 얘기를 하는 거죠. 그것을 보통 자업자득, 자작자수自作自受라고 하는데, 스스로 행위한 대로 내 삶이 이루어진다는 얘기입니다. 내 삶은 누가 주거나 누가 조작하는 것이 아니라, 자신의 삶은 자기 자신이 주체며 자기 자신이 창조하게끔 되어 있다는 겁니다. 스스로 지은 대로 그 결과도 달라진다는 논리죠.

이걸 조금 더 쉽게 설명하자면 도둑질하면 도둑놈 된다는 말입니다. 도둑놈이 원래 있어서 도둑질하는 것이 아니라는 이야기죠. 비록 조상 대대로 양반이었다고 하더라도 지금 여기에서 내가 도둑질을 하면 바로 도둑놈의 삶이 된다는 겁니다. 반대도 마찬가지죠. 조상 대대로 도둑질을 했다고 하더라도 지금부터 내가 도둑질을 하지 않으면 바로 도둑이 아닌 삶이 이루어진다는 이야기입니다. 불교는 철저하게 본인의 삶을 창조해가는 주체는 자기 자신이라고 봅니다.

둘째, 이런 삶을 주체적으로 창조해가는 현장은 다른 곳이 아닌 '바로 지금 여기'라는 겁니다. 바로 지금 여기에서 내가 도둑놈으로 사고하고 말하고 행동하면 도둑놈의 삶이 되는 것이고, 부처님으로 사고하고 말하고 행동하면 부처님의 삶이 된다는 것이죠. 철저히 지금 여기의 삶을 사는 데 모든 초점을 맞춘 것이 소위 불교의 업설이 갖고 있는 성격이라고 할 수 있겠습니다.

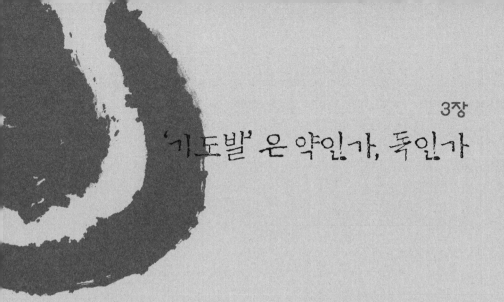

3장

'기도발'은 약인가, 독인가

圓滿具足 원만구족

모든 것을 갖추어 모자람이 없는 깨달음의 상태를 말한다. 겉으로 드러나는 삶은 결코 넉넉하지 않았던 붓다였지만 우리는 그가 원만구족의 경지에 이르렀다고 말한다. 인간은 본디 태어나면서부터 모든 것을 갖추었지만 번뇌와 욕심이 일어나기 시작하면서 가진 것이 없다는 불만이 쌓이게 된다. 또한 겉으로 드러나는 것만을 최고의 가치로 생각하며 살아가기에 항상 부족함을 느껴야 한다.

우리의 일상적인 사고를 한마디로 표현하자면 '인간에 대한 관대한 냉소'라 하겠다. 사람들 대부분은 사회악에 관한 이야기를 수없이 들어도, "그건 인간 본성의 문제 아니냐"라는 식의 반응을 보인다. 전쟁에 대해서도 '인간의 공격적인 본능'을 들먹이며 당연한 일이라 여기고, 월드컵이 상징하는 상업화된 대형 스포츠에 대해서도 "인간의 본능적인 공격성을 축제로 돌린다"며 옹호한다.[여] 심지어 어떤 이들은 성매매와 같은 '경제력에 의한 강간'까지도 "남성의 성욕을 분출할 수 있는 다른 방법이 있느냐"며 되묻기도 한다.

물론 양성평등의 논리가 어느 정도 기반을 확보한 오늘날 '남자의 배꼽 밑 일을 어떻게 단죄할 수 있느냐'는 식의 주장은 사회적 물의를 일으키기에 충분하다. 반면 전쟁이나 스포츠에 대해서는 아직도 '좋든 싫든 인간으로서 당연히 하는 일'이라는 통념이 강해 보인다. 왜 이런 현상이 발생하는 것일까?

전쟁할 수 있는 '합법적인 권리'를 가진 국가가 세금을 요구하면 그대로 갖다 바치고, 살인 훈련(군 복무)에도 순순히 응하며, 월드컵과 같은 국가간 경기가 시작되기만 하면 텔레비전 화면에 달라붙는 '나' 자신을 관대하게 봐주려는 심리인가? 아니면, 폭발력이 큰 문제들에 대해 이야기는 물론 생각조차 회피하려는 '안일함의 지향' 때

•••••
여 〈신해철 "월드컵 첫 골 선수에 평생 '님'자 붙이겠다"〉, 《스타뉴스》, 2006년 4월 11일.

문인가? 유교에 대한 기억, 즉 인간의 본성을 분명히 선한 것으로 보고 전쟁이나 경쟁을 적어도 당위적 차원에서 죄악시했던 가르침이 이미 까마득해진 덕분인가? 사람들은 친일파 이야기만 나오면 당장 도덕군자가 되어 변절을 준엄하게 꾸짖지만 인간 본성론을 펴기만 하면 순자(荀子, 기원전 298~238)[02] 그 이상으로 냉소적으로 변한다.

전쟁이나 스포츠와 함께 한국 사회에서 당연시되는 현상이 하나 있다. 기복적인 종교 신앙, 예컨대 불교계에서의 '신통력'에 대한 뿌리 깊은 믿음이다. 입시 때가 되면 기도객들로 붐비는 대구 갓바위 기도처 이야기 등은 이제 더 이상 놀라운 일도 아니다. '돈이 되는' 기도 도량을 놓고 유혈 충돌을 빚는 불교계의 파벌 싸움 소식을 들으면 절로 한숨이 나올는지 몰라도, 약사여래 앞에서 무릎 꿇고 기도하는 모습 정도는 이제 흔히 볼 수 있는 불교의 대명사가 되었다.

'기도발이 센' 사찰이나 스님 이야기를 들으면 찾아가서 기도해볼 마음이 생기는 사람이 있는가 하면, 본래 그것이 우리의 '전통 불교'라 말하며 '전통의 상업화'만을 문제 삼는 '지식인형 불자'들도 있을 것이다. 이제 불상, 제사, 기도가 없는 불교는 상상할 수도 없는 지경이다. 사람들은 "안식처를 찾는 마음이야 인간 본성이 아닌가?"라고 말한다. '신통력' 신화는 이제 전쟁이나 스포츠와 마찬가지로 '인간 본성론'의 일부분이 된 것이다.

●●●●●

02 중국 주나라 말기 전국시대의 유학자. 인간의 본성을 선하다고 보는 성선설(性善說)을 주장한 맹자와 달리 인간의 본성을 악하다고 보는 성악설(性惡說)을 주장했다.

인간 집단들이 재물을 놓고 서로 살육하기 시작한 것은 신석기 시대로 거슬러 올라가나 그 이전에 개인적·사회적 공포심을 신앙과 기도로 극복하기 시작한 것은 원시 시대로 거슬러 올라간다. 한국 고대사 속에서 이런 신앙의 예를 찾는다면 만물을 탄생시켜주고 포용해주고 도와주는 생력生力의 여신, 즉 수신隧神을 믿어온 3세기 고구려인이 있다. 《삼국지》〈동이전東夷傳〉에 따르면, 고구려인은 매년 10월 하늘의 남신(천신)과 물·땅의 여신인 수신에게 동맹제라는 형태의 제사를 지냈다고 한다.[03]

결국 오늘날 우리가 자비의 여신으로 모시는 관세음보살에게 소원을 비는 모양이나, 지난날 고구려인들이 수신에게 풍년을 감사하고 다산多産과 풍족을 빌었던 모양이 본질적으로 크게 다르지 않다는 것이다. 물론 고구려인들은 어디까지나 국태민안國泰民安, 즉 '모두의 행복'을 위해 빌었음에 비해 오늘날 우리는 경쟁적으로 각자의 성공을 위해 빈다는 점이 다르겠지만, 기도의 '신통력'에 대한 믿음 그 자체는 '전통'임에 틀림없다. 그것이 '한국 불교의 전통'이라고 해도 솔직히 별다른 반박을 하기 어렵다. 예컨대, 《삼국사기》에 실려 있는 신라가 불교를 공인하게 된 자초지종을 한번 들여다보자. 이 텍스트를 관통하는 코드는 딱 하나, 바로 '신통'이다.

•••••

03 노태돈, 《고구려사 연구》, 사계절, 1999, 158~164쪽.

처음 눌지왕 때(417~458), 중 묵호자가 고구려로부터 일선군에 왔었다. 그곳 사람 모례가 집 안에 굴을 파서 방을 만들고 그를 편히 있게 했다. 이때 (중국의 양) 나라에서 사신을 보내 의복과 향을 주었으나 임금이나 신하들이 그 향의 이름과 용도를 알지 못했다. 이렇게 되자 관리에게 향을 주어 여러 곳을 다니며 물어보게 하였다. 묵호자가 이를 보고 그 이름을 말해주면서 "이것을 태우면 향기가 피어나고, 그 정성이 신성(神聖)한 곳에 이르게 되오. 소위 신성이란 삼보(三寶)를 일컫는 것이니, 첫째는 불타(佛陀)요, 둘째는 달마(達摩)요, 셋째는 승가(僧伽)라오. 만일 이것을 태우며 원하는 바를 기원하면 반드시 영험(靈驗)이 있을 것이오"라고 말하였다. 그때 왕의 딸이 병으로 위독했었다. 왕은 묵호자로 하여금 향을 태우며 서원하게 하였다. 왕녀의 병이 치유되었다. 왕이 매우 기뻐하여 묵호자에게 예물을 후하게 주었다. ……

(법흥왕) 때에 이르러 왕도 역시 불교를 흥하게 하려 하였다. 그러나 여러 신하들이 불교를 믿지 않고 반대가 많았으므로 왕도 난처한 상황이 되었다. 근신 이차돈이 …… 왕에게 "청컨대 소신의 목을 베어 여러 사람들의 분분한 견해를 하나로 모으소서"라고 말했다. 왕은 "본래 불도를 흥하게 하려는 것인데, 무고한 사람을 죽이는 것은 옳지 않다"고 대답하였다. 이차돈은 "만약 불도가 시행된다면 소신이 죽더라도 유감이 없을 것입니다"라고 말했다. 이렇게 되자 왕은 여러 신하들을 불러 의견을 물었다. 그들은 모두 "요즈음 중의 무리를 보면, 머리를 깎고 이상한 복장을 하였으며, 말하는 것이 기괴하니, 이는 영원히 진실한 도가 아닙니다. 이제 만약 그들을 방치한다면 후회할 일이 생

길까 염려되오니, 저희들은 비록 중죄를 당할지라도 감히 명령을 받들수 없습니다"라고 말하였다. 이차돈은 홀로 "지금 여러 신하들의 말은옳지 않습니다. 무릇 비상한 사람이 있은 후에야 비상한 일이 있는 것입니다. 이제 불교의 심오한 경지를 들어보면, 이를 믿지 않을 수 없을것입니다"라고 말했다. 왕은 "여러 사람들의 의견이 강경하여 이를 꺾지 못하겠고, 너만이 혼자 견해가 다른 말을 하고 있으니, 두 편을 모두 따를 수는 없다"라고 말하고, 마침내 형리로 하여금 그의 목을 베도록 하였다. 이차돈이 죽음을 앞두고 말했다. "나는 불법을 위하여 형벌을 받는다. 만일 부처의 영험이 있다면 내가 죽고 나서 반드시 기이한 일이 있을 것이다." 이차돈의 목을 베자, 목을 벤 곳에서 피가 솟아나왔는데, 그 색깔이 젖빛처럼 희었다. 사람들이 이를 괴이하게 여겨다시는 불사를 비방하거나 헐뜯지 못하였다.[04]

향의 영험, 삼보의 신성, 공주의 병을 치유한 신비스러움, 순교가불러일으킨 기적······. 물론 왕은 단순히 '기적'들을 보고 외경심을느껴 불교를 국가적으로 공인한 것은 아니다. 당시 신라 귀족 가문은 모두 '하늘에서 내려온 위대한 조상의 후예'임을 자칭하는 분위기였다. 왕실로서는 귀족들을 제압해 왕실을 중심으로 한 중앙집권적 통치 구조의 기반을 다져야 했다. 이를 위해 귀족들의 조상은 물

•••••
04 《삼국사기》, 신라본기 권4, 법흥왕 15년: 이재호 옮김, 《삼국사기》, 광신출판사, 1993,902쪽.

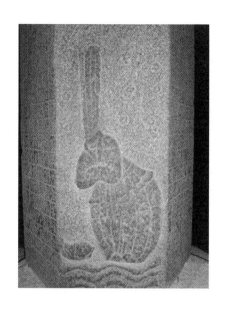

고대인에게 종교란 신통을 의미했으며, 왕실은 귀족들의 권위를 뛰어넘는 종교가 필요했다. 사진은 이차돈이 순교 장면을 묘사한 비석으로 이차돈의 목을 벤 곳에서 흰 피가 솟아나오는 장면을 표현한 것이다. 이 비석은 이차돈이 순교한 지 290년이 지난 신라 41대 헌덕왕 9년에 세워졌다.

론 하늘까지도 능가하는 '최고의 신성'이 절실히 필요했는데 범천梵天과 같은 하늘 신들이 붓다를 옹위하고 그 설법을 듣고 귀의하는 불교야말로 신라의 자칭 '천손天孫'들을 제압하기에 가장 좋은 종교였다.[05]

그런데 한 종교의 위대성이 꼭 '영험', '기적적인 병 치유', '순교 직후의 기적' 등으로 평가된다는 사실은 유의할 필요가 있다. 고대인들에게 종교란 바로 신통을 의미했는데, 불교의 도래가 그 고정관념을 바꾸었다기보다는 오히려 강화한 셈이다. 붓다가 어떤 하늘 신보다도 더 '영험이 많은' 신으로 인식되고, 승려들이 기존 무속인보다

•••••
05 나희라, 〈한국 고대의 신관념과 왕권〉, 《국사관논총》 제69집, 1996, 142쪽.

더 강한 신통력이 센 천인간天人間의 매개자로 자리매김되었다.

특히 7세기 중엽 이후부터 도입된 밀교의 승려들이 '가장 강력한 도력'으로 이름을 날리는 모양이었다. 이와 관련해 《삼국유사》에 기록된 7세기의 유명한 신라 왕족 김양도金良圖에 관한 일화를 보자. 김양도는 어린 시절 전신마비와 같은 병을 얻어 무당을 불렀으나 별다른 차도가 없었다. 그러나 밀교의 명승 밀본密本이 대력신大力神과 천신天神들을 총동원하여 병마를 내쫓았다는 것이다.[06]

자장(慈藏, ?~658), 원광(圓光, 542~630), 의상(義湘, 625~702), 원효 등 신라 초기 고승부터 고려 후기, 조선 초기의 승려까지 그 전기들을 보면 도력, 즉 '신이神異' 기록이 안 나오는 사람은 거의 없을 정도다. 혹 평생 일으킨 기적이 없다면, 하다못해 어머니의 태몽에 신비스러운 스님이 나타나야 하는 것은 기본이다. 신이가 거의 덕망 높은 스님의 '자격증'쯤으로 인식된 것은 한국 불교의 전통임이 틀림없다.

신이담, 민중들의 비밀한 역천극

과연 스님들이 '머리를 깎은 큰 무당'의 모습으로 나타나려 했던 이유는 무엇이었을까? 서민들의 소박한 '소원 빌기' 욕망을 방편 삼아

•••••
06 《삼국유사》, 권5, 〈밀본최사(密本摧邪)〉: 일연 지음, 이민수 옮김, 《삼국유사》, 을유문화
사, 1983, 349쪽.

불교를 민중 속으로 전파하기 위해서였을까? 물론 그런 부분도 있었다. 사실, 현실적인 '이득' 중심의 소원 빌기 차원뿐만 아니라, 신이는 민중적 영웅으로서의 승려라는 이미지를 그리는 서술 언어, 비유의 언어이기도 했다.

예컨대 그 유명한 원효의 스승 격이었던 승려 혜숙惠宿을 생각해보자. 그는 한때 화랑이었다가 나중에 민중으로 들어가 정토신앙淨土信仰[07]을 유포하는 데 주력한 인물이다. 혜숙은 어느 날 사냥을 하던 중에 국선國仙인 구참공瞿旵公이 살생유택殺生有擇의 계명을 무시하고 무고한 동물들을 필요 이상으로 죽이는 것을 보았다. 보다 못한 그는 자기 다리 살을 베어서 소반에 올려 구참공에게 바쳤다고 한다. 그러면서 그는 '죽이는 것을 몹시 즐기고 남을 해치고 자신의 몸만 키우는' 구참공의 불인不仁을 나무란 것이었다.[08]

다리 살을 베어 올렸다는 것은, '사실적인 묘사'보다는 초인超人의 신비스러움에 대한 찬양에 더 가깝다. 여기서 비현실적인 상황을 설정한 이유는 살생을 즐기는 잔인한 지배자와, 자기를 해치면서까지 남을 보살피려는 민중적 승려의 대조적인 모습을 강조하기 위해서다. 고대·중세의 민중은 기복적인 성격의 '신이'도 필요했지만, 그보다 이 세상을 지옥으로 만드는 지배자들에 대한 저항의 뜻이 담긴 신이담神異談을 더 즐겼다. 혜숙에 대한 또 다른 이야기를 보자.

●●●●●

07 가장 서민적이고 대중적인 불교 사상이다. 아미타불을 염송하기만 해도 서방정토(극락세계)에서 다시 태어날 수 있다고 믿는, 타력 구원을 지향하는 기복 신앙이다.
08 《삼국유사》 권4, 〈이혜동진(二惠同塵)〉: 일연 지음, 이민수 옮김, 《삼국유사》, 을유문화사, 310~311쪽.

진평왕(眞平王)이 (혜숙의 신이한 행적에 대한 이야기를) 듣고 사자(使者)를
보내어 그를 맞아오게 하니 혜숙이 여자의 침상에 누워서 자는 것을
보고 사자는 이것을 더럽게 여겨 그대로 돌아갔다. 그런데 7, 8리쯤 가
다가 도중에서 혜숙을 만났다. 사자는 그가 어디서 오느냐고 물으니
혜숙이 대답한다. "성 안에 있는 시주(施主) 집에 가서, 칠일재(七日齋)를
마치고 오는 길이오." 사자가 그 말을 왕에게 아뢰니 또 사람을 보내
어서 그 시주 집을 조사해보니 그 일이 과연 사실이었다.[09]

사자를 당혹게 한 이런 일화들을 통해 혜숙이 군비 확장을 도모
하고 백성들을 토건공사와 백제, 고구려와의 전쟁 등으로 괴롭혀온
진평왕(579~632)을 '도력'으로 골탕먹인 셈이었다. 노동력, 군사 동원
에 시달려온 백성으로서는 이와 같은 신이담들이 얼마나 통쾌하게
들렸겠는가? 그러나 1945년 이후의 한국 불교사에서 '도력'을 통해서
든 일반적인 방법으로든 권력자와의 '한자리'를 거절한 고승대덕은
몇 명 되지 않는다. 자본주의로 인해 피해를 본 농민과 도시 빈민
중에는 불교 신자도 많지만 지금 한국의 불교 교단에는 6세기 말, 7
세기 초의 혜숙, 혜공, 대안 등의 민중 승려만큼 피해자들을 대변해
주는 사람이 과연 있는가?

•••••

09 《삼국유사》, 권4, 〈이혜동진(二惠同塵)〉: 일연 지음, 이민수 옮김, 《삼국유사》, 을유문화
   사, 311쪽.

고대·중세 불교에서 '신이'를 강조한 것은 불교의 대중화와 관련이 있었다. 하지만 민중들은 분명 앞서 말한 것처럼 오로지 현세의 이득을 위한 기복적 의미의 신이만을 선호한 것은 아니었다. 게다가 고대·중세의 민중 불교의 방법은 꼭 신이에만 머무르지도 않았다. 서민에 대한 포교를 원효처럼 춤과 노래로 할 수도 있었다.[10]

신이의 주된 수요자는 사실 서민보다도 왕실이었다. 통일신라나 고려 왕실의 권위는 상당 부분 불교의 기복적인 의례에 의존했다. 재미있는 것은, 그 궁중의 기복 의례 중 상당 부분은 따지고 보면 불교의 기본 교리와 거의 무관한 것들이었다.

예컨대 고려시대의 가장 대표적인 국가 기복 의례인 소재도량消災道場을 보자. 궁중에서 147차례나 열렸던 이 의례는 별들의 '나쁜 영향'으로 인해 발생한다는 천재지변을 주문을 외워 막는 것을 그 목적으로 했다. 이 의례에서는 당나라 때의 위경僞經으로 간주되는 《불성대위덕금륜불정치성광여래소재일체재난다라니경》[11]이라는, 이름부터 발음하기조차 어려운 밀교적 경전을 주된 문헌적 근거로 이용하였다. "별들의 침범을 당해 재난이 발생하거나 나라의 변방이

•••••

10 《삼국유사》, 권4, 〈원효불기元曉不羈〉: 일연 지음, 이민수 옮김, 《삼국유사》, 을유문화사, 321~325쪽.

11 〈佛說大威德金輪佛頂熾盛光如來消除一切災難陀羅尼經〉, 《대정신수대장경大正新脩大藏經》, 964쪽. http://www.cbeta.org/result/T19/T19n0964.htm

평화롭지 못할 경우, 도량을 베풀어 불상을 안치하고 다라니(주문)만 외우면 일체중생이 다 축복을 얻게 되고 일체 재앙이 사라진다"는 인식에 의거했던 것이다.[12]

혜성 등 별의 변화가 재앙을 불러온다, 주문만 외우면 지진, 강풍, 홍수를 막을 수 있다……. 불교의 기본 입장은 자연재해와 같은 고통은 고뇌가 가득 찬 이 세상에서 어떤 마술적인 방법으로도 피할 수 없다고 본다. 따라서 불교는 주술적인 세계관을 받아들이지 않는데다 점성술과 같은 잡업雜業은 계율상 금지하고 있다.[13] 그럼에도 고려 왕실은 왕실과 국가를 마치 '나라와 백성을 부처의 신비한 힘으로 재앙에서 보호해주는 주체'인 것처럼 가장하기 위해 애썼다. 결국 소재도량 등의 국가 의례는, 불교를 빙자한 부질없는 미신을 백성에게서 갈취한 재물을 마구 써 '국가 축제'로 만든 것일 뿐이다.

본질상 불교와는 아무런 관련이 없으며, 재래의 주술적인 우주관에 그대로 의존하는 기복적인 왕실 의례는 이 밖에도 여러 가지였다. 여기서 한 가지 의문이 든다. 왜 고려의 승려들은 지배자들의 주술적인 '권위 세우기'가 계율상 하면 안 되는 일인 줄 마땅히 알아야 했음에도, 이처럼 쉽게 동원됐을까? 이것을 이해하기 위해서는 동아시아 불교의 여명기로 잠시 돌아가야 할 것이다.

●●●●●

[12] 김종명, 《한국 중세의 불교의례: 사상적 배경과 역사적 의미》, 문학과지성사, 2001, 81~95쪽.

[13] 《장아함경(長阿含經)》, 권14, 〈범동경(梵動經)〉: 《대정신수대장경》, 제1책, No. 1, 89쪽. http://www.cbeta.org/result/normal/T01/0001_014.htm

불교가 중국에 막 들어왔던 1~2세기의 중국 지식인층은, 부처를 도술과 유교적인 인仁을 겸비한 '서역의 초인超人'쯤으로 파악하였다. 그래서 민간 도교의 신비주의적 요소를 불교에 그대로 투영했다. 그들은 불교 수행자의 이미지를, 도교적 신선神仙의 모습으로 그렸다. 중국에서 처음 생산된 불교 서적인 《사십이장경四十二章經》을 보자. 이 책에서는 불교의 아라한, 즉 깨달음을 얻은 수행자를 가리켜 "가고 옴이 자유롭고 변화를 마음대로 하여 영겁토록 목숨을 누리며 하늘과 땅에 잘 머무르고 하늘과 땅을 잘 움직이는 사람", "하늘과 땅이 생기기 전부터 오늘까지 온 누리에 있는 바를 보지 못함이 없고 알지 못함이 없으며 듣지 못함이 없는 일체지一切智를 얻은 사람" 등으로 묘사했다.[14]

도교적 색채가 강한 초기의 한인漢人 불교도 그랬지만 4세기 초부터 북중국을 차지하게 된 유목민들의 샤머니즘이 섞인 불교는 그 정도가 더했다. 예컨대 갈羯족이 319년 오늘날의 북경 근처에서 세운 나라인 후조後趙에서는 불도징(佛圖澄, 232~348)이라는 서역 출신의 고승이 군사 고문이자 정신적 지도자로 자리를 잡았다. 승려가 군사고문이라고 하니 의아하게 여길 사람들이 많겠지만, 불도징은 그 '뛰어난 술법'으로 후조의 장군에게 '작전의 길흉'을 점쳐주었

• • • • •

14 법성 역해, 《사십이장경 강의》, 큰수레, 1993, 12, 18쪽.

다는 것이다. 물론 '신술神術'로 군주의 신임을 얻어 정복 왕조의 악
정을 완화하고 군대가 무차별적인 살육을 저지르지 못하게 하기 위
해서라고도 볼 수 있다. 하지만 불도징과 같은 '신승神僧'의 국가적인
출세는 결국 불교의 기복화를 촉진했다.

물론 그 당시 북중국 출신의 승려라고 모두 기복으로 기운 것은
결코 아니다. 불도징의 유명한 제자 도안(道安, 312~385)의 문인 중에
서는 "술법으로 대중의 이목을 현혹시키는 자"가 없었다고 한다.[15] 하
지만 중국의 지배자들은 이미 승려의 '신술'을 국가적 신비감과 권위
세우기에 이용하는 데 맛을 들였다. 그들은 승려들에게 술법 부리
는 일을 더 자주 요구하게 됐다.

수나라나 당나라 때의 승려들에게 '국군 승리를 위한 기도' 정
도는 기본이었다.[16] 원칙상 속세의 모든 일에 초월적인 태도를 보여
야 할 선종까지도 국가의 힘에 의존하는 한 이 틀에서 벗어날 수 없
었다. 선의 분파 중 하나인 정중종淨衆宗의 조사 격인 지선(智詵,
609~702) 선사는 측천무후則天武后 앞에서 신통력을 시범하여 인정
을 받은 일도 있었다.[17]

불교 내부의 저항이 없었던 것은 아니지만 이미 중국에서 이루어

●●●●●

15 혜교(慧皎) 지음, 유월탄 옮김, 《고승전》, 자유문고, 1991, 144~154쪽.
16 토오또오 교순(藤堂恭俊)·시오이리 료오도(鹽入良道) 지음, 차차석 옮김, 《중국불교
   사》, 대원정사, 1992, 235~293쪽.
17 Bernard Faure, *The Rhetoric of Immediacy: A Cultural Critique of Chan/Zen Bud-
   dhism*, Princeton University Press, 1991, p. 109.

중국 불교를 받아들인 우리 불교 역시 기복에서 자유로울 수 없었다. 조선시대 불교도 마찬가지였다. 그림은 김홍도의 〈풍속화첩〉 중 '점괘도'다. 승려들이 땅바닥에 부적을 펼쳐 놓고 시주자를 모으는 장면이 묘사돼 있다.

진 불교와 국가 간의 유착은 결국 국가의 입장에서 이용가치가 높은 기복적 요소를 강조하는 쪽으로 이어졌다. 한국 승려들 또한 중국을 거쳐 들어온 불교의 최초 도래부터 이런 영향을 받은 셈이다.

붓다, 기적을 행하다

동아시아에서의 대국가, 대사회 관계의 맥락에서 기복적인 요소들이 다소 강화되고 보편화됐다고 볼 수 있다. 하지만 이와 같은 기복적인 요소들이 애당초 존재하지 않았다면 과연 고대의 불교가 중국이나 한국에서 이 정도로 비대해질 수 있었을까? '초기 불교에 과연 기복적인 요소들이 존재했는가?'라는 우리의 궁극적인 물음은 사실, '예'나 '아니요'로만 답할 수 있는 것이 아니다. 그만큼 재래 종교들이 갖고 있었던 신비주의적 요소들에 대한 붓다와 그 제자들의 태도는 사실 자기 모순적이었기 때문이다.

한편으로는 수행자를 '신통神通이 있는 특수한 사람'으로 보는 인도의 전통 종교와 달리, 붓다의 가르침은 이 세계가 고통으로 가득 찬 곳이며 그곳을 빠져나갈 방법이 있다는 점을 주 논리로 삼기에 굳이 '신통'이 필요하지 않았다. 초능력이 있다고 해서 그 초능력이 나와 남이 겪는 고통의 원인, 즉 개인과 사회 전체의 탐욕·성냄·어리석음貪瞋癡을 없앨 수 있는가? 설령 신이나 초능력 보유자에게 빌어서 소원을 하나 이루었다고 하더라도 그다음 소원이 이루어지지 못한다면 또 계속해서 불행을 느끼지 않겠는가?

붓다가 재래 종교의 신화 속 신들을 애써 부인하는 것은 아니었지만 그 가르침은 사실상 무신론無神論의 일종으로 발전되지 않을 수 없다. 신이 존재한다고 해서 무명이 고통으로 이어지는 연기緣起의 법칙을 바꿀 수 있는 것이 아니기 때문이다. 주요 율장 중 하나인 《사분율四分律》이 전하는 다음 이야기에는 신통에 대한 붓다의 생각이 잘 드러난다. 어느 날 붓다는 제자 빈돌라賓頭盧가 기나긴 막대기에 걸려 있는 발우鉢盂를 얻어 군중의 신심을 일으켜보려고 공중에 뜨는 등 신통을 부리자 그를 엄하게 꾸짖었다고 한다.

> 네가 한 짓은 옳지 않다. 위의가 아니요, 사문의 법이 아니요, 청정한 행이 아니요, 수순하는 행이 아니어서 할 바가 아니거늘 어찌 속인들 앞에서 신통을 나타내느냐. 헌 발우 하나를 얻고자 신통을 부리다니, 마치 음녀가 돈 한 푼을 위해 여러 사람 앞에 제 몸을 드러내는 것과 무엇이 다르냐.[18]

그러나 여기에서 중요한 뉘앙스가 내재해 있다. 붓다가 지적한 것은 속인 앞에서의 '신통력 시범'이라는 '적절치 않은 상황'이었지 신통력의 존재 그 자체를 부정한 것은 아니었다. 그는 대수롭지도 않은

• • • • •

18 《사분율》, 권51: 《대정신수대장경》, 제22책, No. 1428, 946~947쪽. http://www.cbeta.
org/result/normal/T22/1428_051.htm

대상물을 취득하기 위해 신통력을 행사하는 것을 매매춘 행위에 비유했는데(그 비유법 자체는 매우 남성 중심주의적이었지만), 매매춘 행위 이외에 '정상적인' 부부관계가 있듯 '위의가 아닌 신통 부리기' 이외에도 '용납할 만한 신통 과시'가 있다는 이야기도 되는 것이다.

빈돌라 이야기를 뒤잇는 텍스트를 계속 읽어보면 이제 다름 아닌 붓다 자신이 신통을 부리기 시작한다. 국왕의 여러 스승들 중 '외도', 즉 붓다의 가르침을 배척하는 수행자들이 붓다에게 신통력을 보여보라며 도전적인 제안을 해올 때마다 이에 응해달라는 여러 국왕들의 요청을 계속 뿌리쳐온 붓다는, 자신의 열렬한 후원자인 코살라Kosala, 拘薩羅국의 프라세나지트Prasenajit, 波斯匿王 왕의 요청에 못 이겨 결국 코살라국의 수도 스라바스티(Sravasti, 舍衛國, 오늘날 인도 우타르프라데시주 발람푸르시 근방) 근처에서 불교사에서 길이 남을 '신통력 시범'을 보였다는 것이다.

신도가 바친 양짓대, 즉 고대인의 칫솔을 씹었는데 그 칫솔이 갑자기 화려한 나무로 변한 것이나 그 나무에서 향기로운 꽃과 맛있는 과일이 열려 참가자들에게 관람거리와 음식이 된 것이나 땅에는 연꽃이 피는 연못이 생기고, 붓다의 몸이 갑자기 여러 몸으로 나뉘었다가 합쳐지고, 붓다의 설법을 들은 신들이 '외도'의 연단을 쳐부수는 등[19] 13일 동안이나 계속됐던 이 '신통력의 향연' 결과, 수많은

•••••

[19] 《사분율》, 권51: 《대정신수대장경》, 제22책, No. 1428, 948~950쪽. http://www.cbeta.org/result/normal/t22/1428_051.htm

당시는 바라문교가 쇠퇴하고 많은 성자들이 나타나 새로운 교파를 형성하고 있을 때였다. 이들은 붓다의 교세가 커지자 이에 반발해 갖은 음모를 동원해 방해한다. 당시 일반인들은 신통력이 뛰어난 수행자를 최고로 쳤기 때문에 붓다는 이곳에서 신통력을 보임으로써 이교도들의 저항에 대응했다. 사진은 기원전 569년경의 고대 간다라 조각으로, 붓다가 스라바스티에서 천불화현(千佛化現)의 기적을 행하는 모습을 표현하고 있다.

대중이 붓다 가르침의 진리를 믿게 된 것이었다고 경전은 전한다.

예수가 일으켰다는 기적들이 그 후 거의 2,000년간이나 기독교 미술의 주된 소재가 됐듯이, '스라바스티의 기적'도 2세기 이후로 인도 불교 미술의 주된 주제 중 하나가 됐다.[20] 요즘 같은 과학 시대에 '신통력 이야기'가 과연 먹혀들까 싶겠지만 실제로는 그렇지 않다. 지금도 불교 성지순례를 알선하는 많은 국외의 여행사들이 '기적의 현장 스라바스티'를 최고의 인기 성지로 꼽는다. 그만큼 '신통력 이야기'는 고금을 막론하고 강한 동원력을 가진 것이었다.

쓸 萬한 방편이 된 '신통'

여기서 또 다른 의문이 든다. 붓다의 가르침은 고통의 바다에서 벗어나고자 하는 인간의 '해탈 지향'에 호소하는 것으로 지극히 합리적이며 이성적이다. 그런데 왜 초기 불교는 인간의 상상을 초월하는 '신통력 신화'까지 동원하게 되었을까?

붓다 자신이 그랬던 것인지, 아니면 초기 불교 교단의 모든 기원을 붓다와 관련지어 붓다를 마치 '신인神人'처럼 묘사하려 한 후대의 교계가 그랬는지 지금으로서는 확인할 길이 없다. 하지만 초기 불

●●●●●

[20] Auguste Foucher, *The Beginnings of Buddhist Art: And Other Essays in Indian and Central-Asian Archaeology*, translated by L. A. Thomas and F. W. Thomas, Reprint. New Delhi, Asian Educational Services, 1994[1914].

교에서는 '신통'을 우선시하지 않으면서도 쓸 만한 '방편'으로는 여긴 것 같다. 사람들 개개인의 생각이 서로 다른 만큼 불교 역시 그들의 세계관과 수준에 맞추어 임기응변으로 대처할 수밖에 없다는 것이다. 즉 신통을 기존의 사실로 보는 사회에서라면 그 사회의 통념과 어긋나지 않게 '신통의 신화'를 중생의 구제에 이용해야 한다는 논리다. 붓다와 그 제자들이 살았던 인도 사회도 그러했다. 당시의 종교적 사고방식을 염두에 둔다면 신통과 전혀 무관한 종교인이 과연 '스승'으로서 대접을 받을 수 있었을까라는 의문이 들기도 한다.

신통에 대한 이와 같은 '방편론적' 이해는 그 뒤 대승불교에서 더욱 굳어졌다. 우리에게 친숙한 대승 경전인 《법화경》 같은 책에서 관세음보살 등은 말 그대로 '무한 신통의 신격'처럼 나타난다. 결국 신통은 중생들로 하여금 신심을 일으켜 나중에 진리에 도달케 하는 수단이라 여겨졌던 것이다.[21]

신통을 고매한 수행자가 당연히 구사하는 능력쯤으로 인식하는 수준의 사회에서는 어쩔 수 없이 그것을 썼을 것이다. 문제는 신통에 호소하는 것을 신도들에 대한 권위주의적인 폭압으로 인식할 만큼 이미 진보화된 현대 사회에서도 신통을 그대로 써야만 하느냐다. 즉 갓바위에 가서 기도를 드리면 영험이 있다는 이야기는 1,500년 전의 불교라면 '품위 손상'이 아닌 '불가피한 방편'이었을지도 모르지만, 현대에 와서는 더 이상 '불가피'해 보이지 않는다는 것이다.

●●●●●

21 Michael Pie, *Skilful Means*, London: Gerald Duckworth & Co., 1978, pp. 18~84.

임기응변의 지혜를 살리자면, 더 이상 신통력을 '사실'로만 보지 않는 현대 사회의 상식에 불교도 하루빨리 맞추어가야 할 것이다. 그런데 '영험' 이야기가 벌어다주는 소득 때문인지 기복에 대한 비판의 목소리는 들려도 그 구체적인 해결책은 마련되지 않는 것처럼 보인다. 하기야 그것이 어디 불교만의 문제인가? 국내 기독교의 '은총' 신앙이나 '안수 치료'를 봐도 이와 다를 것이 하나도 없다.

그런데 붓다와 같은 인류의 위대한 스승이, 아무리 방편으로 이용가치가 있다손 치더라도 사실과 다르다 싶은 이야기를 알면서도 유포할 생각을 가졌을까? 그렇지 않았을 것이다. 실제 초기 불교의 경전을 보면 붓다 혹은 그 가르침을 정리한 제자들은 수행을 통해 선정禪定을 닦는 사람에게 '신통력'이 생긴다는 것쯤은 그 당시 수행자 사회의 '통념'대로 믿었을 것 같은 느낌이 든다.

아함의 가르침에 의하면 여래나 그 제자들의 신통력을 뒷받침하는 것은 바로 '네 가지 신성한 다리四神足'다. 즉 위대한 선정에 들려는 욕망과 그 선정을 얻기 위해 기울이는 노력, 그 선정의 과정에서 얻어지는 마음에 대한 통제력과 지혜의 힘 등이다.[22]

이와 같은 뒷받침이 있으면 고급 수행자가 '여섯 가지 신통六神通'을 얻는 것으로 돼 있다. 어떤 공간의 장애와 허공일지라도 마음대로 통과하고 날아다닐 수 있으며, 몸을 몇 개로 나눌 수 있는 신족

• • • • •

[22] 《잡아함》, 권26, 〈십력경(十力經)〉: 대한불교조계종 교육원 엮음, 《아함경》, 1996, 133~146쪽.

통神足通, 지은 업과 과보에 따라 미래 중생들이 죽어서 가게 될 좋은 곳과 나쁜 곳 등 모든 세계를 볼 수 있는 능력인 천안통天眼通, 보통 사람이 들을 수 없는 세간, 천상의 모든 소리를 남김없이 듣는 능력인 천이통天耳通, 자신보다 법력이 높은 존재를 제외하고는 다른 사람이나 신, 짐승 등의 일체 중생의 마음속에 생각하고 있는 선악을 모두 아는 능력인 타심통他心通, 자신과 다른 사람의 과거와 그 생존의 상태를 모두 아는 능력인 숙명통宿命通 그리고 마지막으로 번뇌를 모두 끊어서 두 번 다시 미혹의 세계에 태어나지 않게 되는 상태에서 우리가 상상할 수 있는 모든 경계들을 다 초월할 수 있다는 누진통漏盡通. 누진통을 얻기에는 아라한 이상의 수행이 필요하지만 앞에서의 다섯 가지 신통한 힘을 꼭 붓다나 그 가르침을 따르는 이뿐만 아니라 수행의 경험이 어느 정도 돼 있는 어떤 사람도, 심지어 불교를 배척하는 '외도'까지도 얻을 수 있다는 것은 불교 경전들이 '현세의 사실'인 것처럼 말한다.[23]

이에 비해 고려의 뛰어난 고승 지눌(知訥, 1158~1210)이 적절히 표현했듯, "육신통을 바라지 말라. 이것은 성인의 지엽枝葉일 뿐이다. 신통의 지혜는 불심을 바로 믿는 법의 힘을 따라 더욱 수행하여 공을 쌓음으로써 얻어지는 것이다"[24]와 같은 가르침은 더 현실적이다.

●●●●●

23 예컨대 《유가사지론(瑜伽師地論)》 제1권 참조: 《대정신수대장경》, 제30책, No. 1579, 288~491쪽. http://www.cbeta.org/result/normal/T30/1579_001.htm
24 〈권수정혜결사문(勸修定慧結社文)〉: 지눌 지음, 김달진 옮김, 《보조국사전서》, 고려원, 1992, 27~29쪽.

지눌이 속했던 선불교는 원시불교와 많은 점에서 매우 다른 모습을 보였지만 신통에 대한 지눌의 설명에는 붓다와 그 제자들도 동의하지 않았을까 싶다. 이렇듯 지눌 자신은 신통을 특별히 강조한 적이 없었지만 "죽고 나서도 그 몸에서 수염과 머리털이 계속 자라났다"는 그에 얽힌 설화가 전해지는 것을 보면,[25] 덕망 높은 스님을 신통을 부리는 초인으로 보려는 우리의 욕망이 얼마나 강한 것인가?

'기도발'이 종교의 자본화 부추겨

무아의 경지에 이른 적이 없었던 필자 그리고 이와 비슷한 경험을 맛보지 못한 대다수의 독자로서는 '신통'에 대한 불경의 기록이나 지눌과 같은 비범한 수행자의 설명을 반박하기가 쉽지 않을 것이다. 과학적이지 못하다고 말할 수는 있겠지만, 미래의 과학이 오늘날의 과학 수준으로 이해하지 못할 일을 설명해줄 것이라는 종교계의 재반론이 들어올는지 모른다.

그러나 한 가지는 분명하다. 다수가 가질 수 없는 능력의 보유 그리고 다수의 상식을 초월하는 '기적'의 존재를 주장하는 일은 결국 다수에 대한 권위주의적이며 고압적인 태도로 쉽게 연결된다는 사실이다. '겸손한 민중적 도사道士'도 얼마든지 있을 수 있지만, 앞서

•••••
25 〈권수정혜결사문(勸修定慧結社文)〉, 위의 책, 368~369쪽.

살펴본 것처럼 고대나 중세의 '신통력' 신앙은 국가와 지배계급에 의해서 부단히 이용당해온 것이었고, 현재의 '도력', '기도발' 이야기는 종교의 자본화를 뒷받침해주는 것이다. 국가에 의한 악용이나 종교의 자본화 또한 한국에 있는 다른 종교들이 똑같이 겪는 문제이지만 불교가 특히 아쉽게 여겨지는 이유는 무신론인 불교의 본질상 '신통력' 담론이 원칙적으로 불필요하기 때문이다.

불교의 본질로 따지자면 내 아들이 서울대 입학하게 해달라고 기도하는 것보다는 내 아들, 네 아들 구분 없이 입시 지옥에 시달리는 모든 이들에 대한 무한한 자비심으로 물심양면 학벌 타파 운동을 벌여야 할 것이다. 붓다가 살던 당시의 수행자에 대한 신비주의적인 인식이나 사회적 욕구 등을 외면할 수 없었던 불교가 '신통'을 부차적인 요소 하나로 받아들였다 해도 2,500년 후의 불자인 우리는 시대가 바뀜에 따라 이 비본질적인 부분을 과감히 수정해야 할 듯하다. 우리의 종교는 신과 기적, 기도의 종교가 아니고, 일체 중생들이 서로를 아끼는 마음으로 껴안고 보살펴 주면서 함께 살아가야 할 이성과 자비의 무신론적 종교다.

박노자 근대 한국을 보면 기독교인들이 불교 쪽에서 빌린 말들이 한둘이 아니지 않습니까? 장로, 예배, 지옥도 그렇구요. 그런데 불교와 기독교가 함께 쓰는 말 중 가장 이해할 수 없는 말이 기도 아닌가 싶습니다. 사실은 불교 속에서의 기도가 상당히 이해가 안 되는 부분이 있는 거죠. 예컨대 우리가 관세음보살이 완벽한 자비를 표현하는 영적인 존재라는 생각으로 관세음보살의 자비스러운 힘을 빌리고자 한다면, 그것이 나와 남이 따로 없다는 무아론이라든가 자비론으로는 일부 설명될 수 있다고 하더라도, 불교 전체의 논리로는 성립이 안 된다는 겁니다. 사실 이 문제는 만해 한용운 스님이 20세기 초에 이미 제기한 것이거든요. 한용운 스님이 《조선불교유신론》에서 지적한 '내가 심은 대로 거둔다'는 말에 불교적 세계관의 근거가 있다고 생각하는데요. 그런 입장에서는 비록 관세음보살이 완벽한 자비를 구현하는 분이라고 하더라도 "내가 심은 대로 내가 거둔다"라고 가르치는 종교에서 과연 관세음보살에게 기도하는 것이 용납될 수 있는가 하는 의문이 듭니다.

저는 국내에 있을 때에 사찰에 자주 가는데, 사찰에 가면 기도하는 다양한 분들이 있습니다. 부모님의 극락왕생을 비는 분들도 있고, 대입 기도를 하는 분들도 있습니다. 여러 가지 기도들이 있는데요, 물론 약한 중생이 남의 힘을 빌리고자 하는 마음은 당연히 이해할 수 있습니다. 세계 종교의 보편적인 요소이기도 하겠고요. 그럼에도 과연 불교에서 기도라는 것이 필요한 것인지, 필요하다면 우리의 기도 풍토를 바꿔야 하지는 않을까 하는 생각이 듭니다.

도법 한마디로 얘기해서 기복 불교죠. 불교는 보통 자력 신앙, 기독교는 타력 신앙 이렇게 성격 규정을 하잖아요. 그런데 연기론적으로 보면 그런 규정이 맞지 않다는 거죠. 관계라고 하는 것은 무엇을 의미할까요? 너 없는 나는 존재할 수 없다는 얘긴데, 어떻게 자력으로만 삽니까? 그래서 타자에게 비는 행위, 그것이 하느님이 됐든, 부처님이 됐든, 관세음보살이 되었든 그것 자체가 비불교적이라고 단정하는 것은 저는 타당하지 않다고 봐요. 불교를 자력 신앙이라고 규정하는 것도 안 맞고, 타력 신앙이라고 규정하는 것도 맞지 않습니다.

관계론적 세계관과 무아의 철학을 실현하기 위해서 실천하는 것이 때에 따라서는 자력이라는 형태로 나타날 수도 있고, 때에 따라서는 타력이라는 형태로 나타날 수도 있습니다. 핵심은 '연기론적 세계관과 무아의 철학'에 근거해서 이루어지는 자력 신앙인가 타력 신앙인가, 기도인가 참선인가 이런 게 문제겠죠. 그래서 저는 자력이냐 타력이냐 참선이냐 기도냐 하는 건 어떤 형태의 방법론이라도 다 있을 수 있다고 봅니다. 불교사 속에서 다양한 신앙과 수행 형태가 꽃피게 된 것도 그런 이유죠. 세계관과 철학에 대한 기본 토대만 분명하다면 그것이 참선으로 나타나든, 기도로 나타나든, 자력으로 나타나든, 타력으로 나타나든 문제가 되지 않는다는 겁니다.

그다음은 소위 구체적인 기복의 문제인데요. 기복은 복을 빌고, 안 빌고를 문제 삼기 이전에 '도대체 복이라는 게 뭐냐, 우리는 무엇을 복이라고 하는가'가 더 중요한 문제인 것 같습니다. 오늘날 우리가 한국 사회에서, 한국 불교인들이 생각하는 복이라는 것은 부자되는 것, 출세하는 것, 서울대학교 입학하는 것, 이런 거잖아요. 과연 이게 불교에서 얘기하는 복일까 하는 겁니다. 적어도 부처님의 가르침 속에서는 그걸 복이라고 얘기하고 있지 않다는 거죠.

부처님을 정의하길 뭐라고 하는가 하면, 지혜와 복덕이 완전하게, 원만하게 갖추어진 존재라고 합니다. 그런데 석가모니라는 부처님이 실제 현실 속에서 살던 모습은 어떻습니까? 집도 절도 없었던 인물이에요. 일생을 노숙자로 살았고, 거지로 살았고, 통장도 한 번 가져본 적 없고, 자기 집 한 채 가져본 일 없고, 동냥질해야 하니까 밥그릇은 있어야 하고, 얼어 죽지 말아야 하니까 옷 두세 벌 있어야 하고, 이게 그 삶의 전부에요. 그런데 그런 삶을 사는 부처를 가리켜 지혜와 복이 완전히 갖춰진 인물이라고 합니다. 그렇다면 부처를 완전한 복을 갖춘 존재라고 할 때의 그 복과 오늘날 한국 불교인들이 추구하는 복이 같은 것이냐 하면 전혀 아니라는 겁니다. 그래서 기복 자체가 문제가 아니고, 우리가 믿고 있는 복이라는 것 자체가 잘못되었다는 겁니다. 복에 대한 이해와 인식이 사실은 고쳐져야 할 문제라는 얘기죠.

그래서 참된 복을 달리 표현하면 뭐라고 얘기하는가 하니, 지혜와 자비가 되어야 한다고 합니다. 지혜와 자비를 일러서 참된 복이라고 하는 것이고 참된 공덕이라고 하는 것이지, 우리가 생각하는 물질적인 것을 가지고 부처님은 복이라고 얘기하지 않았다는 거죠. 그렇기 때문에 부처님은 자기 집 하나 없고, 재산도 없지만, 복덕이 원만구족圓滿具足한 인물이 되는 겁니다. 그 말은 곧 지혜와 자비가 아니고서는 인간은 결코 행복해질 수가 없다는 뜻입니다. 그것이 없이는 우리가 희망하는 삶을 살 수가 없다고 말하고 있어요. 그래서 일단 복이 과연 무엇인가 하는 것을 정리할 필요가 있구요.

이제 지혜와 자비를 복이라고 알고, 이런 복을 더욱더 깊게, 더 풍부하게, 더 충실하게 하는 복을 실현하기 위해서 빈다면 문제가 없다고 봅니다. 부처를 향해서 빌던, 하느님을 향해서 빌던, 바위를 향해서 빌던, 나무를 향해서 빌던 문제 될 게 없다고 봐요. 스스로 지혜와 자비의 존재가 되겠다고 간절히 빌고, 또 비는데 그걸 나쁘다고 할 수 있겠습니까? 문제는 '비는 것 자체'가 아니고 '무엇을 비느냐' 하는 게 문제겠죠.

즉 달리 표현하자면 불교에서 얘기하는 진리는 연기, 무아라 하고 연기, 무아에 대한 이해와 인식은 지혜라고 얘기합니다. 또 이러한 무아 철학을 온전하게 실현하는 삶을 자비라고 얘기하지요. 그런데 내가 지혜와 자비의 존재가 되기 위해서, 그것을 복이라고 믿고 빈다면 당연히 권장되어야 하겠죠. 문제는 복에 대해 잘못된 이해와 인식을 하고 있다는 것입니다. 그래서 기복의 내용도 철저하게 자기 중심적이고, 이기적이고, 소유 욕구를 충족시키는 것을 복이라고 믿고 그걸 얻기 위해 매달리는 거잖아요. 이건 복을 빈다고 할 수 없다는 거죠.

예를 들어서 빌건, 안 빌건 내가 돈 많이 버는 것, 1등 하는 것이 복이라고 믿고, 스스로의 힘으로 추진한다고 해도 옳지 않다는 겁니다. 비는 것만 옳지 않은 게 아니구요. 기복의 문제는 비는 것이 부당한 것이 아니라 우리가 비는 행위를 통해 이루고자 하는 내용에 문제가 있는 것이고, 이것을 바로 잡는 데서 해답이 나오지 않을까 생각합니다.

진리에 맞는 것을 빈다고 하면 그것은 정당한 것이며, 권장되어야 한다고 생각합니다. 그러나 진리에 어긋난 것을 빈다면, 무언가에 비는 것도 옳지 않거니와 본인 자신의 힘으로 그렇게 하려고 노력한다고 해도 해답이 나오지 않는다는 얘기죠.

4장

계율을 지키는 일,
혹은 '나'를 지키는 일

自在勝利 자재승리

계율에 얽매이지 않고 스스로 도리를 말하더라도 성인의 경지에 이를 수 있다는 뜻이다. 원효는 그의
저서 《금강삼매경론(金剛三昧經論)》에서 계율을 논하며 "교의상의 계율에 얽매이기 때문에서가 아니라
능히 자기 마음으로 도리를 결판(決判)함으로 소연(蕭然)히 하는 일 없는 것 같지만 하지 않음이 없는
것이다. 이 경에서 '승복을 입지 않았음에도 나아가서 성인(聖人)의 반열에 올랐다'고 한 것과 마찬가
지다"라고 했다.

몇 년 전 국내의 한 자유주의적 지식인과 서면 논쟁을 할 때, 상대방에게 '근본주의자'라는 소리를 들은 적이 있었다. 병역거부에 대한 내 주장의 종교적인 근거들을 비판한 그 지식인은, "불교의 살아 있는 것을 죽이지 말라는 계율不殺生戒을 지킨다는 목적으로 병역거부를 하는 것이 바로 종교적 근본주의"라고 여겼다.

그 '근본주의'라는 말은 물론 '이슬람 근본주의'와 같은 폭력 이념을 이야기하는 것은 아니었다. 단순히 내가 '상황의 복합성이나 개인적 차이를 고려하지 않은 채 특정 종교의 이상주의적 이야기만으로 일관한다'는 뜻이었다. 그 지식인은 나에게, 살생을 싫어해도 '순수한 애국심'으로 군대에 가는 것을 스스로 택하는 경우는 왜 생각하지 않느냐고, 물었던 것으로 기억한다.

나는 그 '근본주의'라는 말에 적지 않게 놀랐다. 왜 놀랐는가? '근본주의'에는 두 가지 종류가 있을 수 있다. 첫째, 한 조직의 이념을 유일한 진리로 여겨 남에게까지 강요하는 조직적 믿음인 '배타적 근본주의'가 있다. 둘째, 종교에서 말하는 윤리를 자기 나름대로 내면화하여, 자기 자신을 지키는 의미에서 믿는 '개인적 근본주의'가 있을 수 있다.

조직으로서의 근본주의와 개인적 근본주의

자연스러운 일이기도 하지만, 한국 역사를 보면 대개 힘이 있는 조직들은 그 힘이 왕성할 때 조직적인 배타주의를 앞세워 타자他者를 누르고 사회를 길들여 왔다. 반면에 힘이 없거나 없어져 가는 조직의 일원들은 가끔가다 천인天人을 감동하게 할 만한 개인적 근본주의의 사례를 남겨 영웅이 되기도 한다.

예컨대, 16세기 이후부터 개화기 이전까지를 지배한 성리학이나 1945년 이후 남한에서의 개신교는 불교나 천주교, 무속, 좌파 사상 등 수많은 타자들을 한껏 억누르고 사회 전체를 자기 방식대로 규율화시키는 '조직으로서의 근본주의'를 유감없이 보여주었다. 그 근본주의의 효과는 후기 조선을 어쩌면 중국보다 더 성리학적인 사회로 만들고, 오늘날 남한을 유럽보다 더 철저한 기독교 헤게모니의 사회로 몰아갈 만큼 컸다는 것이다.

그런가 하면, 아직 프랑스의 외교적인 보호를 받지 못했던 1880년대 중반 이전의 천주교나, 개화를 외치고 열강의 힘에 의존하려 했던 집권층에 외면받은 1894년 이후의 위정척사衛正斥邪형 성리학은 목숨을 걸고 지조를 지키기 위한 순교殉敎와 같은 형태의 사례들을 무수히 남겼다. 우리가 의병 투쟁을 보통 '독립 투쟁'이라고 부르지만, 사실 많은 경우 의로운 죽음을 통해 '야수에게 잡아먹힌' 세상에서 개인적인 도덕적 독립을 쟁취하기 위한 시도였다. 힘없는 개인적 근본주의자들의 순교에 가까웠다는 것이다.

대체로 개인적 근본주의자들은 일거수일투족에 그 나름의 종교적·이념적 의미를 부여해 엄숙함의 모범을 보였다. 하지만 힘을 바탕으로 한 조직으로서의 근본주의를 자행할 때, 그 구성원들은 사

힘을 근본으로 한 조직적 근본주의하에서 개개인은 사상과 행동의 일치에서 비교적 자유로웠다. 예를 들면 엄격한 유교 규범이 지배하는 사회에 속해 있으면서 한편으로는 향락을 추구하는 모순된 상황이 동시에 나타난다. 그림은 김홍도의 춘화(春畵)를 엮은 운우도첩(雲雨圖帖) 중 한 작품이다. 조선시대 춘화에는 기생과 어울리는 사대부가 다수 등장하는데 이는 당시의 성 풍속도를 짐작할 수 있게 해준다.

상과 행동의 일치란 것에서 훨씬 자유로웠다. 야사野史, 문집들이나 지배층의 각종 음행淫行에 관한 실록을 보면 조선의 사대부들은 여색을 멀리한 엄숙주의자들이 아니었음을 알 수 있다.[01]

또한 한국 기독교에 대한 고발서들[02]을 굳이 읽어보지 않아도 가장 많은 부패 사학私學들을 낳은 이 사회 최강의 '주류 세력'이 어떠한지는 충분히 짐작할 수 있다. 서구에서는 '반전 운동의 두 모체가 바로 교회와 사회주의'라는 등식이 통용되지만, 이는 서구 교회들의 이야기일 뿐 한국 교회는 해당되지 않는다. 태평양전쟁, 한국전쟁 그리고 베트남 파병 등을 가리켜 양심 있는 극소수 인사를 제외한 교회 '어른'들은 '성전聖戰'이라 불렀지만, 이에 대해 참회하는 목회자는 찾아보기 어렵다.

근본주의와는 거리가 먼 불교

사상은 실종되고 교리를 절대시하는 독단dogma만이 남아 있는 힘 있는 조직이 자행하는 조직으로서의 근본주의이거나 힘없는 조직에 속한 개인들의 순교, 이것이야말로 한국 근본주의의 얼굴들이다. 그런데 한국 불교의 과거나 현재는 조직으로서의 근본주의와는 멀어

•••••
01 예컨대, 강명관, 《조선의 뒷골목 풍경》, 푸른역사, 2003.
02 예컨대, 류상태, 《한국 교회는 예수를 배반했다》, 삼인, 2005.

도 한참 멀다.

불교가 6세기 이후의 백제나 신라, 그 뒤의 고려에서 국교國教에 가까운 입장에 있었다 해도, 예외적인 상황을 제외하고는 승려가 국가적 실권을 잡는 것을 의미하지는 않았다. 불교 공동체는 관료 국가의 외호外護에 의존했고, 또 국가의 보호에 빚진 만큼 역시 국가에 대한 복종과 국가를 위한 기도로 보답해야 했다. 국가의 '하위 파트너junior partner'라고나 할까?

불교가 헤게모니를 잡은 일은 없었지만 그렇다고 조선 초기의 천주교처럼 심한 박해를 받지도 않았다. 국가가 불교를 억누른다抑佛 해도 불교를 박멸할 뜻은 없었기 때문이다. 다소 어렵더라도 국가 밑에서 그나마 생존할 수 있었기에, 불교 공동체의 구성원들은 계율을 지키며 비타협적으로 행동하기보다 대개 스스로 몸을 낮추어 '알아서 잘하는' 자세를 취하곤 했다. 물론 시기마다 약간의 차이는 날 수밖에 없었지만, 대략 시기가 내려갈수록 국가와의 '유착'이 점차 국가에 대한 '예속'으로 변해갔다.

한국 불교의 황금기라 할 7세기의 위대한 고승들인 의상이나 원효는 군사나 외교 문제에 있어 국왕에게 매우 협조적일 수 있었지만 가끔가다 스스럼없이 쓴소리를 할 때도 있었다. 예컨대 의상만 해도, 비록 왕실의 외호로 신라 화엄종의 중심지가 될 부석사浮石寺를 지었지만, 681년에 문무왕이 수도에서 무리한 토건공사를 일으키자 "정치가 밝지 못하면 아무리 백성을 수고롭게 하여 새로운 성城을 지어도 소용이 없을 것"이라는 대담한 간언을 바쳐 불필요한 공

사를 정지하게 했다.[03]

교종 계열인 화엄 불교는 중국이나 한국에서 대개 귀족적 성격을 지녔지만, 7세기 때만 해도 그것은 꼭 국가에 대한 일방적인 '복종'만을 의미하지는 않았다. 또 선불교가 꽃핀 10세기에도 힘이 약한 계보의 선사들은 국왕에게 적극적으로 외호를 부탁했지만, 힘이 있었던 문중의 선사는 그 반대로 최고의 권력자에게도 거의 '스승님' 대접을 받을 수 있었다. 예컨대 934년에 태조 왕건은 예천 쪽 호족들에게 후원을 받았으며 덕망이 높았던 자적慈寂 선사 홍준(洪俊, 882~932)에게 귀의歸依하는 예를 올리고 그의 법을 공경하고 우러러보고 있음을 애써 표현하기도 했다.[04]

초기 불교는 왕궁에 들락날락하는 것을 좋지 않은 인연이 발생할 수 있는 위험한 일로 생각해 엄격히 제한시켰다.[05] 그러나 신라, 고려의 고승들은 이런 제한이 있음에도 보통 별다른 주저 없이 권력자의 부름에 응해 그들의 처소로 갔는데, 10세기 중반까지는 적어도 몸을 지나치게 굽힐 필요까지는 없었다.

그러나 10세기 중·후반부터는 초기 불교의 계율과 정반대로 강화된 중앙 권력 앞에서 승려가 '신하'임을 칭하는 것이 관례가 되었

●●●●●

03 《삼국사기》, 권7, 문무왕 21년조; 이재호 옮김, 《삼국사기》, 광신출판사, 1993.
04 경청선원자적선사릉운탑비(境淸禪院慈寂禪師凌雲塔碑), 한국역사연구회 엮음, 《역주 나말여초금석문》, 혜안, 1996, 상권, 90~105쪽; 하권, 125~145쪽.
05 《한글대장경: 근본살파다부율섭 외(根本薩婆多部律攝 外)》, 동국대학교부설 동국역경원, 1995, 332~333쪽.

다.[06] 또 불교가 '국교'의 위치를 박탈당한 조선왕조 이후로 승려는 '신민臣民' 중에서도 가장 비천卑賤한 쪽에 속하게 된 데다 그저 사대부 국가에서 살아남기 위해 늘 국가 권력에 대한 무한한 충성을 다짐해야 했다.

16세기의 고승이자 순교자라고 할 수 있는 허응당 보우(虛應堂 普雨, ?~1565)는, 어린 명종(재위 1545~1567) 대신에 국사國事를 섭정하던 문정대비 윤씨(1501~1565)와의 가까운 관계를 이용하여 기울어진 불교를 다시 한 번 일으켜보려 했다. 그러나 전국 유림의 반발로 보우는 결국 유배되고 제주도에서 곤장을 맞아 죽었다. 이런 보우의 시에서 자주 강조되는 것이 국가와 왕에 대한 충성이다.

> 군신의 관계는 땅처럼 단단한 것인데(君臣之義厚如坤)
>
> 나는 어찌 임금님의 은혜를 저버렸겠는가?(貧道何嘗負聖恩)[07]

이런 충성심은 초기 불교에서는 계율상 불가능했고 상상하기조차 어려운 감정이었지만, 조선시대 불교로서는 당연한 이야기였다. 이런 상황에 처한 우리 불교를 놓고 과연 근본주의를 논할 수 있겠는가? 승려들은 생존 그 자체를 천만다행으로 여겼고, 관료국가라는 테두리에서 어렵게 살아남기 위하여 수많은 타협을 해온 것이다.

●●●●●

06 남동신, 〈나말여초 국왕과 불교의 관계〉, 《역사와 현실》, 제56호(2005년 6월), 81~113쪽.

07 《허응당집》 상권; 이종익, 〈보우 대사의 중흥불사〉, 보우사상연구회 엮음, 《허응당보우대사연구》, 불사리탑, 1993, 163~215쪽에서 재인용.

고려 충렬왕 때의 정치가이자 문학가인 이조년(李兆年, 1269~1343)의 영정. 주먹을 쥔 왼손이 어색하게 들려 있다. 이조년의 후손은 1559년 선조를 배향하기 위해 '영봉서원'을 건립하려 하였으나 율곡 이이 등 유학자들의 반대로 무산되고 만다. 초상화에 염주가 들려 있었기 때문이다. "호불(好佛)한 인물을 후학의 모범으로 삼을 수 없다"는 논리였다. 이런 까닭에 1825년께 영정을 다시 그릴 때 원본에 있던 염주를 지웠다고 한다. 이처럼 조선시대에 불교의 입지는 매우 열악했다.

불교의 살아 있는 것을 죽이지 말라는 계율을 '근본주의적'으로
해석하여 입대를 거부한 2000년대의 두 불자(오태양 씨와 김도형 씨)가
모두 출가자가 아닌 재가자라는 사실은 의미심장하다. 불교에 대한
이상주의적인 애착이 강한 젊은 재가 불자들에게는 수많은 외국 법
우法友들의 선례대로 국가적인 살인 훈련을 거부할 만한 용기가 생
길 수 있다. 하지만 계율상 입대는커녕 군대 구경조차도 할 수 없게
돼 있는[08] 출가 승려들은 일반인과 마찬가지로 입대의 의무를 지고
국가에 예속되는 전통을 벗어나지 못하는 형국이다.

원효와 윤리적 상대주의

그런데 위에서 이야기한 온갖 타협들을 '무원칙한 기회주의'라고 깎
아내리는 것은 옳지 않다. 기회주의는 맞지만, 그것은 '원칙이 있는
기회주의'라고 봐야 할 것이다. 무슨 원칙을 이야기하는 것인가? 한
국 불교는 이미 5~6세기부터 근본불교 계통의 계율(《오분율五分律》,
《사분율四分律》[09] 등)을 출가자 통제의 기반으로 삼았지만, 계율의 '엄

• • • • •

08 《한글대장경: 근본살파다부율섭 외(根本薩婆多部律攝 外)》, 동국대학교 부설 동국역경
   원, 1995, 284~285쪽.
09 초기 경전 삼장 중 승단의 계율을 묶은 것을 율장이라고 한다. 《오분율》과 《사분율》
   은 그중 하나다. 계를 받고 참회하고 수행하는 절차·방법, 비구와 비구니에 대한 규
   정 등 다양한 계율들을 다루고 있다.

수'보다는 대승불교식의 '방편론'을 훨씬 더 선호했다. 즉 불교의 목적은 열반에 이르는 한편 중생을 구제하는 것이고, 계율이란 그 목적 도달을 위한 수단(방편)이라 여겼다. 그래서 계율은 강을 건너고 나면 버려도 될 '뗏목'과 같은 것이기에 항상 상대적인 것으로 바라보고 있다.

예컨대, 본인부터 계율에 얽매이지 않은 것으로 아주 유명한 원효는 그의 명저 《금강삼매경론金剛三昧經論》에서 다음과 같이 못 박았다.

> 자재승리(自在勝利)란 교의상의 계율에 얽매이기 때문에서가 아니라 능히 자기 마음으로 도리를 결판(決判)함으로 소연(蕭然)히 하는 일 없는 것 같지만 하지 않음이 없는 것이다. 이 경(經)에서 '승복을 입지 않았음에도 나아가서 성인(聖人)의 반열에 올랐다'고 한 것과 마찬가지다.[10]

'방편이자 형식일 뿐'인 계율보다 깨달음과 열반이 내장된 '나의 마음'을 위주로 불교의 체계를 잡은 원효는, 계율 문제를 다루는 전문 저서에서는 '근본주의'와는 정반대인 극도의 주관주의적 시각을 드러냈다. 그는 "보살계는 생사의 탁류를 거슬러 올라가서 일심一心의 본원으로 되돌아가는 큰 나무의 구실을 하며, 삿된 것을 버리

●●●●●
10 이기영 옮김, 《금강삼매경론》, 대양서적, 1975, 209쪽

고 바른 것을 이루는 요긴한 문이다"라고 하여 방편으로서의 계율을 강조했다. 그러면서도 그는 계율 그 자체에 집착하지 말라는 뜻에서, "비록 살인하는 것이 중계(重戒, 기본 계율)를 범하는 일이지만 남을 살리려는 마음으로 도저히 건질 수 없는 중생을 죽였을 경우 그것은 죄가 아니고 복을 짓는 일일 뿐이고, 비록 자신을 찬양하고 남을 비방하는 것이 큰 죄악이지만 상대방으로 하여금 신심을 일으키려는 목적으로 그렇게 했을 경우 역시 죄가 아니고 복을 짓는 일일 뿐"이라는 주장을 전개했다.[11]

말하자면 원효의 기본 입장은 행위의 객관적인 결과 그 자체(살인, 비방 등)보다 그 행위의 의도·동기 그리고 그 행위가 발생하게 된 종합적인 상황을 고려하자, 계율의 형식보다 '그때, 그 사람, 그 마음'을 중시하자는 것이다. 원효는 본인이 계율을 정확하게(말하자면 근본주의적으로) 지키는 것에 대해 자긍심을 느껴 집착을 일으킨다면, 이것이 오히려 "보살의 넓고도 큰마음의 계를 어긴 것"이라고 덧붙인다.[12]

우리에게 원효라는 인물은 단순한 사상가라기보다는 한국 불교의 상징이자 나아가서는 민족 영웅이다. 그렇기에 어차피 경전을 원전으로 읽을 일 없는 한국인 대다수는 원효의 '넓은 마음'과 '파격적

●●●●●

11 원효, 〈보살계본지범요기(菩薩戒本持犯要記)〉, 《한국 불교전서》, 제1권, 동국대출판부, 1979, 581~586쪽.
12 남동신, 〈원효의 대중 교화와 사상 체계〉, 서울대학교 국사학과 박사학위 논문, 1995, 166~174쪽.

이며 독창적인 해석'을 찬탄하기는 쉬워도, 이 '대승적인, 너무나 대승적인' 원효의 견해에 토를 달기는 어렵다. 그러나 달아야만 할 이유가 있다. 물론 남을 크게 해칠 일도 없고, 오로지 깨달음만을 향해 일신의 힘을 쏟는 출가자들의 사회라면 계율을 득도得道의 '방편'으로 보는 것이 크게 틀리지는 않을 것이다. 그들에게 깨달음悟道이라는 최고의 목표는 현실 속에서 자나깨나 인식되기에 계율을 그 목표 밑으로 두어도 무방하기 때문이다.

그렇지만 깨달음을 목적으로 할 만한 여유도 없고, 사회의 기본적인 윤리적 틀과 함께 불교에서 말하는 탐욕·성냄·어리석음貪瞋痴의 늪을 벗어날 만한 방도를 구해야 하는 평범한 갑남을녀는 다르다. 그들로 하여금 불교의 기본인 '여러 가지 나쁜 일을 짓지 않고 좋은 일을 받들어 행하는諸惡莫作 諸善奉行' 도리를 실천하도록 하려면 원효와 같은 고답적인 윤리적 상대주의보다는 윤리에 대한 '자율적인 확신'이 필요할 것이다.

그것은 악업을 지으면 나중에 나쁜 곳에서 태어날지 모른다는 공포에서 비롯된 윤리에 대한 '타율적인 확신'이 아니라 살인이나 비방과 같은 행위 그 자체에 대한 인간의 본능적 혐오에 기반을 둔 '나 자신'의 윤리적 확신을 이야기하는 것이다.

물론 원효는 윤리 그 자체를 상대화했을 뿐 부정한 것은 아니다. 그러나 그가 이야기하는 일개 도구로서의 윤리는, 결국 악惡으로 가득 찬 이 세상에서 중생들에게 그 악을 물리칠 만한 아무런 정신적 '무기'도 쥐여주지 않는다. 우리가 익히 아는 대중 불교 선각자로서의 원효의 모습과는 사뭇 다른 이야기지만, 원효의 대중 교화사업 역시 윤리를 상대화하는 정토신앙에 근거를 둔 것은 근본적인 문제 다. 그러나 정토신앙의 문제점들은 뒤에서 다루기로 하고, 일단 우 리 불교의 '근본주의 부재'라는 상황부터 계속 짚어보자.

고대와 중세 불교에서의 계율

고대, 중세의 한국에서 계율에 대해 '근본주의적' 입장을 취하는 일 은 별로 없었다. 그러나 적어도 계율의 엄연한 존재에 대한 인식은 투철했다. 원효는 계율에 지나치게 집착하지 말 것을 호소하면서도, 계율이 인연의 우연한 조합일 뿐이라는 이유로 이를 없는 것으로 여 기고 무시해서는 안 된다는 말도 잊지 않았다.

불교 사회에도 계율을 어기는 자가 있으면 비록 고승이라 해도 스스럼없이 질책했다. 예컨대 정토 교의에 관한 저서로 차후 일본 불교에 큰 영향을 끼친 7세기 말의 승려 경흥憬興이 있었는데, 왕실 과 가깝고 '국로國老'의 칭호까지 얻어 늘 호화스러운 말을 타고 다 녔다. 이는 승려로서 무소유와 겸손한 행실을 강조하는 계율상 있 을 수 없는 일이기에, 신라인들은 그가 결국 문수보살文殊菩薩로부 터 질책을 받았다는 설화까지 만든다.

경흥이 어느 날 대궐에 들어가려 했다. 시종하는 이들이 동문 밖에

수행자 일행이 바다를 건너던 중 풍랑을 만나 죽을 고비를 넘기게 되었다. 겨우 부낭(浮囊, 공기를 넣은 튜브와 같은 것)에 목숨만 의지한 채 정처없는 항해를 시작하게 되었는데, 이때 바다에 사는 나찰이 나타나 배가 몹시 고프다며 타고 있는 부낭을 달라고 한다. 수행자들이 줄 수 없다고 하자 그러면 그 반쪽이라도 달라고 하였는데 다시 거절했다. 다시 그 4분의 1만큼, 티끌만큼이라도 달라고 하였으나 끝내 거절한다. 나찰이 원하는 것을 바늘귀만큼이라도 주면 곧 바람이 새어나가 물에 빠져 죽을 것이기 때문이다. 《대반열반경》 11권 성행품(聖行品)에 나오는 이 이야기는 붓다가 가섭에게 보살이 닦아야 할 신성한 행에 대해 말한 것으로 여기서 부낭은 계율을 뜻하고 나찰은 마음 속의 번뇌, 바다를 건넌다는 것은 생사 고해를 건너 열반의 언덕에 이르고자 수행함을 뜻한다.

서 먼저 채비를 차리니 말과 안장은 매우 화려하고 신과 갓도 제대로 갖추었으므로 길 가던 사람들은 길을 비켰다. 그때 거사(사문이라고도 함) 한 사람이 모습은 몹시 엉성한데 손에는 지팡이를 짚고 등에는 광주리를 지고 와서는 하마대 위에서 쉬고 있었는데 광주리 속을 보니 마른 물고기가 있었다.

시종하는 이가 이를 꾸짖었다.

"너는 중의 옷을 입고 어찌 깨끗하지 못한 물건을 지고 있느냐."

중이 말했다.

"산 고기를 두 다리 사이에 끼고 있는 것보다 시장의 마른 고기를 지고 있는 것이 무엇이 나쁘단 말인가."

말을 마치자 일어나 가버렸다. …… 남산 문수사 문 밖에 이르러 광주리를 버리고 숨었는데 지팡이는 문수보살상(文殊菩薩像) 앞에 있고 마른 고기는 바로 소나무 껍질이었다.

결국 문수보살에게 지적을 당했음을 알게 된 경흥이 크게 탄식하여 그 이후로 말을 타지 않았다는 것이 이 설화의 결말인데,[13] 이런 설화가 생길 정도로 신라 사회는 경전이나 계율을 받아 항상 잊지 않고 머리에 새겨 지니고 다니는受持 문제에 예민했다. 승려가 옛날의 '안장이 화려한 말'에 해당하는 고급 자동차를 타고 다닌다 해

13 《삼국유사》, 권5, 〈경흥우성조(憬興遇聖條)〉: 일연 지음, 이민수 옮김, 《삼국유사》, 제5권, 을유문화사, 1987, 365쪽.

붓다를 죽인 부처

서 사회적 문제를 일으키거나 종단에서 특별한 조처를 내릴 리 없는 요즘 시대보다야 조금은 낫지 않은가?

신라 말기의 선승禪僧들은 계율뿐만 아니라 '문자文字' 그 자체를 이차적인 것으로 생각했으면서도 역시 계율 위반의 문제에 민감하게 반응했다. 예컨대 경문왕(景文王, 재위 861~875)과 가까웠던 귀족적인 승려 무염(無染, 801~888)은 죽어가는 경문왕의 부름으로 어쩔 수 없이 궁궐에 가기는 가는데, "승려의 발이 궁궐에 닿는 것이 한 번도 지나치다"며 스스로 탄식하기도 한다.[14]

그런데 계율뿐만 아니라 경전 체계 전체에 대한 의식도 애매해지고, 선사 역시 신비적인 '깨달음'에만 매달려도 '도사'로 인식되었던 조선 말기에 와서는 계율의 위반은 부끄러운 일이라기보다는 '깨친 자'만의 표시자 특권이 됐다. 예컨대 근대 한국 선불교가 중흥하는 데 큰 구실을 한 경허(鏡虛, 1849~1912)의 일화를 보자.

> 해인사 조실(祖室)로 계시던 어느 날 경허 스님은 석양에 어떤 만신
> 창이가 된 광녀(狂女)를 데리고 와 조실 방에서 같이 식사하고, 같이
> 주무시고 하였다. …… 만공 스님이 며칠 뒤 문을 열고 들어가 보니,
> 경허 스님은 광녀에게 팔을 베게 해주고 있을 뿐만 아니라, 그 여자에
> 게 다리를 턱 걸친 채 코를 골고 주무시는 게 아닌가?

●●●●●

14 〈남포 성주사 낭혜화상 백월보광탑비문(藍浦 聖住寺 朗慧和尙 白月葆光塔碑文)〉: 이지관 엮음,《교감역주 역대 고승비문》, 제1권(신라편), 가야문고, 1993, 194쪽.

사찰에서의 이성異性과의 동침이란 파계 중에서도 심한 쪽에 속하지만, 이 장면을 본 제자 만공(滿空, 1871~1946)은 단지 스승의 법력을 찬탄했을 뿐이다.[15] 서산 대사(西山大師, 1520~1604)의 《선가귀감禪家龜鑑》에서 계율을 "지혜의 달 그림자를 비추어줄 물(즉 선정으로 닦아진 마음)을 담을 그릇"이라 하였는데,[16] 지혜의 달과 하나 된 사람은 그 그릇을 깨버려도 된다는 것이 경허와 만공의 논리인 듯했다.

지금 우리의 불교는 원효나 무염의 중도적인 계율관戒律觀보다는 오히려 '도사', '기인' 풍의 조선 말기 풍토를 이어받은 것이다. 살아 있는 것을 죽이지 말라는 계율은 승려까지 군에 입대시켜 살생을 익히게 하는 징병제에 의해 이미 그 의미를 잃었다. 그뿐만 아니라 무소유를 강조하며 금전 사용이나 축재蓄財를 엄금하는 계율을 아무리 받아 지녀도, 수행자 집단의 소비 생활에 별다른 영향을 주지 못한다. 돈을 안 쓰기는커녕 쓰지 말아야 할 방법과 방향으로 쓰다 보니 일반 사회에서까지 문제를 일으키는 것이다. 원효 같은 대승불교의 이론가들이 '윤리적 상대주의'로 살짝 열어둔 문은, 이제는 활짝 열려 '근본주의'가 없을뿐더러 근본 그 자체도 보이지 않는다.

• • • • •

15 진성 원택 옮김, 《진흙소의 울음: 경허선사 법어》, 홍법원, 1993; 박정록, 〈계율에의 불복종〉, 《불교평론》, 제15호(2003년 여름)에서 재인용.

16 《禪家龜鑑: Mirror of Zen》, 대한불교조계종 포교원, 123~125쪽.

이처럼 원효 그리고 원효보다 계율을 훨씬 더 심하게 상대화시키며 모든 중생에 내재돼 있는 불성眞如 내지 '깨달음'의 하위 개념으로 파악한 경허가 있었다. 그런데 원효와 같은 대승불교의 학승學僧으로서 과연 어떻게 계율의 상대화가 가능했을까? 기원을 따지고 보면 붓다 자신이 계율을 상대화시킬 수 있는 단서를 제공해주었다. 이를 결코 상대화로 볼 순 없지만 붓다 본인이 제정한 수행자 공동체의 계율은 언제든지 '해탈'의 가치에 종속될 수 있는 수단이었다.

물론 계율 공부는 삼학三學[17] 중 가장 첫째고, 올바른 태도와 행동 그리고 죄악을 일으키는 행동을 두려워하는 마음을 익히기 위해 수행자에게 없어서는 안 될 요소였다.[18] 또 붓다가 기본적인 실천의 방도로 제시한 여덟 가지 올바른 길 중 바른 말, 바른 행위 그리고 바른 삶에 해당하는 구도 인생의 중요한 일부분이었다.

바른 말을 실천하자면 계율이 말하는 대로 거짓말妄語, 꾸며대는 말綺語, 남을 이간질하는 말兩舌, 악담, 나쁜 말惡口을 멀리해야 하고, 바른 행위를 실천하자면 남을 죽이거나 남의 것을 훔치거나 음란한 마음을 내면 안 되고, 바른 삶을 실천하자면 옷 입고 먹고 자

• • • • •

[17] 깨달음을 얻고자 하는 수행자가 반드시 닦아야 할 세 가지 공부로, 계율의 공부인 계학(戒學), 뜻의 공부(참선 등을 통한 수행)인 정학(定學), 지혜(교리)의 공부인 혜학(慧學)을 말한다.
[18] 《잡아함》, 권30, 832, 〈삼학경(三學經)〉.

는 생활이 계율대로 질박해야 한다.[19] 이와 같은 계율적인 행실이 갖추어지지 않는다면 여덟 가지 올바른 길의 궁극적 목표, 즉 탐욕과 번뇌를 떠나 고요하게 마음이 안정되고 선정에 드는 바른 수행正定에 이를 수 없다는 것은 붓다의 기본 논리였다.

수행자에게 계율이란 모든 수행의 본바탕이 되지만, 재가 신도에게도 깨달음에 대한 믿음과 함께 늘 지녀야 할 기본적인 계율이다. 즉 범하지 말아야 할 기본 다섯 가지 계율五戒인 살생하지 말 것, 도둑질하지 말 것, 거짓말하지 말 것, 올바르지 않은 섹스를 하지 말 것, 술을 팔거나 마시지 말 것을 어기면 보시를 하여도, 법문法文을 들어도 의미가 없다는 것이다. 재가자는 자신의 계율 지키기持戒도 철저히 해야 하지만, 나아가서는 남에게도 적극적으로 권해야 한다.[20] 이런 의미에서 초기 불교는 분명 '정신적인 규율의 종교'임에 틀림없고, 그 계율을 지키기 위해 병영 대신 감옥을 택하는 젊은 재가 불자들의 행동은 붓다의 원래 가르침을 그대로 따르는 것뿐이다.

비록 초기 불교 경전은 아니지만 445년 중국 승려들이 인도 계통의 자료를 기반으로 해서 만든 설법적인 텍스트인 《현우경賢愚經》 제5권에는 올바르지 않은 음탕한 관계邪淫보다 차라리 자살을 택한 사미沙彌[21]의 이야기가 나오는데, 초기 불교의 분위기를 잘 전하는 듯하다. 이 이야기는 한 재가 신자의 집에 공양을 얻으러 간 젊

●●●●●

19 《잡아함》, 권28, 784, 〈사정경(邪正經)〉.
20 《잡아함》, 권33, 929, 〈일체사경(一切事經)〉.

은 사미가 그 집에 있는 열여섯 살짜리 딸의 '불 같은' 유혹을 뿌리치기 위해 자살을 택했다는 것이 골자다.

그 사미는 자살을 택하는 순간에 계율을 위해 자진해서 죽은 선배 승려들, 예컨대 배가 조난을 당했을 때에 유일하게 잡을 수 있는 나무판자를 '장자長者를 공경하라'는 계율에 따라 어르신 격의 승려에게 넘겨주고 익사하고 만 젊은 승려 등을 생각했다는 것이다.[22] 즉 불교에서는 꼭 정치적 박해 때문이 아니더라도 후배 승려들을 감동하게 할 만한 계율을 위한 순교 전통이 분명히 존재한 모양이다.

그러나 이와 함께 붓다에게 계율이란 목적이 아닌 수단인 만큼 상황에 따라 늘 바뀔 수도 있고, 어떤 상황에서는 일시적으로 내지 항시적으로 폐지될 수도 있다는 '유연한' 의식도 분명히 있었다. 예컨대 기원 후 약 1세기쯤에 편찬된 것으로 판단되는 대승불교 경전이 긴 하지만,[23] 한국 불교에서도 꽤 영향력이 있는 《열반경》은 붓다가 한 말을 다음과 같이 전해준다.

착한 이여, 이런 이유로 비구와 비구니, 남신도, 여신도는 마땅히 불교를 보호해야 한다. 불교를 보호해서 얻는 과보는 광대하여 한량이

<hr>

[21] 불교 교단에 처음 입문해 사미십계(沙彌十戒)를 받고 수행하는 남자 승려. 비구가 되기 전 아직 완전한 승려의 자격을 갖추지 못하고 '시험 기간' 중에 있는 젊은 승려로 이 기간에는 불도를 이루기 위한 다짐을 굳게 하며 승려로서의 기본적인 것들을 배운다.

[22] 《현우경》, 권5, 〈사미수계자살품: 제23(沙彌守戒自殺品第二十三)〉: 《대정신수대장경》, 제4책, No. 202. http://www.cbeta.org/result/normal/T04/0202_005.htm

[23] 시모다 마사히로(下田正弘), 《涅槃經の硏究》, 東京: 春秋社, 1997.

안타국(安陀國)에 욕심을 버리고 걸식하는 덕이 높은 스님과 그에게 매일 공양을 바치는 불심 깊은 우바새[24]가 있었다. 하루는 우바새 집안의 모든 사람이 초대를 받아 집을 비우느라 깜빡 잊고 공양을 하지 못하는 일이 있었다. 공양을 받지 못한 스님은 사미(沙彌)를 불러 걸식할 때는 탐욕을 일으키지 말 것을 당부하며 대신 우바새의 집에 찾아가 공양을 받아오게 한다. 그때 마침 우바새의 젊은 딸이 홀로 남아 집을 지키고 있었는데, 사미를 본 그녀는 욕정을 참지 못하고 그를 유혹한다. 이에 사미는 죽음으로써 계율을 지키겠노라 다짐하며 머리 깎는 칼로 목을 찔러 자살하고 말았다. 중국의 돈황석굴 제257굴 벽화에는 우바새의 집에 방문한 사미가 칼로 자신의 목을 찌르는 장면이 묘사되어 있다.

●●●●●

[24] 출가하지 않고 계율을 지키며 속세에서 수행하는 남자 불자를 칭하는 말로 재가 불자와 비슷한 의미다.

없다. 착한 이여, 그러므로 불교를 보호하는 신도라면 불교를 전파하는 비구를 보호하기 위해 칼과 몽둥이라도 들어야 한다. …… 착한 이여, 그러므로 나는 이제 계율을 지키는 비구, 비구니가 칼과 몽둥이를 든 신도들과 동반하는 것을 허락한다. 만약 국왕이나, 대신, 재력가, 신도 등이 불교를 보호하기 위해서 칼이나 몽둥이를 들었다면, 나는 그들을 '계를 지키는 자'라 부를 것이다. 비록 칼과 몽둥이를 들었더라도 목숨을 죽이는 일은 삼가야 하니, 만약 그럴 수만 있다면 더할 나위 없이 계를 지키는 자라 부를 것이다.[25]

즉 불법佛法을 위해서라도 속인에게 살인까지는 허락해줄 수는 없지만, 착한 마음을 견지하면서 무기를 들 수 있는가는 결국 상황에 따라서 본인들이 스스로 결정하라는 이야기로 봐야 할 듯하다. 실제로 초기 경전에서도 붓다가 자신의 열반 이후에 사소한 계율의 조항을 제자들이 알아서 고쳐도 된다는 말을 남기는데,[26] 마하가섭을 비롯한 보수적인 제자들이 이 허락을 결국 이용하지 않기로 했다는 것은 경전의 정설이다.[27]

초기 불교의 계율관戒律觀을 종합적으로 고찰한 대만의 성엄聖嚴

• • • • •

[25] 《열반경》, 권3, 〈수명품: 제1-3(壽命品第一之三)〉: 《대정신수대장경》, 제12책, No. 374. http://www.cbeta.org/result/normal/T12/0374_003.htm

[26] 《장아함》, 권4, 〈유행경: 제2(遊行經 第二)〉: 《대정신수대장경》, 제1책, No. 1. http://www.cbeta.org/result/normal/T01/0001_004.htm

[27] 박정록, 〈계율에의 불복종〉, 《불교평론》, 제15호(2003년 여름).

스님이 결론 내린 것처럼 초기 불교에서는 계율 제정과 변경 그리고 계율을 지키는 것의 엄숙성에 대한 '정도 조절' 기준이 있었다. 그 기준은 바로 해탈을 향한 그리고 계율의 기본을 이미 내면화해 계율의 정신과 일치가 된 각자의 자비로운 마음이라는 것이다. 남에게 해를 입히고 자신의 정진을 방해할 정도로 계율을 변경하거나 소홀히 할 수는 없었지만, 본인과 남에게 고통을 덜 주고 이득이 되는 방향이라면 '자비의 마음에 의한 계율을 약간 조절하는 것'이 가능했던 셈이다.[28]

바로 이와 같은 '자비에 의한, 자비를 위한, 계율을 자기화한 주체가 행하는 약간의 조절 가능성'은 원효 등 대승 사상가에 의해 '계율의 도구화'로 이어졌다. 더 나아가 계율을 깨달음에 이르기 위한 여정의 '초보적 단계'로 보는 선불교의 시각에 의해 더욱더 왜곡됐다. 붓다는 계율에 대해 '자유와 책임'을 동시에 부여하며 어느 정도 자율적으로 재해석할 권리를 후속 세대에 넘겨주었는데, 결국 무책임한 재해석의 결과로 계율이라는 근본 그 자체가 위태롭게 될 지경에 이르렀다. 붓다의 제자를 자임하는 대승 승려들은 '근본주의'와 정반대인 '계율 편리주의' 쪽으로 간 셈이다.

•••••

[28] Sheng-yen, On the Temporal and Spatial Adaptability of the Bodhisattva Precepts, with Reference to the Three Cumulative Pure Precepts, Charles Wei-hsun Fu & Sandra Wawrytko (ed.), *Buddhist Behavioral Codes and the Modern World*, Westport: Greenwood Press, 1994, pp. 3~53.

해탈을 이루고 중생을 올바른 길로 이끌기 위해 보살이 실천해야 할 대승불교의 여섯 가지 실천 덕목六波羅密[29] 중 둘째는 바로 계율을 지키는 것持戒이다. 이 여섯 가지 실천 덕목이란 남에게 널리 베풀고, 욕을 당할 때에는 참고, 정진에 힘쓰고, 참선으로 마음을 닦고, 결국 궁극의 지혜를 얻는 것이지만, 이는 계율 없이 불가하다는 이야기다. 계율이란 외부에서 주어지는 것이 아니라, 나 스스로 해탈을 향한 마음으로 도저히 지키지 않을 수가 없어 지키는 것이다. 이미 나의 일부분이 된 계율을 잘 지켜야 나와 남에게 도움이 될 것임을 알기에 지키는 것이지, 지옥에 가지 않고 천당에 가기 위해 지키는 것이 아니다. 원효는 도저히 건질 수 없는 중생을 죽이는 것이 죄가 아닌 복이라 했지만, 과연 불살생의 계율을 이미 내면화한 마음으로 그 대상이 누구든 간에 살인이란 것이 가능하겠는가?

대다수 사람에게 남을 죽이는 일은 극히 곤란한 일이다. 일반적인 상황에서 상대방을 아무리 혐오한다 하더라도 죽이지 못하는 것이 인간이라는 자연의 섭리를 넘어, 자신을 살인자로 만들기가 대단

•••••

29 육바라밀은 깨달음을 구하고 중생을 제도하는 보살행을 수행하기 위한 대승불교의 여섯 가지 실천 덕목이다. 보시(布施, 보상을 바라지 않고 베품), 지계(持戒, 계율을 지키도록 함), 인욕(忍辱, 마음을 비워 참음), 정진(精進, 올바른 목표를 정하고 꾸준히 정진함), 선정(禪定, 마음을 청정하게 하고 안정시킴), 지혜바라밀(智慧波羅蜜, 무명이 사라지고 진리를 바로 봄)을 가리킨다.

히 어렵다는 것은 심리학에서도 잘 알려진 사실이다. 즉 살아 있는 것을 죽이지 말라는 계율 등은 인위적인 것이 아니고 우리 마음의 본모습에 맞게 만들어진 것이다. 그러한 측면에서 불살생계를 지키고자 입대를 거부하는 것은 비정상적인 세계에서 정상적인 인간다운 생활을 하려는, 극히 자연스러운 행위다.

문제는 비정상적인 계급 사회가 계율에 관한 우리의 판단을 흐리게 한다는 데에 있다. 국가에 의해 길들여진 사회에서는 왕궁에 들락날락하며 수탈자 무리의 수장과 '인연'을 쌓는 것이나 착취자들의 행동대인 군에 입대해 살인 훈련을 받는 것이 당연한 일이 된다. 그리고 계율 해석의 자유를 별 책임 없이 만끽하는 승려들에게는 '깨달음'과 별 상관이 없는, '신민' 내지 '국민'의 한 사람으로 당연히 해야 할 일로 인식된다. 계급 사회는 우리의 자비스러운 마음을 파괴하고 잠식하기에, 계율을 내면화하여 어떤 외부적인 강제 없이도 따를 수 있는 자비로운 자율적 주체일 것을 전제하는 붓다 본래의 계율은 파괴되고 만다.

그러면 이러한 상황을 타파할 방법은 무엇인가? 자본주의적 현실에 대한 철저한 비판의식과 '나와 남에게 진정한 이익은 무엇인가'에 대한 투철한 문제의식으로 계율을 실천하고 세상을 살아가는 것이 아니겠는가. 아마도 계율과 함께 사회를 비판적으로 해부할 수 있는 시각을 내면화한다면, 우리 사회의 그토록 다양한 분야에서 아무렇지도 않게 계율을 어기는 현실들이 결코 당연하지도, 자연스럽지도 않음을 알 수 있을 것이다.

박노자 불교의 무아와 연기라는 세계관을 실천하는 데 도움이 되는 큰 방편 중 하나가 바로 계율이 아닌가 싶습니다. 기독교에서는 계율 그 자체를 절대화시키는 측면이 있는데요. 불교는 무아와 연기를 체득하고, 실천하고자 하는 사람에게 이런 틀이 필요하다는 것을 제시하는 방편론으로 계율을 바라보고 있는 것 같습니다. 그래서 특히 수행하시는 분들의 경우, 초기 불교의 여러 경전을 보면 계율이 개인의 의식이나 생활 양태를 바로잡는 데 대단히 중요한 역할을 해왔던 것 같습니다.

잘 아시겠지만 불교의 기본 다섯 가지 계율五戒 중에서 맨 먼저 나오는 것이 살아 있는 것을 죽이지 말라는 계율입니다. 대승불교의 가장 중요한 계율서라면 《범망경梵網經》을 들 수 있는데요, 거기에서는 불살생계뿐만 아니라, 살생도구를 준비하지 말라든지, 군사의 사절이 되지 말라든지, 싸움을 구경하지 말라든지 하는 계율들이 있습니다.

초기 불교 경전 중 《사분율》이라는 지금도 조계종曹溪宗에서 중요한 계율서라고 보는 경전에도 칼 찬 사람에게 설법하지 말라든가, 군영에 가서 밤을 지내지 말라든가, 아주 특별한 인연이 없으면 왕궁에 드나들지 말라든가 하는 식으로 불교 수행자가 국가나 폭력과 인연을 맺어 악업을 짓지 말아야 한다는 부분이 상당히 강하고요. 그게 단순한 도덕주의라기보다는 무아와 연기설, 즉 모든 것이 결국 하나이기 때문에 우리가 누구에게 폭력을 행한다는 것은 결국 자신의 수행을 망가뜨리는 역할을 한다는 기본적인 자각에 입각한 이야기라고 할 수 있겠죠. 그런데 우리 현실을 보면 그렇지 않은 것 같습니다.

제가 예전에 송광사에 갔는데, 그곳 승방에 가니 예비군복이 자리에 놓여 있었습니다. (웃음) 한국의 경우는 징병제가 승려들한테까지 적용되어 계율로는 도저히 합리화할 수 없는 일들이 벌어집니다. 이에 대한 몇몇 스님들의 설명을 들어보면 개차법開遮法을 이야기합니다. 어떤 계율을 지키기 위해서 다른 계율을 지키지 않는다는 얘기를 하는데, 제가 보기에는 궤변적인 논리라고 생각합니다. 결국 무아와 연기설에 입각한 종교라면 적어도 수행자에 한해서는 폭력 행위와는 전적으로 반대되는 입장에 서야 맞는 게 아닌가 싶습니다.

현실을 보면 스님들 사이에서는 이런 문제가 제기되지 않는 반면, 예전에 속인 불자俗人 佛子인 오태양 씨가 병역거부를 선언하여 젊은 불자들 사이에서 꽤나 큰 논쟁을 일으킨 적이 있고요. 또 다른 속인 불자인 김도형 씨도 병역거부를 함으로써 이 문제에 대한 젊은 불자들의 끊임없는 성찰을 불러일으켰는데요, 출가자 사회에서는 어떤 견해와 논의가 있는지요? 스님께서는 출가하신 분으로서 이 문제를 어떻게 바라보고 계신지 궁금합니다.

도법 뭐라고 해야 될까요? 한국 불교하면 일반적으로 호국불교라고 얘기하잖아요. 불교가 자기 정체성을 가지고 제 구실을 해왔다기보다는 국가 체제를 인정하고, 존중하고, 보호하는 구실을 하는 불교로 사실 살아온 셈이죠. 그것이 한마디로 호국불교라는 이름으로 정리가 된 것이고요. 이것이 한국 불교사에서는 원광 법사의 세속 오계라든가, 조선시대 서산 대사, 사명 대사의 승병 활동 등으로 이어지며 한국 불교의 자랑스러운 전통으로 얘기되어왔단 말입니다. 그러다보니 아주 적은 사람들을 제외하고는 (그 나라에 살고 있는 국민으로서 국가에 대한 의무, 이게 병역의무잖아요) 당연히 출가 수행자나 불교인도 이 나라의 국민이기 때문에 병역 의무를 하는 게 옳다, 정당하다는 논리와 주장, 인식이 일반화되어 있는 것이 현실입니다.

거기에 머물지 않고, 서산 대사, 사명 대사에 의해서 승병 활동이 이루어졌는데, 칼을 들고 전쟁을 한 거잖아요. 그때 쓴 칼을 우리는 활인검이라고 했습니다. 사람을 살리는 칼이라는 건데, 이렇게 호국의 이름으로 나라를 지키기 위해 또는 죽음의 위협에 놓여 있는 백성들의 생명을 지키기 위해서 '사람을 살리는 칼'을 든 것은 한국 불교가 가진 독특함이기도 합니다. 또한 이런 활동이 위대한 정신이라고 강조되고, 미화되어 왔기 때문에 호국불교라는 전통에 기성 세대는 대단히 깊숙이 길들어 있습니다. 그러다보니 젊은이들과 달리 국가주의의 발로로 일어나는 전쟁이 얼마나 비불교적인지에 대한 문제의식이 매우 빈약합니다. 이와 같은 이유로 개인의 문제뿐만 아니라 구조적인 폭력 등과 같은 문제에 대해 비판하고 저항하는 움직임이 출가 수행자들 사이에서 공식적으로 심각하게 다뤄지는 경우는 거의 없죠.

근래 젊은 불자들에 의해 문제가 제기되었음에도 정작 문제를 심각하게 다뤄야 할 종갓집에서는 별로 관심 있게 보지도 않고, 풀어내려 노력하지도 않는 게 현실이고, 현주소입니다. 사실은 저도 그런 부분이 고민이에요. 특히 서산 대사 같은 분은 조선 불교사가 낳은 대단한 고승인데 이분이 칼을 들고 나섰단 말입니다. 이걸 과연 우리가 어떻게 이해를 해야 하느냐, 그동안 얘기해왔던 대로 활인검이라고 미화하고 본받는 게 괜찮은 일일지 조심스러워요. 왜냐하면 한국 불교인 대부분이 그분을 대단히 위대한 고승으로 미화하고, 평가하고 있잖아요. 보통 사람도 아니고 한국 불교사를 대표하는 인물 중 한 분인데 이것을 과연 우리가 본받고 같이 가는 쪽으로 가야 할 것인지, 반성과 비판과 함께 새로운 문제 제기를 해야 할 것인지 굉장히 조심스럽죠. 고민거리예요.

불교 역사 속에서는 이와 같은 문제가 어떻게 다뤄져왔는지 살펴보면, 일단 부처님 당시를 생각할 수 있을 것 같아요. 부처님 당신의 국가와 민족이 멸망당할 상황에 놓여 있을 때, 이를테면 국가 폭력이죠. 부처님은 몸소 전쟁터를 직접 찾아갔습니다. 정복군을 상대로 설득 작업을 해서 두 번을 퇴각시켰지요. 그러나 세 번째 설득이 안 돼서 당신의 목전에서 국가와 민족이 멸망당하고 맙니다. 이에 대해 (물론 역사적으로 규명될 수 있는 기록 같은 것은 확인되지 않은 것 같지만) 신화 또는 설화적 형태로 내려오는 다음과 같은 이야기가 있습니다.

부처님 제자 중에 탁월한 신통력을 가진 목건련目犍連, 사리불舍利弗이 부처님의 국가와 민족이 위기에 처해 있으니 신통력으로 이

걸 보호하거나 구제하면 어떻겠냐고 건의합니다. 구체적인 대책으로 석가釋迦국을 정복군으로부터 보호하기 위해 신통력을 써서 다른 곳으로 옮기자, 성을 철망으로 덮어서 바깥에서 공격하지 못하게 하자와 같은 제안을 합니다. 그런데 부처님이 그것을 거부합니다. 비록 구조적인 모순이라고 하더라도 그것은 거기 관계된 사람들의 행위(업력이라고도 하죠)에 의해, 개인의 업이었든 공동체의 업共業이었든 업에 의해 얽혀진 문제들이다. 이것을 풀어내는 것은 당사자들이어야지 다른 어떤 힘에 의해서 해결이 될 수 있겠느냐, 혹 다른 어떤 힘으로 해결된다고 하더라도 불교의 생명관이나 불교의 업론으로 볼 때 임시 처방에 불과할 뿐, 또 다른 곳에서 이와 같은 비극은 되풀이될 수밖에 없다고 했습니다. 어떤 이유가 됐든, 상대에 대한 분노, 증오, 원한, 적개심, 복수심과 같은 감정으로 문제를 다루는 것은 본인에게도 상대에게도 옳지 않다는 거지요.

첫째는 진리에 어긋난다는 것입니다. 즉 관계론적 세계관이나 무아의 철학으로 볼 때 옳지 않다는 거지요. 둘째는 진리에 어긋나는 것이기 때문에 나에게만 해롭거나, 너에게만 해로운 것이 아니라 모두에게 유익하지 않다는 것입니다. 이런 사실을 깊이 이해하고 인식해서 누군가가 먼저 인내하고 관용해서 얽혀 있는 문제의 고리를 풀고 끊어서 가야 할 문제이지, 외부의 물리적 힘으로 해결하는 것은 진리에 합당하지도 않고 결국 문제를 제대로 해결할 수도 없다는 뜻에서 한 거부이지요.

이것이 어쩌면 비폭력적 실천의 전형이라고 봅니다. 개인도 아니고, 국가와 민족의 운명이 걸려 있는 상황에서 진리 정신에 합당한 비폭력 실천을 통해서 문제를 풀어야 한다, 그것도 누구의 뜻에 따라서가 아니라 당사자들이 풀어야 한다는 거죠. 누군가가 '옳지 않다, 그래 봤자 백해무익하다'라고 이해시키고 설득하고 권유할 수는 있지만 그 권유를 받아들여서 실천하는 것은 당사자여야 한다는 겁니다. 누가 대신할 수 없다는 거지요. 그래서 외부의 힘으로 대책을 세우는 것을 거부하게 되고, 결국 석가족이 멸망하는 결과를 가져옵니다.

이런 가르침에 비춰보면 한국 불교의 살생유택론이라든가 호국불교론은 불교의 세계관과 정신, 전통으로 볼 때는 뭔가 문제가 있다는 겁니다. 그래서 '건강한 문제 제기와 토론을 통해서 한국 불교가 새로운 자기 정리를 해가야 할 필요가 있지 않을까' 그런 정도의 문제의식을 느끼고 있습니다.

2부
붓다와 국가의 시간

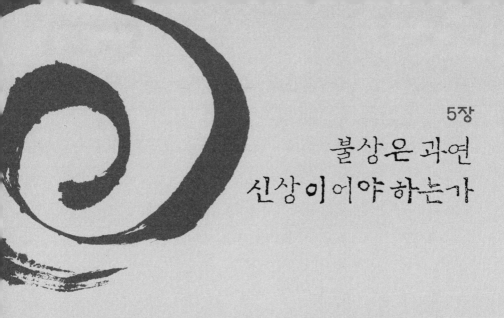

5장
불상은 과연
신상이어야 하는가

殺佛殺祖 살불살조
'부처를 만나면 부처를 죽이고, 조사(祖師)를 만나면 조사를 죽여라.' 파격적인 우상파괴 사상을 함축하고 있는 당나라 말의 고승 임제 선사(臨濟, ?~867)의 이 법어(法語)는 중국 선불교의 일탈성과 파격성을 가장 잘 드러낸다. 경전과 법문을 통하지 않고 깨달음을 구하는 교외별전(敎外別傳), 불립문자(不立文字)의 선불교 전통 중에서도 임제의 사상은 부처와 보살뿐만 아니라 경전과 법문까지 모두 부정함으로써 일체의 권위나 관념에서 벗어나 스스로 깨달을 것을 주장했다.

〈한국 미술 오천 년〉과 유신정권

언젠가 한국사 강좌를 듣는 학생들을 위해 오슬로대학교 도서관에 소장돼 있는 한 영화를 보여준 적이 있다. 꼭 그 영화를 보여주고 싶었던 건 아니었지만, 영어로 된 한국 고대 미술을 소개하는 영상 자료들이 너무 없어서 할 수 없이 도서관에서 자료를 얻게 됐다. 영화는 유신정권 말기에 미국의 주요 도시 일곱 개를 돌았던 〈한국 미술 오천 년〉 전시회에 관한 내용이었다.[아]

전시회를 홍보하기 위해 찍은 듯 보였는데 전시회에 출품된 256가지 한국 미술·공예 걸작뿐만 아니라 한국 미술사 전체를 통째로 간추려 감동과 흠모에 찬 목소리로 이야기하고 있었다. 이 영화가 제작된 시기는 유신정권 말기였다. 민주투사들은 고문실에 끌려가 불구자가 되고, 노동자들은 10만 원이 될까 말까 하는 월급으로 겨우 기아를 면하던, 온 나라가 커다란 병영과 같았던 끔찍한 시기였다. 이 때문에 국제적으로 기피 대상이 된 유신정권은 실추된 명예를 조금이라도 회복하고자 반가사유상과 고려 불상들을 '높은 나라'에 보내 그곳 유식자들의 환심을 사려 했던 모양이었다. 반가사유상과 고려 불상들을 배경으로 고문과 살인이 주업인 정권의 요인들이 미국 측 '보스'들을 만나 악수하는 장면들을 보면서 나는 계속 한숨이

•••••

아 그 전시회의 영문 목록은 다음과 같다. Lefebvre d'Argence, Rene-Yvon & Turner, Diana (ed.), *Five thousand years of Korean art*, San Francisco: Asian Art Museum of San Francisco, 1979.

나왔다.

　사유상과 불상을 조성한 선인들은 자신도 모르는 사이에 무슨 악업을 지었기에 지극한 신앙심이 담긴 작품들을 살인자들의 이용물로 바치게 됐을까? 그 사유상과 불상들은 아무개 장관, 관장의 아부 섞인 미소를 보면서 마냥 홀가분하게 웃고만 있었을까? 동화를 믿고 싶은 아이의 심리 같지만, 나는 불상이 사람의 행동을 꿰뚫어 보는 능력을 가진 것처럼 느껴졌다.

　이런저런 생각으로 영화를 보는 내내 불편했던 내 마음은 그러나 맨 끝에 소개된 석굴암을 보면서 큰 감동에 휩싸였다. 동해에서 떠오르는 새벽의 해를 응시하고 있는 영원·불변·신성의 석굴암 본존불……. 이 부처님이 종래 학계의 주장대로 석가모니 부처님이든 아니면 황수영 교수의 새로운 주장대로 신라인의 발원을 담아 죽은 자들을 서방정토로 보내고자 했던 아미타阿彌陀 부처님이든,[02] 일개 중생인 나는 그 무한하다 싶은 위엄 앞에 내 이런 잡념들과 인생의 번민이란 것이 얼마나 가벼운지를 실감 나게 느낄 뿐이었다. 종교미술의 위력이란 바로 이런 것이 아닐까? 추상적인 관념으로만 알아온 '초월'이라는 용어가 살아 있는 현실이 되어 내 앞에 다가온 듯했다. 최상의 명상이라는 것은 생각을 완전히 비워놓는 것이지만, 그 단계에 올라가기 위해서는 아마도 본존불과 같은 신성함과 위엄이

•••••
02 황수영, 〈석굴암 본존 명호고〉, 《석굴암의 신연구: 신라문화제 학술발표회 논문집》, 제21집, 동국대 신라문화연구소, 2000년, 281~309쪽.

가득 찬 이미지들을 부지런히 염念하여 잡념을 근절시키는 시간이 필요할 듯하다. 그 영화의 끝 부분에서 나는 석굴암 본존불의 위용威容 앞에 고개를 숙일 뿐이었다.

그런데 감동도 잠시, 영화 상영이 끝나자 회의의 마군魔軍[03]이 나를 습격하기 시작했다. 나를 숙연하게 만든 저 위풍당당한 부처님을 박정희의 하수인들이 이용한 것이 과연 우연이기만 할까? 라는 생각이 들었다.

잘 알려진 대로 석굴암은 신라 경덕왕 때 재상인 김대성金大城이 발원한 국가적인 불사로 751년부터 20여 년에 걸쳐 만든 것이다. 경덕왕은 신라 역사를 통틀어 가장 많은 불사를 일으킨 임금이다. 경덕왕은 과연 무슨 의도로 국가의 재정을 기울이다시피 하면서 불국사, 석굴암과 같은 대형 사찰을 창건했을까?

물론 순수한 불심도 없지 않았겠지만, 최근에 고대사 전문가들이 주장하는 것처럼 왕권 강화가 핵심 목적인 듯하다. 당시 경덕왕은 중앙집권화에 반대하는 귀족들의 반발과 구舊 백제 등지의 소외된 세력들의 불만에 직면해 있어 왕실의 권위를 높이는 일이 무엇보다 시급했기 때문이다. 즉 나한과 천룡天龍, 역사力士, 사천왕 등을 거느리면서 중심적 위치를 차지하는 본존불의 위엄은 부처님의 위용인 동시에 부처님을 받듦으로써 국태민안을 보장하는 국왕의 위

• • • • •
03 불교에서 깨달음을 방해하는 사악한 무리로 부처님이 득도하는 것을 가로막았던 악마의 군사들이다.

위엄 있는 석굴암 본존불의 모습. 《삼국유사》 권5 〈대성효이세부모신문왕대(大城孝二世父母神文王代)〉에는 신라 경덕왕 때의 재상인 김대성이 현세 부모를 위해 불국사를 세우고 전생 부모를 위해서는 석불사(현재의 석굴암)를 세웠다는 기록이 있다. 하지만 석굴암은 개인적인 발원에서라기보다 국가적인 차원에서 창건된 사찰이라 보는 편이 타당하다. 석굴암이 창건된 토함산은 옛부터 신라의 동쪽 관문으로 군사적 요충지이자 토속신앙으로도 숭앙받던 영악(靈岳)이었으며 그곳에 자리 잡은 석굴암 또한 나라를 수호하고 국론을 통일하기 위한 목적으로 건립된 국가적 건축물이라 할 수 있다.

엄이기도 하다는 이야기다.[04]

종교미술이란 우리를 해방시킬 수 있는 초월적인 이상을 재현하며 우리 앞으로 다가오기도 하지만, 또 한편으로는 현실적인 권력관계를 배경으로 만들어지기도 하고, 그 현실적 권력관계를 신성화시키기도 한다. 그러기에 8세기의 군주 경덕왕이 투자해서 만든 종교미술품을 20세기의 군주 박정희가 다시 한번 '국위선양'을 위하여 썼다는 것은 그리 놀라운 일은 아닐 것이다.

불상이 곧 부처님?

이슬람이나 개신교의 다수 교파 등은 종교미술을 예배 대상으로 하지 않는다. 반면 불교는 천주교나 러시아정교회, 힌두교와 마찬가지로 불상을 비롯한 여러 가지 종교미술품을 신앙의 핵심 도구로 삼고 있다. 물론 불교도 고등 종교인만큼 불상 그 자체를 믿는 것은 아니지만, 신앙생활에 필수적인 각종 의례는 분명히 불상을 중심으로 이루어지고 있다. 불상 앞에서 예불을 드리는 경우가 허다하고, 노전爐殿이라는 불공을 전담하는 특수 공간 안에 있는 불상 앞에 부처님에게 올리는 밥摩旨을 바치는 등의 불공을 드린다. 부처님이

<hr>

04 곽승훈, 〈석굴암 건립의 정치, 사회적 배경〉, 《석굴암의 신연구: 신라문화제 학술발표회 논문집》, 제21집, 139쪽.

계셨던 시대에 인도의 재가 신자들이 걸식생활을 하던 부처님에게 공양을 드렸던 것을 본떠 종교적 미술품을 '부처님' 삼아 공양하는 셈이다. 석가모니 부처님뿐만이 아니다. 부모 친지의 정토왕생을 바라는 이들은 아미타 불상·불화를 앞에 두고 의식을 진행한다. 이렇듯 각종 기도의 현장에서 관세음보살을 비롯한 여러 부처와 보살의 상像이 그 기도의 대상이 된다.

물론 이들 종교미술품은 생사를 초월하여 중생들에 대한 무한한 자비심을 갖는 존재인 석가모니, 관세음 등을 상징할 뿐이다. 흔히 말하는 '우상', 즉 그 자체로서의 초자연적인 힘을 갖는 대상물은 절대 아니라는 말이다. 그러나 수많은 신도의 머릿속에서는 '상징'으로서의 미술품이 곧 초자연적인 '영험'을 일으키는 '물신物神'으로 쉽게 둔갑한다.

예컨대 인구에 회자하는 전라도 곡성군의 관음상에 대한 '현대적 설화' 한 편을 들어보자. 한국전쟁의 난리 통에 그 관음상은 머리만 남게 되었는데, 머리를 찾게 된 연유를 신도들은 다음과 같이 설명한다.

부산시 해운대구 반여동에 사는 최유선 보살은 3년여 전부터 몸져누웠는데 백약이 무효하고 차도가 없었다. 어느 날 최 보살은 신기한 꿈을 꾸었다. 흰옷을 입은 부인이 "너는 전생의 과보로 이 같은 병고를 받고 있으니 지성으로 참회하고 가르쳐주는 대로 행하면 병고가 물러갈 것이다"라고 말하였다. 최 보살은 엎드려 애원하였다. 그랬더니

"너는 전라도 곡성 관음사로 가라"는 말을 남기고 사라졌다.

최 보살은 아픈 몸을 이끌고 관음사를 찾아왔다. 그러나 관음사는 잿더미밖에 없고 부처님도 도난당하고 없었다. 실망이 이만저만 아니었지만 돌아갈 길이 멀어 하룻밤을 묵었는데, 다시 흰옷을 입은 부인이 나타나 "나는 이곳 성덕산 관음보살이다. 내 몸이 전화로 해서 얼굴만 남게 되었고, 지금은 광주의 고물상 마루 밑에 있으니 날이 밝으면 내 얼굴을 찾아 다시 관음사에 모셔라"라고 말하는 꿈을 꾸었다.

최 보살은 아들과 함께 고물상을 모두 뒤져 어느 고물상 마루 밑에서 정말 얼굴만 남은 관음보살상을 찾아내어 모셔 오게 되었다. 이렇게 다시 찾은 관음상을 법당에 모시고 지극한 기도를 드린 후 잠이 들었다. 다시 꿈에 흰옷 입은 관음보살이 나타나 "고맙다. 관음사에는 흰 불두화와 흰 만리향화, 흰 진달래 등 세 가지 꽃이 있으니 그것을 달여 먹어라. 그러면 병이 낫게 되리라" 하고 법당으로 들어가는 것이었다. 최 보살은 씻은 듯 낫게 되었다고 한다.[05]

신앙심의 힘을 두고 위와 같은 '설화'가 없는 종교란 아마도 이 지구상에 없을 것이다. 아니, 더 정확하게 표현하자면 이런 '설화'가 없다면 종교로 성립되어 신도집단을 구성, 유지시키지 못할 것이다. 물론 절대적인 절망의 상황에서 무력감에 젖은 개인이 신앙의 초자

• • • • •

05 〈얼굴만 남은 관세음보살의 기적〉, 전통사찰관광종합정보 홈페이지. http://www.koreatemple.net

156 붓다를 죽인 부처

연적 힘에 의존하려 한다는 것은 누구도 비판할 수 없을 것이다. 하지만 물질적인 대상 하나를 그 신앙의 중핵인 것처럼 만들고, 그 대상물에게 바치는 기도를 만사형통의 비결로 만든다면 흔히 이야기하는 '물신 신앙'과 무엇이 다른가?

불교는 원칙상 불보살의 영험을 초월적인 존재들의 '자비'를 표현한 것으로 인식한다. 그래서 그 영험의 은택을 입는 신도들에게 타자들과의 관계에서도 같은 자비를 베풀도록 가르친다. '영험 신앙'이 윤리 위주의 고등 종교가 되는 최소한의 논리인 셈이다. 그런데 보살 자체보다도 그 보살의 특정 상像이 신앙으로 대상화된다면 그 논리조차 상실하게 된다. 결국 '신비스러운 신상神像이여, 내 기도를 들어다오!' 정도의 원초적인 종교적 욕망만 남게 될 것이다. 이제 그 욕망을 실천하려는 이들을 위해 신상을 더욱 크게, 더욱 장엄하게 짓는 경쟁이 붙게 된다. 지금 한국 불교가 바로 이런 모습이 아닌가!

거대 사찰과 '손이 큰' 시주들이 '초대형 불사'로 서로 '힘'을 과시하고 신도들을 끌어모으는 광경은 어렵지 않게 확인할 수 있다. 지금은 세인의 기억에서 사라진 듯하지만, 예전에 법보法寶 사찰인 해인사에서 있었던 일이다. 당시 해인사 주지는 65억 원을 기부금으로 받아 높이가 43미터나 되는 '세계 최고最高'의 청동 불상을 건립하려 했다. 그러자 '종교의 세속화', '주변경관 침해' 등의 이유로 반대여론이 들끓었다. 이에 대형 불사를 추진하려던 쪽이 반대 논리를 펴던 한 불교 환경운동가의 처소에 난입하여 난동을 부리는 일까지 벌어졌다. 불교에서는 있을 수 없는 일이었다.

'대형 불사'의 꿈은 우리나라만의 문제는 아니다. 사진은 쿠샨 왕조 이후, 즉 6～9세기에 만들어진 아프가니스탄 바미안(Bamiyan) 지역의 석굴에 조성된 초대형 마애석불(磨崖石佛. 암벽이나 구릉에 새긴 불상. 또는 동굴을 뚫고 그 안에 조각한 불상)이다. 쿠샨 미술에서 이미 보이는 붓다의 신격화 경향은 바미안 대불에서 그 절정을 이룬다. 구소련의 아프가니스탄 침공과 내전 속에서 계속해서 훼손되어오다 2001년 탈레반 정권이 이슬람교를 모독하는 유산이라는 이유로 폭파시켜 지금은 흔적도 없이 사라졌다.

결국 주지스님이 교체되어 빌딩만큼 높은 불상을 짓겠다는 이야기는 그만둔 듯하다.[06] 그러나 문제는 '초대형 불사'에 대한 이런 병적인 집착이 해인사에서만 일어나는 일이 아니라는 것이다. 왜 자꾸 이런 문제들이 생기는 것일까? '초대형 불사'에 대한 집착이 불상 그자체를 신앙의 대상으로 만들고 신비화하는 우리 불교의 보편적 의식·태도 등과 직결돼 있다는 점이 바로 화근일 것이다.

한용운의 불교미술 '방편론'

그러면 불상이 '우상'이 되지 않게 하려면 어떻게 해야 할까? 만해 한용운(1879~1944)은 거의 한 세기 전에 이미 이 문제를 고민했다. 그는 그의 탁월한 저서 《조선불교유신론》(1913년)에서 〈불교에서 숭배하는 조각과 그림을 논한다論佛家崇拜之塑繪〉라는 꼭지를 따로 두어 이 문제를 깊이 있게 다루었다.

불교적 '방편론'의 입장에 서 있던 한용운은, 부처님의 그림이나 조각을 숭배하는 것에는 반대했으나 불교미술품이 신행信行을 위해 쓰이는 것 자체는 불가피한 것으로 이해했다. 그의 논리에 따르면, 우리가 보고 느끼는 현실 그 자체는 실상이라기보다는 우리 마음이 만들어내는 '거짓 모습'이라는 것이다. 그래서 그 현실을 다시 한번

•••••

06 곽병찬, 〈해인사 '대형 불사' 그만두나〉, 《한겨레》, 2004년 9월 1일.

미술의 기법으로 재현한다면 '거짓 모습의 거짓 모습假相之假相'이 되는 셈이다. 부처님의 현실적인 신체 그 자체도 부처님의 법신法身, 즉 진리를 깨달은 이의 초월적인 모습에 비하면 별다른 의미가 없는데 굳이 그 신체를 조각하거나 그린다고 해서 그 '거짓 모습의 거짓 모습'에 어떤 특별한 의미를 부여한다는 것은 어불성설이라는 것이다. 그러나 대상물을 접하면 마음이 움직이는 것은 평범한 인간 존재의 조건이라, 진리를 깨달은 이의 '거짓된' 모습이라도 봐야 그 '도덕적 영향'을 받아 진리에 대한 생각의 싹이 트고 좋은 일을 받들어 하고 나쁜 일을 저지르지 않는 쪽으로 행실이 고쳐진다는 것이다.

《반야심경般若心經》을 봉독하는 불자들은 잘 알겠지만, 우리의 물질적·정신적 존재를 이루는 다섯 가지의 요소, 즉 물질적 요소인 색(色, 육체)과 정신의 여러 작용을 나타내는 수(受, 즐거움, 고통을 느끼게 하는 감수 작용), 상(想, 대상을 인식하게 하는 표상 작용), 행(行, 우리의 일체 행동을 결정하게 하는 의지), 식(識, 판단, 추리에 의한 식별 작용) 다섯 가지가 뭉친 무더기五蘊가 실제로는 다 비어 있다는 것이다. 그런데 이 오온개공五蘊皆空의 실제를 단순히 알음알이[07] 이해할 뿐만 아니라 몸으로 느껴 체득하려면 상당한 정진이 필요하고, 오온개공의 진리를 깨달은 마음의 상태가 아니라면 아무래도 부처의 위용을 드러내는 조각과 그림을 보고 그 감회를 살려 계속 정진할 필

<hr>

07 인습적인 지식을 말한다. 무엇을 안다는 인식으로 말미암아 이것과 저것을 구분 짓는 분별심, 차별의식이 생겨난다.

요가 있다. 종교미술품이 종교적으로 미흡한 수준의 중생들에게는 용맹정진을 위한 도구가 된다는 것이다.

그러면 종교미술품들이 '우상화'되는 걸 방지하는 방법은 없을 까? 한용운은 길흉화복을 점치고 제사를 지내는 등 기복신앙의 대상이 된 지 오래인 나한·칠성·명부시왕·신중상 등을 일체 철폐하자고 제안했다. 또 여러 부처님과 보살의 대표로 오로지 석가모니 부처님 상만을 장엄하게 만들어 예배하면서, 그의 생애를 생각하고 그의 감화를 다시 느끼고 그의 교화와 사상을 행동으로 옮기자고 제안했다.[08]

1,400년간의 기독교적 미술 전통 그 자체를 뿌리째 흔들어버린 16세기 유럽 신교도들의 '우상 파괴 운동'에 비교하면, 한용운의 생각은 꽤나 온건하고 균형 잡혀 있었다. 그러나 오늘날 국내 사찰에 들러본 적이 있는 사람이라면 누구라도 확인할 수 있는 것처럼, 이 온건한 '신행 개혁안'마저도 실천에 옮겨진 적은 없었다. 그만큼 불상의 '우상화'는 기복화祈福化돼 있는 한국 불교에서 그 뿌리가 깊다. 하지만 불교의 진리가 중도中道에 있는 이상, 한용운의 불교 종교 미술론을 지지하지 않을 수 없을 것이다.

한용운과 여러 면에서 상당히 가까웠던 위대한 종교 개혁자인 톨스토이(1828~1910)도 비슷한 차원에서 종교미술을 제한적으로 긍정했다. 그에게 '진정한 미술'의 척도란 종교적인 선善을 향하는가, 대중

08 안병직 엮음, 《한용운》, 한길사, 1979, 131~139쪽.

들에게 쉽게 이해될 수 있는 보편성을 보유하고 있는가 그리고 미술품 제조자의 진술성에서 비롯된 '전염의 힘', 즉 감화력이 강한가의 여부 등이었다. 즉 종교미술이 대중들에게 선善의 이해를 넓히고 심화시키는 기능을 하면, 이는 종교적 수양의 중요한 일부분이 될 수 있다는 것이었다.

이렇듯 종교미술의 보편성이나 대중성, 감화력 등을 높이 산 톨스토이였지만, 종교미술품이 종교의 보편적인 원리 그 자체보다는 기득권층의 이해관계에 따라 만들어진다는 점을 크게 걱정하기도 했다. 이해관계에 의해 탄생한 '사이비 종교적 신화'는 대중의 종교적 감각을 왜곡하고, 대중을 지배층의 '주류'에 복속시킨다는 것이다.[09]

위에서 이야기한 석굴암의 본존불에 대한 내 이중적인 느낌은 톨스토이의 논리와 어떤 면에서 궤를 같이 하는 것이다. 결국 종교미술품 하나가 대중들의 양심이라 할 수 있는 보편적인 종교심리와 직접 상통하는 측면과, 지배계급의 착취와 살인을 정당화시키고 나아가 신성화시키기까지 하는 '지배이념 주입'의 측면을 동시에 보유하는 것이다. 만약 종교미술의 명암을 동시에 고려하는 이러한 관점에서 불교 미술의 교의적敎義的 배경과 역사적 추이를 고찰해 본다면 과연 어떤 결과가 나올까?

•••••

09 *Что такое искусство?*, Л. Н. Толстой, *Полное собрание сочинений в 90 томах*, том 30, Москва: Государственное Издательство Художественной Литературы, 1951, С. 27~204.

붓다가 없는 초기 불교미술

초기 불교 공동체에서는 인간 붓다에 대해 일종의 '향수'를 느끼는 것과 같은 분위기가 강했다는 점을 여러 문헌에서 엿볼 수 있다. 한편으로는 붓다 자신이 "한 번 가버린 뒤에는 깨달은 이는 더 이상 존재하지 않는다"고 강조하기도 했다.

> 바람에 꺼버린 불이 없어져서 더 이상 '불'로써 존재하지 않듯이 한 번 신체를 벗어난 깨달은 이는 없어지고 더 이상 존재하지 않는다. …… 가고 없어진 이를 더 이상 볼 수 없다. …… 모든 요소들이 소멸되고 나서는 더 이상 이야기될 만한 부분도 없다.[10]

초기 불교의 이 가르침이 시사하는 것처럼, 이미 없어짐으로써 그 의미를 상실한 붓다의 형상보다 붓다의 말, 즉 붓다가 이야기한 해방으로의 길을 중시해야 할 것이다. 팔리어 《법구경》에도 "겁에 질려 (신성해 보이는) 산림, 신사神社가 있는 숲에 가서 귀의하려는 사람"들보다 마음속으로 삼보에 귀의하여 공포심을 영원히 초월하게 되는 이들이 훨씬 우월하다고 강조했다.[11] 일부 학자들이 주장하는

• • • • •

10 *The Group of Discourses*(Suttanipata), vol.II, tr. K.R. Norman(with notes), Oxford: Pali Text Society, 1992, pp. 120~121.

11 *The Dhammapada*, tr. John Ross Carter & Mahinda Palihawanada, NY: Oxford University Press, 1987, pp. 248~249.

것처럼 이와 같은 '법 그 자체를 크게 갈구하는 분위기' 속에서 붓다의 형상을 그리거나 조각하는 것이 정말로 엄금된 것이었는지[12] 지금으로서는 정확하게 알 수 없지만, 그러한 형상을 우선시할 필요가 없다는 것이 상식이었음은 틀림없는 것 같다.

그럼에도 그 법을 인류에게 처음 알린 인간 붓다에 대한 애착은, 그 제자들 사이에서는 매우 강한 것이었다. 예컨대 일찍부터 붓다의 탄생, 깨달음, 첫 설법 그리고 열반의 네 가지 성지聖地가 제자들에게 순례의 대상이 됐다. 설일체유부說一切有部, Sarvastivada 학파 같은 경우, 계율상으로 이 네 가지 성지에 대한 순례를 공식 장려하기도 했다.[13] 하지만 붓다에 대한 '경외'의 태도는 여실히 보일지라도 그를 그리는 미술품까지 어떤 종교적인 지위를 얻은 것은 아니었다. 우리가 흔히 아는 불상은 기원후 1세기 이전까지 만들어지지 않았으며 가장 일찍 만들어진 석탑石塔에서도 붓다의 모습은 잘 보이지 않는다. 대신 제자들에게 교훈이 될 만한 붓다 관련 이야기가 주로 재현됐다.

예컨대 현존하는 최고最古의 불교 건축 및 미술 유적이라 부를 만한 중부 인도의 산치Sanchi 근교에 있는 기원전 2~1세기 석탑의 문이나 난간에는 붓다의 가르침을 상징하는 보륜寶輪이나 붓다가 보이지 않는 그의 탄생 장면 등이 새겨져 있다. 그 외에는 불제자들에게

•••••

[12] A. S. Soper, Early Buddhist Attitudes toward the Art of Painting, *The Art Bulletin*, 32, 1950, p. 148.

[13] Franklin Edgerton, *Buddhist Hybrid Sanskrit Dictionary*, 1953, p. 422.

가르침이 될 만한 붓다 전생의 이야기들, 즉 소위 본생담本生譚의 장면들이 주로 보인다.

이 본생담은 인기가 많아 산치뿐만 아니라 바르하트Bharhut 등의 여러 초기 석탑에도 새겨졌다. 이 본생담의 에피소드 중 하나는 붓다가 차단타Chaddanta라는 코끼리의 왕으로 태어나 살았던 전생에 관한 것이다. 한 왕국의 임금이, 전생에 암코끼리였을 때부터 차단타에 대한 사소한 질투로 앙심을 품게 된 왕비의 권고를 받고 사문沙門을 시켜 차단타를 죽이려 했다. 차단타는 자기방어를 위해 사문을 죽일 수 있었음에도 수행자를 차마 해칠 수 없다는 경외심으로 차라리 자기 자신을 희생했다는 감동적인 이야기다.[14]

바르하트 석탑의 난간에서 새겨진 루루Ruru라는 이름의 황금 노루 이야기는 또 어떤가? 자비심이 강한 그 황금색 노루가 한번은 물에 빠진 사람을 구해주었는데 그에게 제발 자신의 처소를 인간들에게 발설하지 말라고 신신당부했다. 자신을 노리는 사람들에게 발각될 것이 두려웠기 때문이다. 아나나 다를까 그 나라 임금이 황금색 노루를 잡는 사람에게 상을 내리겠다고 하자 탐심이 난 그 사람이 루루의 처소로 임금의 군사를 데려간 것이었다.

그런데 그 노루는 자신이 배신당한 이야기를 임금에게 들려줌으로써 그를 감화시켜고 죽임을 면한다. 게다가 배신자를 죽이겠다는 임금의 손을 붙잡는 등 계속해서 자비 정신을 발휘한다.[15] 인도 민중

•••••

14 Dick de Ruiter, *Buddhist Folk Tales from Ancient Ceylon*, Red Wheel, 2005, pp. 150~163.

의 입장에서는 이와 같은 자비 관련 미담들이 순박한 그림으로 새겨져 있는 석탑은, '예배의 장소'이기 이전에 불교 교과서였다. 합목적合目的인 종교미술이 존재한다면, 바로 이와 같은 것이 아닐까?

그러나 위와 같은 초기 불교미술에 대한 긍정론에는 한 가지 단서를 붙여야 한다. 초기 불교의 도덕적 열정을 품은 그 최고最古의 석탑 미술에서도 불교 그 자체와 군이 관련이 없는 모티프들이 꽤 많이 보인다는 것이다. 탑은 토착신앙과 불가분의 관계를 갖는 마을 공동체 구성원들에게 성지聖地로 여겨져 참배하러 오는 장소가 된다. 그래서인지 초기 석탑들은 성지의 필수적인 요소로 생각되는 다산多産을 상징하는 풍만한 여신들의 신체나, 다산을 기원하는 교태嬌態 장면, 신성한 나무와 코끼리로 장식돼 있다.[16]

국가 권력과 종교, 그 오묘한 관계

연기緣起, 공空 그리고 자비를 중심으로 하는 붓다의 가르침은 교리상 인도의 기성 종교·신앙과 명확하게 구분된다. 하지만 많은 재가 불자들이 받아들인 '종교로서의 불교'는 이미 초기 단계부터 기존의 신앙 형태들과 혼합되기도 했다. 하기야 붓다 자신도 신사神社에 대

●●●●●

15 Ruru Jataka, No.26, Hendrik Kern (ed.), *Jatakamala by Aryasura*, Boston, 1883.
16 Klemens Karlsson, *Face to Face with the Absent Buddha. The Formation of Buddhist Aniconic Art*, Uppsala, 1999, pp. 86~174.

차단타 설화가 새겨져 있는 산치 유적지 건물의 일부. 어느 날 왕비는 꿈에 상아가 황금인 코끼리를 보고 마음을 빼앗겨 현상금을 걸고 코끼리를 사냥해올 것을 명한다. 한 사냥꾼이 언젠가 히말라야 숲에서 이 코끼리를 직접 본 적이 있어 포획에 나섰는데, 그 코끼리는 숲 속 모든 동물들의 왕으로 동물들의 존경을 받았다. 이 코끼리가 수행자 옆을 지나칠 때는 예를 표하던 모습을 기억해낸 사냥꾼은 수행자로 위장하고 코끼리에게 접근해 독화살을 쏘았다. 코끼리의 비명에 숲 속 동물들이 몰려와 사냥꾼을 향해 무섭게 달려들자 쓰러졌던 코끼리가 일어나 사냥꾼을 보호했다. 사냥꾼을 안전한 곳에 데리고 가 말하길 "나는 곧 온몸에 독이 퍼져 죽게 될 것이오. 그러나 독이 온몸에 퍼지기 전에 나 스스로 목숨을 끊을 것입니다. 이유는 당신이 살생의 죄를 짓지 않도록 하기 위함입니다. 또 내 황금 상아를 뽑아 줄 것입니다. 내가 죽은 후 뽑으면 당신은 도둑질을 할 수밖에 없기 때문입니다." 힘겹게 말을 마친 코끼리 왕은 옆에 있는 커다란 나무를 향해 달려가더니 황금상아를 나무에 부딪혀 뽑았다. 그러고는 피를 흘리며 죽어갔다. 죄책감에 떨고 있는 사냥꾼에게 코끼리는 안간힘을 다해 마지막 말을 전했다. "이와 같은 인연 공덕으로 내가 다음 생애에 부처가 된다면 맨 먼저 그대의 삼독을 빼줄 것입니다."

한 공동체적 숭배를 정치 공동체 화합의 중요한 조건으로 제시하지 않았던가?[17] 불교는 기존 종교의 초자연적 힘에 대한 인식을 자기 가르침의 중심으로 삼진 않았지만, 정면으로 반박하지도 않고 일단 시인하긴 했다. 그러기에 불교적 신앙이 비非불교적 신앙과 점차 서로 다른 학설이나 교리를 절충해 가는 것은 어쩌면 충분히 예견할 수 있는 결과이기도 했다.

불교미술의 기능과 형태 변천에 결정적인 영향을 끼친 것은 결국 국가 권력과 종교 간 관계의 변화였다. 사실 붓다 생전의 가르침과 뚜렷한 연관이 보이지 않는, 차라리 인도 전통의 성직자 장례식이나 제사 습속과 연결될 수 있는 석탑 신앙이 기원전 3세기 이후에 크게 유행하게 된 배경에는 아소카 왕(기원전 270~230년 추정)의 노력이 컸다. 그는 정복한 곳마다 탑을 세워, 불법佛法의 보호를 받는 권력자라는 위신을 높이고자 했다. 아소카 이후에 성립된 산스크리트어 원본의 《열반경Mahaparinirvanasutra》에서야 붓다의 사리舍利를 숭배하라는 발언이 붓다의 입을 빌려 나타나지만, 이것은 다른 초기 경전에서 알 수 있는 붓다 가르침의 원리와 상반된다는 사실을 쉽게 눈치챌 수 있다.[18] 붓다의 권위를 빌려 자신을 세계의 '평화로운 통치자'인 전륜성왕轉輪聖王쯤으로 만들려 했던 아소카였기에 그 시

•••••

17 T. W. Rhys Davids & J. Estlin Carpenter (ed.), *The Digha Nikaya*, London: Oxford University Press, 1947, vol.2, pp. 74~75.

18 Kevin Trainor, *Relics, Ritual and Representation in Buddhism*, Cambridge University Press, 1997, pp. 32~65.

대를 전후하여 만들어진 아마라바티Amaravati의 석탑에는 법륜法輪을 굴려 세계를 정복해가는 전륜성왕의 그림까지 보인다.[19]

불교의 원리상 세속적인 권력을 무엇보다 멀리해야 하지만 아소카 이후로는 세속권력과의 관계가 불교의 고급 종교미술로의 발전을 주도한 모양이다. 대표적인 불교미술인 간다라미술은 알렉산더 대왕의 동방원정 때 오늘날의 아프가니스탄과 중앙아시아를 일부를 점령한 그리스인들의 신상神像 미술로부터 강한 영향을 받았다. 이로써 그동안 상징적으로만 표현되었던 붓다가 기원후 1세기경에는 오늘날 파키스탄 영토인 간다라Gandhara에서 처음 불상으로 만들어지기 시작했다. 불상의 출현부터가 그랬지만 그 모습의 변천 과정 역시 정치권력과 결코 무관하지 않았다.

간다라 지역을 통치했던 쿠샨 왕조의 가장 강력한 군주인 카니슈카(迦膩色伽, 기원후 2세기)는 동전 앞면에 자신의 그림을 새겼으며, 뒷면에는 붓다의 그림을 새기고 아래에는 그리스 글자로 '붓다 석가모니'라고 설명하기까지 했다. 쿠샨 미술의 가장 잘 알려진 명품인 카니슈카 127년의 금동 사리함舍利函을 자세히 보면, 위에는 군주를 호위하는 것 같은 붓다 등의 여러 신들이 서 있으며, 아래에는 카니슈카의 모습이 보이는 것이다. 그에게 붓다는 권위의 원천이자 자신을 보호하는 신이었던 모양이다. 이는 위에서 언급한 불국사와 석굴

●●●●●

[19] Klemens Karlsson, *Face to Face with the Absent Buddha. The Formation of Buddhist Aniconic Art*, p. 112.

쿠샨 왕조의 제3대 왕인 카니슈카(Kanishka)는 카슈미르를 지배하였던 쿠샨 왕조 최대 전성기 때의 왕이다. 카슈미르는 '제4결집(結集)'이 행해질 정도로 불교 중심지 중 하나였다. 그가 언제 살았는지는 확실하지 않지만 기원후 2세기 쯤에 살았던 왕으로 추정된다. 그는 푸루샤푸라(페샤와르)를 도성으로 지정하고, 간다라를 중심으로 서북 인도를 통일했으며 파미르 고원을 넘어 중국의 일부를 영유하였다. 불교를 장려하였고 국가의 통치 이데올로기로도 적극적으로 활용했던 그는 당시 발행한 금화의 앞뒷면(사진)에 카니슈카 자신과 붓다의 형상을 새겨넣기도 했다. 이 시기에 유행한 불교는 대승불교였는데, 마우리아 왕조 때 소승불교가 개인의 해탈을 목적으로 전개되었다면 쿠샨 왕조의 대승불교는 동양과 서양을 이어 주는 비단길을 따라 중국과 우리나라로 전파되었다.

암 창건의 주된 시주인 경덕왕의 붓다 '이용 방법'과 크게 다르지 않았을 것이다.

그런데 군주의 이와 같은 종교관은 붓다에 대한 미술 제조 주체들에게도 영향을 끼치지 않을 수 없었다. 기원후 2~3세기 마투라 Mathura라는 북부 인도의 종교미술 중심지에서 만들어지는 불상의 일부는 사실 카니슈카 자신을 꽤나 닮기도 했다.[20] 권력자들이 초超인간적, 신비적 차원을 띠는 동시에 권력자들의 보호를 받아 '주류화'되는 종교 역시 권력화의 모습을 보이는 것이다. 기원전 석탑들의 본생담 장면에서는 붓다의 모습이 보이지도 않았지만, 간다라 미술에서 새겨지는 본생담은 붓다의 키가 그 옆의 일반 인간에 비해 확실히 커 보였다.[21] 신의 존재가 필요했던 권력과 결탁한 불교 신앙공동체는 진리를 깨달은 한 인간을 사후에 미술적인 방법까지 동원하여 신적 존재로 만들고 있었던 것이다.

2001년에 탈레반 정권이 쿠샨 이후, 즉 6~9세기에 만들어진 아프가니스탄 바미안Bamiyan 대불大佛을 파괴함으로써 각국의 불자를 비롯한 전 세계 여론의 분노를 산 일이 있다. 보는 이를 압도하며 붓다의 무한한 권위를 실감하게 하는 바미안 왕국의 '초대형 불사'야말로 미술을 통한 붓다 신격화, 권력화의 전형적인 사례라 할 수 있다.[22] 이미 쿠샨 미술에서 보이기 시작한 붓다의 신격화 경향은 이

•••••

20 Suman Mathur, *Art & Culture Under the Kusanas*, Delhi: BKP, 1998.
21 Dehejia V., *Discourse in Early Buddhist Art. Visual Narratives of India*, New Delhi: Munshiram Manoharlal, 1997, p. 206.

바미안 대불에서 그 절정을 이룬다. 그것을 파괴하려 했던 탈레반 정권이야 야만을 저질렀지만, 우리가 굳이 '힘'을 상징하는 커다란 부처님의 모습 앞에서 자비의 가르침을 배울 필요가 있는가?

불상의 신격화, 대형 불사 건립 반성해야

불교가 역사적으로 발전함에 따르는 역설이라고 할까? 우리가 동아시아의 '전통'으로 알고 있는 대승불교는 부처님의 영원하고 감각으로 접할 수 없는 우주적 '몸', 즉 법신法身을 그 이해의 중심에 두고 있다. 업業도 과果도 행行도 멸滅도 아닌 한량도 없고 자취도 없는 이 법신을 그리기는커녕 상상조차 하기 어려울 것이다. 대한민국 조계종은 여기에다 살불살조殺佛殺祖[23] 풍의 '우상 파괴적인' 선불교의 전통까지 입게 되었다. 이런 분위기라면 일개 조각이나 그림을 숭배할 일은 없어야 하는데, 실제 사찰에서는 장엄함을 뽐내는 각종 불

•••••

22 Higuchi Takayasu & Gina Barnes, Bamiyan: Buddhist cave temples in Afghanistan, *World Archaeology*, 27:2, Oct., 1995, pp. 282~302.

23 '부처를 만나면 부처를 죽이고, 조사를 만나면 조사를 죽여라.' 파격적인 우상파괴 사상을 함축하고 있는 당나라 말 고승 임제 선사의 이 법어는 중국 선불교의 일탈성과 파격성을 가장 잘 드러낸다. 부처와 보살뿐 아니라 경전과 법문까지 모두 부정함으로써 일체의 권위나 관념에서 벗어나 스스로 깨달을 것을 주장했다. 한편 중국 선종의 제6조이자 남종선의 시조인 혜능(慧能, 638 ~ 713)에 깊게 영향받은 한국 조계종은 고려 말 임제종을 들여온 보우 국사(普愚, 1301~1382)에 의해 공식적으로 조계종이라는 이름으로 불리게 된다.

상과 불화들이 신도들을 압도하며 기적, 영험을 기대하게 하기도 하고, 각종 의례의 중심에 놓여지기도 한다. 그리고 천여 년 전 불교적 왕국인 바미안 왕국과 별반 다를 것 없이 초대형 불사는 여전히 개인 시주와 사찰의 권위를 세우는 중요한 방법으로 통하기까지 한다.

물론 인간이 시력을 갖춘 존재로 태어나는 이상 상당수에게 시각적인 '종교 교재'로서 종교미술이 필요할 것이고, 가족관계나 사제관계를 통례로 하는 사회에 사는 이상 부처님에게 아버지, 스승과 같은 권위를 부여해 경외, 사모해야 할 일도 많을 것이다. 그런 측면이라면 한용운이 제시한 대로 사찰에서 석가모니 부처님의 상像을 놓고 존경을 표하는 것이 자연스러운 일일 것이다. 그러나 불상·불화의 신격화나 '대형 불사'에 대한 집착이 과연 붓다의 원래 가르침이나 초기 불교의 본질적인 공동체 수행 생활·신앙 형태와 부합될 수 있는 일일까? 연기, 공, 자비를 가르치는 불교 본래 모습을 되찾자면 이 부분에 대한 수술은 분명히 필요할 듯하다.

박노자 한국 불교는 조선시대 이후로 선불교가 지배적인 위치를 차지해왔다고 볼 수 있겠습니다. 선불교는 출가한 분들이 위주가 되어 깨달음을 구하는데요. 한국에서는 깨달음이 일어나는 방법도 간화선[24]으로 많이 통일된 것 같습니다. 화두를 들고, 모든 힘을 집중하는 내면적인 탐구參究를 하고, 의심 덩어리를 씻어내고, 과정화되는 부분도 있는 것 같고요. 물론 이런 수행법도 불교의 경이로움 가운데 하나지만 과연 그것이 불교의 전부가 되어야 하는가, 과연 한국 불교는 선 위주, 선 중에서도 이를테면 묵조선默照禪과 같은 다른 수행법들을 다 빼놓고 오로지 간화선 위주로 가는 것이 건전한 발전인지 출가하신 분들의 사회에서도 논의가 활발하지 않을까 싶은데요. 그 점에 대해 스님께 여쭙고 싶습니다.

도법 불교가 추구하고 실현하고자 하는 가치는 자유입니다. 왜 불교가 추구하고 실현하는 가치가 자유인가 하면, 그것은 진리의 속성 자체가 자유이기 때문입니다. 진리를 삶으로 구현하다보니 자유라는 말로 표현되는 거죠. 그래서 절대화되는 모든 것을 비판, 부정합니다.

불교의 역사는 진리의 속성인 자유를 실현하는 일에 끊임없이 초

●●●●●
[24] 간화선(看話禪)은 화두를 잡고 수행하는 참선법이다. 초기 중국 선종은 조용히 좌선하는 묵조선이 주류였으나 임제종이 생겨난 이후 화두를 통한 참선 수행이 퍼졌다. 우리나라에서는 고려시대 보조국사 지눌이 도입한 뒤 주류 수행법으로 자리 잡았다.

점을 맞춰왔습니다. 불교사를 크게 세 부분으로 나누면 초기불교, 부파불교[25], 대승불교가 있는데요. 대승불교에서는 중관中觀과 유식唯識 그리고 선불교로 이어집니다. 이것은 다른 게 아닙니다. 초기불교에서 부처님이 깨달음을 얻어 제시한 것이 연기적 세계관과 무아의 철학입니다. 이것이 세월이 흐르면서 왜곡 변질되어 연기, 무아의 정신이 제대로 실현되지 않은 모습이 부파불교로 나타나는 거고요. 그 왜곡 변질된 것을 극복하고 연기, 무아의 세계관과 철학을 제대로 계승해 실천하겠다고 등장한 것이 중관 사상입니다.

우리는 보통 불교를 공空의 철학이라고 하죠. 그런데 세월이 흐르면 이끼가 끼고, 왜곡되고 또 다른 모순과 혼란이 발생합니다. 이걸 극복하기 위해 등장한 것이 유식 사상이죠. 중관 사상의 공이 '부정의 논리'로 연기, 무아의 세계관을 설명한다면, 유식에서는 '긍정의 논리'로 연기, 무아의 세계관과 철학을 얘기한다는 차이가 있습니다.

대승불교의 큰 줄기가 바로 이 중관과 유식인데, 이것이 또 세월이 흐르면서 변질되고 왜곡됩니다. 그걸 극복하고 연기, 무아의 철학을 온전하게 실현하고자 중국화해서 나타난 것이 바로 선불교입니다. 이러한 전통이 한국으로 들어와서 간화선으로 정착된 것이죠.

• • • • •
[25] 붓다 사후 교단 내에서 교리와 계율의 해석 문제를 둘러싸고 엄격히 계율을 지킬 것을 주장하는 상좌부(上座部)와 융통성 있게 적용해야 한다는 대중부(大衆部)의 분열이 생겼는데 이 시기의 불교를 부파불교라 한다. 이후 각 교단은 교리와 계율의 해석에만 매달리게 되면서 대중과는 점차 멀어져갔고 이에 대한 반발로 대승불교가 발생하게 된다. 개인보다 전체의 해탈을 지향하며 기존의 부파불교를 소승불교라 불렀다.

이 선이야말로 진정한 의미에서 고정된 틀을 일체 용납하지 않는 참자유를 온전하게 구현할 방법이라는 겁니다.

즉 연기, 무아의 세계관과 철학, 자유의 정신을 가장 구체적이며 적극적으로 천명하고 실천했던 것이 선이란 것이죠. 이를 우리에게 강력하게 전달해주는 대표적인 예가 임제 선사입니다. '부처를 만나면 부처를 죽이고, 스승을 만나면 스승을 죽이고, 조사를 만나면 조사를 죽이고, 부모를 만나면 부모를 죽여라'고 하잖아요. 어떤 것도 절대화되는 것을 용납지 않겠다는 겁니다. 아마 선불교처럼 자유 정신을 온전하고 격렬하게 표현한 불교는 없다고 봅니다.

그 선불교 중에서도 선불교의 정신을 가장 강력하게 지지하며 나온 것이 간화선입니다. 한국 불교의 전통으로 자리 잡고 있고, 오늘날 조계종단이 한국 불교를 대표하는 수행론으로 내세우는 게 간화선 아닙니까? 그런데 오늘날 한국의 간화선은 철저하게 절대화되어 있습니다. 간화선이라는 울타리에 갇혀 고사 직전에 놓여 있는 것이 요즘의 현실입니다. 간화선만이 가장 위대한 길이고, 간화선만이 절대적으로 옳은 길이고, 이것이 아니고서는 불교 수행을 해서 깨닫는다는 것은 말이 안 된다는 주장이죠.

간화선 본래 정신으로 보면 절대화야말로 비불교적, 비선적입니다. 절대화는 스스로 간화선을 부정하는 행위인 셈이지요. 그럼에도 그동안 한국 불교는 간화선 절대주의로 흐르는 경향이 대세였고, 틀이 완고하기 때문에 감히 비판을 못 했죠. 그런데 최근에는 그 문제에 대한 비판과 새로운 제안이 조금씩 나오기 시작하는 상황입니다.

6장

모자라면서도 탁월한 초기 불교의 민주주의

饒益衆生 요익중생

중생을 이롭게 함. 중생은 인간뿐만 아니라 모든 생명체를 의미한다. 물에 사는 물고기는 물이 필요하고, 숲에 사는 동물은 숲이 필요하다. 이롭게 하는 것이란 상대방에게 필요한 것을 베푸는 일이다. 목마른 사람에게는 물을 주고, 배고픈 사람에겐 먹을 것을 주고, 아픈 사람에겐 약을 준다. 불교의 윤리는 상황주의 원칙과 의도 및 동기 중심주의로 이루어지며 자신의 이익이 아닌 상대편의 이익을 도모하고자 한다.

한국 불교에서 볼 수 있는 불가사의한 일은 한둘이 아니다. 대한민국은 고등학교 졸업자 가운데 대학에 가는 사람들이 82퍼센트나 되며, 세계에서 젊은 층의 학력이 가장 높고 전반적 학력 수준 또한 높은 대'학'민국이다. 그런데 그 높은 교육 수준이 무색하게 사찰에 가기만 하면 교리 이야기나 수행의 장면을 보여주기보다 천 년 전처럼 부처에게 복을 비는 장면을 더 자주 연출하는 것이 아닌가? 차이점이 있다면 천 년 전에는 공동체의 복을 비는 것이 주를 이루었지만 요즘은 개인이나 그 가족의 직속 구성원들이 '경쟁에서 승리(명문대 입학 등)하기'를 기원하는 자본주의적 약육강식의 이데올로기와 결합한 기복 신앙의 모습을 하고 있다는 점이다.

과연 사회가 발전할수록 신앙이 오히려 퇴보하는 경우가 있는가? 기복도 그렇지만 세인들을 가장 놀라게 하는 장면은 아무래도 중앙에서는 조계종 총무원, 현지에서는 자산이 많은 사찰에서 가끔씩 일어나는 폭력을 동원한 '감투싸움'일 것이다. 정치인들이 국회에서 벌이는 몸싸움이나 공장에서 회사의 사주를 받은 구사대求社隊가 행하는 폭력, 철거 현장에서 벌어지는 용역 깡패들의 폭력이야 이제는 하도 익숙해져서 옆에서 봐도 별 느낌이 없지만, 평화스러워야 할 수행자 집단에서 주먹과 각목이 난무하는 것은 아무리 폭력이 충만한 세상이라고 해도 조금(?) 충격적이다.

수행자 집단의 폭력은 한국 불교의 현대사와 내부 사정을 모르는 사람에게 적잖은 충격을 주겠지만, 그것보다 어쩌면 더 충격적인 사실은 복을 빌기 위해 사찰을 찾아오는 이들이 수행자 집단의 폭력적 추태에도 계속 사찰을 찾는다는 사실이다. 성聖의 세계답지 않은 행동을 보이는, 속俗돼도 너무 속된 성직자 집단이라도 신도들이 어떤 주술적인 행위를 하면 그 '기도발'이 '셀' 것이라고 믿는 것이다.

충격을 더하는 부분은, 기복 신앙에 의존하고 세속적인 폭력을 자행하는 현실 속에서도 수행자 집단이 명목상 추구하는 지상 목표는 다름 아닌 세상 그 자체를 초월하는 '깨달음'이라는 사실이다. 붓다가 이루었다는 깨달음을 승려가 된 사람이라고 해서 모두 이룰 수는 없는 노릇이다. 그렇다면 이 목표를 추구하지 못하는 사람들을 생각해서라도 불교의 목표를 신비주의적이고 초超세속적인 '깨달음'이 아닌 복지, 평화, 정의, 탈폭력 등의 의미를 담은 '심신의 행복'이나 '몸과 마음의 안락' 정도로 바꾸는 게 낫지 않을까? 하지만 이런 논의가 학계에서 제기돼도[01] 그들은 묵묵부답으로 일관한다.

아무리 수행자 집단이 폭력으로 누명을 쌓아도 "먼저 깨쳐야 돼", "깨친 사람의 행동을 깨치지 않은 사람은 이해할 수 없어", "계율은 뗏목일 뿐, 목표인 깨달음에 이르면 계율에 매달릴 일 없어"와 같은 현대판 '도사'들이 꾸며대는 말에 신도의 대다수가 문제를 제기하지 않는, 그야말로 불가사의한 세계에 사는 우리이기에 이와 같은 비판적 논의쯤은 그냥 무시해도 되는 모양이다.

●●●●●

01 조성택, 〈깨달음의 불교에서 행복의 불교로〉, 《불교평론》, 제18집(2004년 봄).

©skinnylawer

우리나라에서 불교가 정식으로 국가와 밀접한 관계를 맺은 시기는 삼국시대로 거슬러 올라간다. 진흥왕 14년(553) 2월, 왕이 명하여 월성 동쪽 용궁(龍宮) 남쪽에 새로운 궁궐을 짓도록 했는데 그곳에 황룡(黃龍)이 나타났다. 이를 의아하게 생각한 왕은 원래의 계획을 바꾸어 사찰로 개조하고 절 이름을 황룡(黃龍)이라고 했다. 진흥왕은 왜 짓던 궁궐을 사찰로 바꾸었을까? 궁궐과 사찰의 융합, 그것은 곧 세속적인 정치권력과 종교적 신성의 결합을 의미한다. 궁궐이라는 세속적인 공간을 사원이라는 성스러운 공간으로 전환함으로써 교묘하게 정치와 종교를 결합시킨 것이다. 흔히 황룡사(사진)를 신라의 국가 불교적 성격과 관련지어 설명하는 이유도 이 때문이다.

이처럼 불가사의한 일들과 긴밀히 연결된 또 한 가지 '기적 같은' 현상이 있다. 그것은 '기도발'로 해결할 수도 없고 "산은 산이며 물은 물이다"식의 송나라풍 추상적 수사로도 호도할 수 없는 현실에 부딪힐 때 제도권 불교 성직자들이 보이는 현실 감각의 부재다.

예컨대 몇 년 전 황우석 사태를 생각해보자. 자신이 불자임을 늘 내세워온 황우석에게 '서양 윤리에 구애받을 일이 없다'며 불교계가 처음부터 전폭적인 지원을 해온 사실은 어느 정도 이해할 수도 있다. 불교 교리상 생명의 일종인 배아 줄기세포에 손대는 것을 '불살생'의 위반으로 볼 수도 있지만, 불교의 윤리란 것이 상황주의 원칙과 동기 중심주의로 이루어지기기 때문이다. 난치병 환자 등 여러 범주의 중생들에게 치료의 이익을 가져다주겠다는 '요익중생饒益衆生'의 일념으로 이를 대체할 다른 방법이 없는 상황에서 줄기세포를 이용한다는데 단순히 단죄만 하기도 어려운 것이 사실이다.[02]

교리도 그렇지만 근대의 영역에서 개화기 때부터 기독교에 밀려 여태껏 근대적 과학 기술과 인연이 없었던 불교계로서는 한 불자가

•••••

02 윤영해, 〈불교에서 인간 복제를 반대하는 이유〉, 《불교평론》, 제14집(2003년 봄). 단순한 선악 판단을 넘어 불교적인 관계주의, 상황주의, 동기주의 입장에서 현재의 상업적인 인간 복제 관련 연구를 비판적으로 분석하는 글이다. 복제연구 그 자체를 반대한다기보다는 인간 생명의 존엄성을 무시하는 이기적인 동기로 이루어지는 상업화된 연구를 반대하고 있다.

최고 과학자 칭호를 받는 광경이 '하늘의 선물'로밖에 보일 수 없었음도 이해해줄 수 있다. 문제는 연구실 '보스'로서 황우석이 여성 연구원들에게 돈을 주면서까지 난자 기증을 강요했다는 사실이다. 즉 연구의 주체로서 서양의 생명 윤리뿐만 아니라 불교의 비폭력 윤리에도 전혀 구애받지 않았다는 점과 이 사실이 밝혀진 뒤에도 불교계의 전폭적인 황우석 옹호는 전혀 바뀌지 않았다는 점은 문제다.

70만 원을 넘지 못하는 박봉에 '월화수목금금금'식의 살인적 착취를 당한 데다 여성성의 상징인 난자까지 바쳐야 했던 여성 연구원들도 난치병 환자들과 마찬가지로 자비를 베풀어야 할 중생들인데, 불교계가 그들의 고통을 외면했다는 것은 이미 붓다의 가르침을 벗어난 일이었다. 그런데 황우석의 논문 조작 등의 사기 행각이 밝혀진 뒤에도 그를 향한 불교계의 '뜨거운 사모의 정'이 식지 않았던 광경은 거의 희비극을 보는 듯한 느낌이다.

줄기세포가 처음부터 없었고 황우석이 주장한 원천기술도 사실상 없었음을 서울대 조사위원회가 밝혔지만 불자들의 활동은 이어졌다. 재야 불교 활동가 김재일 씨가 '황우석 박사 지키기 한국 재가불자들의 모임'을 꾸리는가 하면, 불자들을 중심으로 황우석 후원금 100억 원 모금 운동이 전개됐고 '줄기세포 연구'의 동국대 이전 등도 논의됐다. 애국주의와 '불자 과학자를 지키겠다'는 집단 의식에 불타는 일부 재가자만이 그랬다면 몰라도 청정한 마음으로 지혜로운 판단을 내려야 할 스님들까지 가세한 점은 문제였다. 예컨대 몇몇 조계종 스님들이 《불교신문》에 낸 '대국민호소문'의 한 단락을 보자.

허물기는 쉬워도 세우기는 어렵습니다. 버리기는 쉬워도 쌓기는 어렵습니다. '죄 없는 자 돌로 치라'고 했던가요? 황 박사의 허물을 나의 허물이라 생각하는 어머니 마음으로 돌아가 그가 참회와 더불어 돌이킬 수 있는 시점을 찾아줍시다. 이미 황 박사는 사형선고를 받은 셈이니, 그 치열한 참회의 방식 또한 과학적일 수밖에 없습니다. 백의종군의 과학자로 돌아가 과학적 성과를 내는 것만이 진정한 참회가 아니겠습니까?[03]

불교계에 **만**연한 '민주주의의 부재'

'어머니 마음'에 대한 언급은 인상적이지만 난자 강매를 당한 여성들이나 '애국적인' 마녀사냥을 당해 가족들을 피신시켜야 했던 〈PD수첩〉 피디들도 '어머니 마음'으로 대해주어야 하지 않을까? '참회'도 참 좋은 말이지만 환자에게 고의적으로 피해를 입힌 의사가 의사 신분이 박탈되듯 논문 조작을 고의적으로 한 과학자도 사실 더 이상 과학자가 아니지 않은가?

불교사에 밝은 스님들이라면 붓다 생전부터 강도나 도둑의 경력이 있는 자들이 비구가 될 수 없었다는 사실[04]쯤은 잘 알고 있겠지

•••••
03 〈조계종 중진 스님들, "허물기는 쉬워도 세우기는 어려운 법", 《불교신문》, 2006년 1월 17일. 조계종 중앙종회의 전직 의장과 현직 부의장, 전·현직 의원, 여러 주요 사찰의 주지 등이 서명한 호소문이다.

만, 황우석에 대한 불교계의 태도가 과연 왜 이와 달라야 하는지에 대해서는 침묵한다. 제도권 불교의 고위 관계자들 역시 교리와 불교의 역사적인 경험에 입각한 합리적인 방법으로는 설명이 안 되기에 속류 애국주의를 동원하지 않을 수 없는 것이다. 예컨대 "황우석이 불자라고 해서 지원해준 것이 아니다"라고 단언한 조계종의 지관 총무원장은, "일단 황 박사는 한국 국민이며 한국 국민이 어떤 분야이든 남보다 앞서 나간다면 박수를 쳐줘야 한다"고 말했다고 한다.[05]

'국경' 의식과 같은 차별심을 버렸어야 할 승려로서 이와 같은 논리를 펴니 그야말로 할 말을 잃게 된다. 줄기세포의 '상업적 생산'이 목적으로 보이는 연구 분야에서 난자 채취 방법에 관한 생명 윤리와 연구 결과의 조작을 금지하는 과학 윤리 등 모든 윤리를 팽개치고 초월해버린 사람일지라도, 그가 한국 국민이면 불문곡직하고 무조건 박수를 쳐주어야 한다는 게 불교계의 논리라면 진정한 의미의 불교는 이 땅에서 이미 존재하지 않는다는 결론을 내려야 하겠다.

어떻게 해서 합리성과 보편성을 추구하는 불교에 이처럼 합리성을 마비시키는 '영웅'에 대한 맹신, 보편성을 무색하게 하는 '국민주의적' 열정이 군림할 수 있게 되었는가? 불교 철학을 연구하는 고려대학교 철학과 조성택 교수는 이 불가사의한 현상을 불교계에 존재하는 민주주의의 부재와 연결해서 다룬다. 황우석 옹호론을 비판하는

•••••

04 Kanai Lal Hazra, *Constitution of the Buddhist Sangha*, Delhi: B.R.Publishing Corparation, 1988, pp. 85~86.
05 〈황우석 향한 '일편단심' 불교〉, 《뉴스메이커》, 2006년 1월 20일.

목소리가 과연 불자들 사이에서 들리지 않았는가에 대한 기자의 질
문에 그는 다음과 같이 답한다.

> 목소리를 낮추고 있는 말 없는 다수가 있다. 지관 스님이 얘기한 것
> 에 대해 동국대 교수 등 불교와 직접적으로 관련된 사람들이 감히 얘
> 기할 수 없는 분위기가 있다. 현안 분석과 전문가적 안목이 필요한데,
> 그런 싱크탱크도 없이 그냥 총무원장의 개성이 드러나는 발언이 막 나
> 오는 것은 미숙한 행동이다. 불교도 세속적 문제에 대해 전문가적 안
> 목을 갖춰야 한다. 전문성 없이 자꾸 불교적 논리만 갖다 대니 항상
> 각론에서 논리가 달리고 밀리는 것이다.[06]

　전문성이 결여된 종교 단체의 수장이 전문성을 갖춘 평신도의 이
야기를 수렴하여 합리적이고 민주적인 합의를 도출하는 것이 아니
라 자신의 의견을 누구도 도전할 수 없는 '진리'라 내세우니 결국 불
교계가 이런 불명예를 얻게 된 것이다. 과연 한국 불교는 어쩌다 이
렇게 합리적이고 민주적인 토론과 합의 도출의 문화를 잃게 되었는
가? 종교 단체 수장이 '중앙 방송'을 하면 '지방 방송'들은 무조건 꺼
야 한다는 것이 불교 원래의 모습인가?

• • • • •

06 〈황우석 옹호, 지관스님의 콤플렉스!〉, 《한겨레21》, 594호, 2006년 1월 18일.

신성한 것으로 취급되는 교리와 의식儀式이 어느 정도 굳어진 제도화된 종교에서 '만인 평등, 1인 1표'식의 완전한 수평적 소통의 민주주의가 성립되기란 극히 어렵다. '만인의 발언권'과 같은 민주주의의 근본 요소가 있다 해도 교리 해설자나 의식 집행자의 자격을 갖춘 이른바 '어른'과 아직 자격 미달인 '신참' 사이의 소통은 수직적일 수밖에 없다. 설혹 민주적 의견 경쟁을 벌인다 하더라도 그것은 어디까지나 각자의 추종자 집단을 거느리는 권위적인 '어른'들 사이의 경쟁일 뿐이다.

예컨대, 예수 생전에 그 제자가 된 초창기 기독교인 사이에서는 평등하고 민주적인 의사 결정이 가능했다 해도, 기독교가 로마제국 도심 중산층의 인기 종교가 된 1세기 후반부터는 교인 사이에 가시적인 차이가 생겼다. 교인 공동체의 '어른'인 주교나 집사들이 소속 교인의 투표에 의해서 선출됐다곤 해도 현실적으로 주교가 될 수 있는 자격은 다수의 추종자를 거느릴 수 있는 현지 '유지'들이었다. 실제 2~4세기의 치열했던 교리 논쟁들은 바로 이러한 추종 집단을 확보한 교계 '세력가' 사이의 각축전 성격이 강했다.[07] 그리고 4세기 기독교가 로마제국의 지배적인 종교가 된 뒤로는, 대개 교회로 편입

•••••

07 John McManners (ed.), *The Oxford History of Christianity*, Oxford University Press, 1993, pp. 36~39.

한 사회체제에 전반적으로 민주주의가 없었듯 교회 안의 민주주의도 거의 그 흔적을 감추었다.

불교는 기독교에 비해 한 가지 기본적인 차이점이 있다. 기독교의 교리는 초자연적인 '신'에 대한 권위적인 '계시' 성격의 서술인 반면, 붓다의 가르침은 초자연적인 힘을 중심으로 이루어지는 것도 아니고 교주의 권위를 확립시키는 '계시'의 성격도 갖지 않는다. 붓다는 누구나 스스로 이해할 수 있는 진리를 설함으로써 그 진리의 자율적인 이해를 유도할 뿐 자신에게 어떤 초자연적, 신적 권위를 부여하지 않았다. 붓다는 아무도 '구제'하지 못한다. 다만, 스스로 자신을 구제할 수 있게끔 신도에게 업과 연기의 실상을 파헤칠 만한 지혜를 얻도록 도와줄 뿐이다.

'나' 안팎의 심신 오염, 분별심, 번뇌가 청정하고 평등하고 안락한 마음[08]과 행동으로 바꾸기 위한 관건은 어디까지나 '나' 자신의 주체적인 노력 여부에 달렸다. 개체의 자율성을 강조하는 근본 불교의 이와 같은 비권위주의적 성격으로 본다면, 초기 불교는 서로 평등한 수행자들의 공동체였으리라고 상상할 수 있다. 그리고 막 깨달음을 얻은 붓다가, 한때 자신과 함께 수행했던 다섯 명의 비구부터 시작하여 연기와 공空의 가르침에 목말라 했던 다양한 구도자들을 직접 규합하여 처음으로 수행자 공동체를 만들었을 때, 붓다에 대한 자연스러운 존경심 이외에 이렇다 할 만한 제도적인 권위주의는 사실

•••••
08 고익진, 《아함법상의 체계성 연구》, 동국대학교 출판부, 1990, 120~125쪽.

없었으리라 봐야 한다.

그런데 초창기의 미未제도화 시절은 오래가지 않았다. 팔리어로 돼 있는 상좌부(남방) 불교 율장의 대품大品에 의하면 맛있는 음식을 게걸스럽게 탐내는 일부 '얼치기 비구'의 행실에 상심한 붓다가 결국 새로운 승가 입문受具 제도를 신설케 했다. 이 제도에 따르면 출가를 원하는 사람은 일단 평소에 친분이 있는 출가자 중에서 스승 삼을 스님師僧을 정해야 했다. 출가자가 완전한 승려 자격의 부여를 의미하는 계율具足戒을 받을 때, 스승의 역할을 하는 스님은 두 명의 다른 기존 승려와 함께 일종의 보증인으로 나서기도 했지만 그것보다 속가俗家를 떠난 신참 승려의 넓은 의미에서의 '아버지'로 기능해야 했다.

원칙상 '아버지' 밑의 생활은 적어도 10년은 지속해야 했으며, 특별히 총명한 자의 경우에는 5년 만에 '졸업'을 할 수 있기도 했다. 그런데 한 번 맺은 사제 관계는 끝내 완전히 절연絕緣되는 법이 없었다. 이론상 사승과 제자가 함께 수행하여 청정한 마음과 행동을 익혀야 했으며, 사승에게 출가자로서 갖춰야 할 올바른 행동방법을 철저하게 배워야 했다.

그러한 의미에서 사승에 대한 제자의 태도 또한 '받들고 모심侍奉' 그 자체여야 했다. 스승보다 먼저 일어나서 양치질 도구를 준비해두는 것은 물론이거니와 공양 들 때도 목욕할 때도 청소할 때도 '아들'이 '아버지'를 먼저 챙겨주는 것이 규칙이 됐다. 물론 이와 같은 외형적인 '시봉'보다 훨씬 핵심적인 부분은, '아들'의 수행 생활이 철

붓다가 출가했을 때 부왕의 명으로 태자를 모시고 함께 고행하던 이들로 붓다가 깨달음을 얻은 후 처음 교화를 베풀어 비구가 된 다섯 사람을 오비구(五比丘)라고 한다. 이들이 처음으로 승가(수행자 공동체)를 이루었다. 콘단냐(Kondanna, 憍蓮如)·아사지(Assaji, 阿說示)·마하나마(Mahanama, 摩訶男)·밧디야(Bhaddhiya, 婆提)·바파(Vappa, 婆頗) 다섯 비구다. 붓다가 5년간의 고행을 마치고 얼마 동안 수자타(玉耶)라는 비구니가 바치는 우유죽을 받아먹으며 기력을 회복하였는데, 이를 본 다섯 비구는 태자가 타락하였다며 바라나시(波羅奈) 교외의 녹야원(鹿野苑)으로 떠나버렸다. 그후 붓다는 보리수 아래에서 선정에 들어 마침내 깨달음을 얻었고, 가장 먼저 교화할 사람으로 함께 수행했던 다섯 사람을 떠올렸다. 석가는 이들에게 나아가 쾌락만을 좇거나 고행만을 추구하는 양 극단을 뛰어넘는 중도(中道)를 설한 후에 생로병사의 고통(苦)과 그 고통의 원인(集), 이를 벗어난 평화(滅)와 그에 이르는 방법(道), 즉 사제(四諦, 四聖諦)와 그 수행 방법으로서의 여덟 가지 올바른 길(八正道)을 제시했다. 이것이 이른바 초전법륜(初轉法輪)이다.

저하게 '아버지'의 지도에 의존해야 했다는 것이다.[09] 즉 자율적인 개체들의 구도 행각을 출발점으로 한 불교에 이제는 '앎의 위계'가 확립됐다.

패거리주의에 물든 한국 불교

모든 인간들을 평등하게 보고 "자신에게 의존하라, 법에 의존하라"고 외쳤던 붓다는 '스승과 제자'라는 기존 사회의 공식을 왜 대부분 그대로 차용했던 것일까? 그렇게 해야 기초적인 도덕을 지킬 줄 모르는 자격 미달자들이 걸러지고 수행자 공동체가 청정해져 속인들에게 존경을 받을 수 있을 것이라는 현실적인 고려가 작동했을 것이다. 신참들을 가르칠 교육 기관을 두고 집단생활의 법규나 수행 방법들을 알려줄 수 있는 위치에 있지 않았던 초기 수행자 공동체로서는 '사찰에서 스승과 제자 스님으로 이어지는 법사자전승法師子傳承'이라는 가장 기본적인 인간관계의 논리에 의존하는 쪽이 자연스러웠을 것이다.

이런 현실적인 필요라는 측면과 함께 초기 수행자 집단의 주위에

•••••

09 *The Sacred Books of the East*, Vol. XIII, Vinaya Texts, Translated from the Pali by T. W. Rhys Davids and Hermann Oldenberg, Part I The Patimokkha, The Mahavagga, I-IV, Oxford, 1881, pp. 152~171. 인터넷에서 전문 열람 가능. http://www.sacred-texts.com/bud/sbe13/sbe1312.htm

있는 '일반 사회'의 끈질긴 영향도 지적해야 할 것이다. 계급 질서 사회의 근간이었던 '권위'의 문제였던 만큼 고대 인도 지배계급의 사제 관계는 《우파니샤드》라는 힌두교 성전聖典의 표현대로 "스승을 신神으로 공경하는" 관계였다. 스승이 들어오자마자 자리에서 일어나 예를 행하는 것은 아예 고대 인도의 《마누법전》에까지 명기돼 있는 철칙이었다.[10] 이와 같은 문화를 따라야 불교라는 새로운 교파가 사회적인 위치를 획득할 수 있었던 것이다. 그러나 무엇보다도 붓다 자신을 포함한 초기 수행자 공동체 구성원의 절대다수가 중간 계층 이상의 출신자였기 때문에 상류층 문화를 따르는 일은 자연스러웠다. 결국, 고대 인도의 철저한 도제徒弟 문화가 공동체 생활의 지배적인 현실이 됐다.[11]

지금 우리 불교의 도제 문화는 과연 어떤 것인가? 출가자는 출가와 함께 은사 스님을 정하는데, 은사 스님을 정할 때 사실상 특정 문중에의 소속도 함께 선택한다. 은사를 시봉하고 수발을 받들며 예로 공경하고 온갖 심부름은 시키는 대로 다 하는 것은 물론이거니와, 교리나 행정의 측면에서도 은사와 소속 문중의 의견을 거스르기란 거의 불가능에 가깝다. 반대하는 것은 그렇다고 치고, 사실 그 문중에서 어느 정도의 '위치'를 확립하기 전까지는 목소리를 내는 것조차 불가능하다.

•••••

[10] 《마누법전》, 2, 119. http://www.sacred-texts.com/hin/manu/manu02.htm
[11] 나카무라 하지메(中村元), 정태혁 옮김, 《원시 불교, 그 사상과 생활》, 동문선, 1993, 269~275쪽.

은사를 받들고 모시는 것은 단순히 '스승에 대한 공경'만의 문제가 아니라 사회경제적인 문제이기도 했다. 교육도 의료도 무상이 없는 '무無복지 국가'의 현실에서 출가자가 초기 학인인 시절에 은사는 학비와 생활비는 물론이고 약값 등을 대주었고 심각한 병이 들 경우에는 병원비도 대주어야 했다. 만약 늙은 수행자가 갈 데가 없을 때는 은사의 사찰에서 기거했다. 즉 사제관계가 존재하지 않은 복지제도까지 대체해 주었던 것이다.

이와 같은 현실에서 은사나 소속 문중의 '어른', 그 '어른'들과 온갖 이해관계로 얽히고설킨 종단 당국자들을 향해서 소신껏 자신의 의견을 밝히기가 쉽겠는가? 황우석이 파렴치한 조작 꾼이라는 사실을 상당수의 소장파 승려는 잘 이해했겠지만, 종단 '주류'의 입장이 황우석 옹호론일 경우에는 의견 충돌을 피하지 않을 수 없었다. 스승이 죄악이 되는 발언을 할 때에 제자가 그를 말려야 한다든가, 스승이 올바르지 못한 교리적 의견을 개진할 때에 제자가 토론을 통해 스승의 문제점을 지적해야 한다[12]는 초기 불교 율장의 최소한의 민주적인 규정들은 오늘날 한국 불교에서 거의 의미를 잃은 것이다.

최소한 상하 간의 토론의 공간을 마련해주는 이와 같은 규정들이야말로 도제시스템이 패거리주의로 전락하지 않도록 견제하는 장치였다. 이 장치가 제거될 때에 '청정한 공동체'를 기대하기란 거의 불가능해진다. 배타적인 문중이 불교 공동체 생활의 중심이 되면 결

<hr>

[12] *The Sacred Books of the East*, Vol. XIII, p. 156, 161.

국 그 공동체 안의 토론 수준은 '어느 문중이 내세우는 과거의 고승이 우리 종단의 종조宗祖냐'와 같은 '법맥法脈 논쟁'의 차원으로 떨어지고 만다. 개인이 위에서 깨달음에 이르는 지혜를 어떻게 구하고 아래에서 평등하고 행복한 사회를 어떻게 만들어야 하는가에 대한 논쟁은 사라지고, '누구의 조상이 최고냐'는 식의 말 그대로 패거리의, 패거리에 의한, 패거리를 위한 논쟁이 될 뿐이다. 이와 같은 형태의 토론 문화가 민주적이고 합리적일 수 있는가?

산중공의로 상징되는 불교의 민주주의

사실, 오늘날 우리 불교 속에 민주주의가 결여해 있다는 것을 너무나 안타깝게 보지 않을 수 없는 이유 가운데 하나는 조선 말기만 해도 바로 불교야말로 일종의 '풀뿌리 민주주의'라는 표본을 보여주었기 때문이다. 당시 수행자 공동체는 관료와 토호의 멸시와 토색질 속에서 살아남아야 했던, 박해받는 집단이었던 만큼 민주주의적 절차라는 힘에 의존하지 않으면 안 됐다. 민주주의적 절차를 통해 화합을 이루고 서로 단결해서 역경을 헤쳐나갈 수 있었던 것이다. 그리하여 사찰의 토지 처분 같은 중대 문제는 물론이거니와 승려 각자의 행실 등에 관한 건들을 대체로 일체 승려들의 '민회' 격인 산중공의山中公議로 논의, 표결했다.

산중공의는 재적 승려들이 법랍의 차이나 사제관계 등과 무관하게 같이 모여서 해당 사항을 민주적으로 토론, 결정할 수 있는 수행자 집단의 괄목할 만한 민주적 제도였다.[13] 물론 일제 이전의 한국 불교가 오로지 민주주의만을 구현했다고 생각하면 현재적 희망을 지나치게 과거에 투사하는 격이 될 것이다. 원칙상으로는 주지 선출을 포함한 일체의 주요 사항들을 수행자 공동체의 일체 구성원들이 같이 논의하고 결정해야 했지만 만해 한용운이 지적한 것처럼 실질적으로는 큰 사찰의 스님들이 윤번으로 주지직을 맡아야 그나마 질서가 유지되었고, 작은 사찰은 힘 있는 승려들이 폭력을 동원해 주지직을 차지하고 사찰의 재산을 자신의 재산처럼 다루는 경우가 많았다. 이상理想과 전혀 다른 현실의 일면이었다.[14] 윤번으로 주지직을 맡거나 애제자에게 사찰을 남겨주는 등 온갖 편법이 난무하는 현실이었지만, 부처님의 교훈에 맞는如法 의사결정의 방식은 바로 모든 구성원의 민주적 합의라는 당위적 사고가 조선 불교에는 강하게 남아 있었다.

그러한 사고의 근저에 깔린 것은 물론 한문으로 번역돼 조선에 전파된 율장에 담겨져 있는 인도 초기 불교의 의사 결정 방식에 대한 기록이었다. 신참의 입단을 포함한 초기 공동체의 크고 작은 일들은 일정의 정족수(보통 적어도 비구 스무 명)를 요구하는 '갈마羯磨, kamma'라는 전체 구성원의 모임에서 의결되곤 했다. '갈마'의 종류

• • • • •

13 정광호, 《한국 불교 최근백년사 편년》, 인하대학교출판부, 1999, 140쪽.
14 《조선불교유신론》, 〈사원 주직의 선거법〉: 안병직 편, 《한용운》, 한길사, 1979, 159~161쪽.

는 여러 가지였는데, 가장 단순한 것은 대중에게 어떤 사항을 고지하는 '단백單白갈마'나 단순히 대중의 찬성을 묻는 '백이白二갈마'였다. 인도의 풍속에 침묵은 곧 찬성이었으니 이럴 때에는 별다른 의논이 필요 없을 수도 있었다.

그런데 단순한 사항이 아닐 때에는 충분한 의논이 이루어져야 했다. 다만, 공동체의 분열을 우려한 나머지 의논의 결과가 만장일치, 즉 전체의 화합으로 나타나는 것을 가장 바람직한 회의 진행 방법으로 여겼던 것이다. 서구 학자들 중에서는 이 '화합 지향적인 의결 방식'을 '진정한 민주주의에 대한 일종의 회피', 즉 초기 불교 민주주의의 결함으로 보기도 하지만[15] 그렇게만 보기는 어렵다.

사실 신라의 화백和白제도만 봐도 알 수 있듯 계급 사회 초기에 등장한 의결 기구들은 만장일치를 유도하는 경향이 강하다. 문제는 만장일치를 이루는 방법이 무엇인가라는 것이다. 예컨대 10~13세기 고대 러시아 도시 국가들의 귀족, 부민富民 의회veche에서처럼 당장 합의되지 않으면 물리력이라도 동원하여 반대쪽을 힘으로 누르는 합의 도출 방법[16]이라면, 말 그대로 초기 계급 사회의 야만성을 반영할 뿐 근대적 의미의 민주주의와는 거리가 멀다. 그렇지만 만약에

●●●●●

[15] Steve Muhlberger, *Democracy in Ancient India*, 1993. http://www.nipissingu.ca/department/history/MUHLBERGER/HISTDEM/INDIADEM.HTM

[16] Данилевский И.Н. Древняя Русь глазами современников и потомков (IX-XII вв.); Курс лекций: Учеб. пособие для студентов вузов / Ин-т "Открытое о-во". - М.: Аспект-Пресс, 1998, 86~101쪽. http://www.auditorium.ru/books/494/t2l5.pdf

합의를 도출하는 방식이 상호 양보와 조절을 통해 이루어진다면, 오히려 이와 같은 '만장일치 형型 민주주의'는 소수를 무조건 무력하게 만들어 외면하는 다수결보다 더 나을 수도 있지 않을까?

이상적인 초기 불교는 상호 이해와 양보, 아집我執[17]과 탐욕을 제거해 아무도 소외되지 않는 '합의적 민주주의'를 지향했다. 그렇다고 합의가 도저히 불가능한 경우 투표를 해서 다수결로 결론 내리는 방법을 모르는 것도 아니었다. 최후 수단인 다수결에 의한 표결을 '행주行籌'라고 하였는데, '주籌'는 바로 오늘날 '표' 격인 대나무 막대기였다. 투표는 비밀로 집행되는 때도 있고 가끔 공개적으로 집행되는 경우도 있었는데, 율장에 개표 위원sabha 선출 등 투표 절차에 대한 아주 자세한 설명들이 있어 눈길을 끈다. 그만큼 투표는 어려운 교리상의 문제까지도 결정할 수 있는 공동체 생활의 대단히 중요한 부분이었다는 것이다.

그런데 다수결로 결정한다 해도 역시 그 전제 조건은 소수가 다수의 의견을 평화롭게 받아들여 공동체가 분열하지 않아야 한다는 점이다. 민주적 절차에 불복해 '게임 룰'을 무시하고 분열을 일으키는 것은 초기 수행자 집단에서는 죄악 중 죄악이었다.[18]

• • • • •

17 자신의 실체가 있다고 믿음으로써 나의 존재에 집착함.

고대 러시아(10~13세기) 도시 국가의 부민의회(富民議會, veche)는 'veshchat(말하다)'에서 파생된 말로서, 고대 슬라브인의 집회에서 유래한다. 봉건적 분립시대에 수공업자와 상인을 중심으로 한, 도시 자유민의 정치적 요구를 반영·집행한 최고 정치기관이다. 12세기 제후(諸侯)의 권력이 약화되고 도시 수공업이 발달함에 따라서, 특히 활발한 교역으로 번성하던 도시 노브고로드(Novgorod)공국에서는 군사·행정·종교의 요직자 임면, 법규 비준, 토지 분배, 특권 부여, 중요 사건 재판, 전쟁 종식 여부 등을 결정하였다. 이 민회는 옥외 광장에서 부정기적으로 열렸고, 안건의 채택 여부는 고함을 질러 만장일치로 결정하는 것을 원칙으로 하였다. 1478년 노브고로드공국이 모스크바에 병합되면서 자치는 막을 내리게 되지만 민회 소집을 알리는 종소리는 러시아 공화 정치의 상징으로 남아 있다. 그림은 노브고로드와 프스코프 지역에서 부민의회가 열리는 광경이다.

바로 이와 같은 전통이 조선 말기 불교의 '산중공의'의 근거이자 원천이 될 수 있었다. 그런데 조선총독부가 1911년 6월 3일자 사찰령寺刹令으로 조선의 모든 사찰들을 본사本寺와 말사末寺로 나누고 주지 임명에 대한 최종 결정권을 본사는 조선총독에게, 말사는 해당 지방 행정관에게 각각 맡김으로써 주지 층의 친일화와 함께 주지들의 비민주적인 군림을 가능케 했다.

더 이상 '산중공의'나 윤번 원칙에 구애받지 않게 된 주지들이 이에 더해 일제 행정기관의 허가 하에 사찰 재산을 자유자재로 단독적으로 처분할 권리까지 얻었으니 불교 공동체 안의 새로운 '귀족층'이 형성된 셈이다.[19] 제도야 이미 몇 번 바뀌었음에도, 옛날 말로 "닭 벼슬만도 못한 중 벼슬"이 가장 고귀하게 여겨져 치열한 다툼의 대상이 되는 것은 일제강점기나 지금이나 마찬가지다.

붓다가 살아 있을 당시에 북인도 국가 중에서는 당대의 그리스 도시 공화국들과 비교될 만한 일종의 '지배계급 공화제' 국가들이

•••••

[18] *The Sacred Books of the East*, Vol. XX, Vinaya Texts, Translated from the Pali by T. W. Rhys Davids and Hermann Oldenberg, Part III The Kullavagga, IV-XII, Oxford, 1885, pp. 25~30. 인터넷에서 전문 열람 가능. http://www.sacred-texts.com/bud/sbe20/sbe20010.htm 국내 학술 서적으로서 초기 승가의 투표 절차에 대한 가장 자세한 서술은 사토 미츠오(佐藤密雄) 지음, 김호성 옮김, 《초기 불교교단과 계율》, 민족사, 1991, 6266, 111~113쪽.

[19] 임혜봉, 《불교사 100장면》, 가람기획, 1994, 296~299쪽.

많았다. 그 당시 '가나迦奈國, gana'라 불리던 국가에서는 특정 가문에 속하는 모든 지배계급 구성원들이나 고급 카스트 구성원들이 민회 형식으로 행정부를 선출하거나 교체할 수 있었고, 의회에서 크고 작은 일들을 결정할 수 있었다. 이런 제도하에서 의회에 참석할 자격과 재력이 있는 가장家長이라면 '왕자王者'로 지칭될 수 있었다.

우리는 보통 붓다를 '태자太子'라고 부르지만, 정확하게 따져보면 카필라바스투迦毘羅國라는 도시 국가도 가나 제도의 국가였고, 붓다의 아버지는 그 국가에서 결정권을 쥔 석가족釋迦族 가부장 500명 중 한 명이었을 뿐이다. 젊은 시절에 민회에 자주 참석한[20] 붓다는 출가한 다음에도 수행자 공동체 생활에서 투표 절차 등을 당연시하는 한편 줄곧 공화제를 가장 나은 정치 운영 형식으로 생각해 왔다.

수행자가 아닌 속인의 처지에서 붓다가 가장 선호했던 민주주의 방식은 무엇이었을까? 현실적으로 북인도에 존재했던 여러 공화제 국가 가운데 붓다가 가장 안정적이고 공평한 국가로 생각한 나라는 '밧지跋祇國, Vajji'공화국이었는데, 그 근거가 매우 재미있다. 붓다는 밧지 공화국의 구성원들이 민회에서 자주 만나 토론하고 토론은 늘 화목했다는 점을 강조하곤 했다. 즉 '합의를 이룰 수 있는 민주주의'를 붓다는 '진정한 국력'으로 본 것이다. 그 외에는 여성을 납치해 추

<hr>

[20] Kanai Lal Hazra, *Constitution of the Buddhist Sangha*, pp. 20~43. 여기에서 카필라바스투의 정치 체제에 대한 고찰은 주로 붓다의 〈본생담(本生譚)〉이나 〈보요경(普曜經)〉 등의 자료에 입각한다.

행하는 악습이 없다는 점, 즉 공동체가 약자의 권리를 보장해주는 점과 수행자들에게 의식주를 공급해주는 점 등을 높이 샀다.

그런데 그는 이외에도 밧지 공화국의 보수적인 면모에도 매력을 느낀다. 예컨대 어른들을 공경한다든가 과거의 제도를 바꾸지 않고 시행한다든가 신전神殿을 공경하여 제사를 끊임없이 바친다든가 하는 점들을 붓다는 매우 긍정적으로 평가했다.[21] 즉 붓다가 생각한 이상적인 국가의 모습은 (적어도 지배계급의) 구성원들에게 평등한 의결권을 부여해 주는 한편 '전통'의 권위를 등에 업은 '어른'들에게도 실제적인 주도권을 주는 것이었다.

붓다는 민주주의자였지만 꽤나 보수적인 민주주의자였다. 출신배경의 한계일 수도 있고, 수행자 사회에서 몇 번이나 쓰라린 분열을 겪어본 뒤 '안정성'의 가치를 사고의 중심에 놓게 된 결과일 수도 있다. 좌우간 붓다는 '밑'의 에너지가 분출되는 쪽보다 '위'에서 형성된 질서를 축으로 한 안정적인 운영을 훨씬 더 중요시했다. 인간의 평등을 주장하고 계급 사회의 기본적 심성인 탐욕을 제거하려는 그의 사상은 가히 혁명적이라 할 수 있었지만 그 실천의 방법은 조심스러운 개혁이었다.

현재의 잣대로 보면 민주주의에 대한 붓다의 태도에 불완전한 부

●●●●●

21 *The Sacred Books of the East*, Vol. XI, Buddhist Suttas, Translated from the Pali by T. W. Rhys Davids, Oxford, 1881, Maha-Parinibbana-Suttanta 1:3,4, pp. 1~6. 한문으로 번역된 비슷한 내용을 《장아함경(長阿含經)》의 〈유행경(遊行經)〉과 《고려대장경》 17:816에서도 읽을 수 있다.

석가의 편력지

카필라바스투
(카필라성)   룸비니   말라국
　　　　　　탄생지
　　　　　쿠시나가라
　　　　　　입멸지
고그라강
　　　　　　　　　　　간다강
코살라국　　　　　　　　　밧지국
사이강　　　　　　　　　　바이살리
　　　　　　　강가강(갠지스강)
코삼비
　　　　사르나트(녹야원)
　　베나레스　초설법지
바차국　　　　　　마가다국   라자그리하(왕사성)
　　　　　　　　　가야　　고행지
　　　　　　　　부다가야
　　　　　　　　　성도지

네팔
인도
방글라데시

● 4대 영지

붓다가 살았던 기원전 6~5세기 경의 인도. 불교 4대 성지인 룸비니, 부다가야, 녹야원, 쿠시나가라
가 표시되어 있다. 붓다가 태어난 곳은 북인도의 히말라야산 남쪽 석가족의 나라 카필라바스투(카필
라 성)으로 그 무렵 인도에는 석가족 외에도 16국이 있었다. 카필라바스투는 석가족들이 세운 작은
부족 국가로 주위의 코살라국이나 마가다국과 같은 강성한 왕권 국가의 영향력하에 있었다. 결국 카
필라바스투는 코살라국에 복속되었고, 코살라국은 마가다국에 병합되었다. 마가다국은 여러 왕조가
일어나며 점차 주변국을 병합하였고, 이러한 정복 활동은 기원전 4세기 인도 최초의 북인도 통일 제
국인 마우리아 왕조의 성립을 이끈다. 마우리아 왕조의 3대 왕이 유명한 아소카왕이다.

분도 분명히 꽤 있다. 그러나 놓치지 말아야 할 것은 초기 불교 승단에도 모든 구성원이 참여하는 투표나 스승의 잘못에 대한 제자의 발언권과 같은 상급자의 전횡과 독단에 맞설 기본적인 민주적 견제 장치들이 충분히 존재했다는 사실이다. 우리 불교에 지금 필요한 것은 바로 이런 초기 불교의 정신이 깃든 '산중공의'의 현대적인 부활일 것이다. 초기 불교의 민주주의가 부활해야 황우석 옹호론과 같은 아쉬운 희비극이 또다시 연출되지 않을 것이기 때문이다.

박노자 부처님의 가르침 중에서 예컨대, 초기 불교 경전인 《잡아함》이라든가 《증일아함경》, 《장아함경》을 보면 붓다가 그 당시 인도 민중들을 만나가면서 여러 가지 생활 속 지혜의 가르침을 전하는데, 제가 상당히 감동한 부분 중 하나는 '과연 돈 버는 장사꾼은 어떻게 살아야 하는가'에 대한 부분이었습니다. 과연 경제활동을 하는 사람의 미덕은 무엇인가, 경제활동을 할 때 좋은 것이란 무엇인가에 대한 질문을 받지요. 부처님의 대답은 '만약에 돈을 버는 일이 있다면 그 돈을 친척들한테 나눠주고, 부모님과 형제들한테 나눠주고 그러고는 브라만들, 걸식 생활을 하는 종교인들한테 나눠주어라. 벌어들인 그 소득이 나를 위한 것이 아니고 나와 관계되는 모두를 위한 것이라면 결국에는 이것이 복된 일이 될 수 있다'고 했습니다. 부처님은 이와 같은 말을 통해 속인들에게 경제활동을 할 수 있는 여지를 남겨둔 거죠. '나와 관계되는 모든 것이 행복하라는 요지의 말인 것 같습니다.

그런데 요즘 자본주의의 현실을 보면 부처님의 말씀과 하도 거리가 멀어서 과연 어떻게 살아야 맞는 건지 무척 궁금해집니다. 이를테면 주식투자가 꽤 유행했는데 그것은 스님께서 말씀하신 서로 돕고 의지함相依相助의 원리라기보다는 어디까지나 약육강식의 원리에 가까운 면이 많지 않습니까? 주주의 배당금 최대화를 위해 정규직 노동자를 비정규직 노동자로 대체한다든지 하는, 결국에는 이득을 수취하기 위해 많은 사람들을 희생시키는 것이 지금의 주주 자본주의의 논리인데요. 1930년대 만해 한용운 스님이 언급했듯 불교도 결국에는 자본주의를 극복해야 진정한 불교가 된다는 말이 떠오릅니다. 그분은 본인을 불교적 사회주의자라고 표현하기도 했는데요, 요즘 불교 수행하시는 분들은 그런 말씀을 잘 하지 않는 것 같습니다. 불교의 경제적 윤리, 사회적 윤리 이런 부분에 대해 스님께 말씀을 청하고자 합니다.

도법 글쎄요. 자본주의냐 사회주의냐 사실은 그 두 개의 틀 자체를 불교에서는 인정하지 않죠. 그보다 자본주의 또는 사회주의를 움직이고 있는 세계관과 철학이 무엇인가가 문제라고 봅니다.

그래서 저는 자본주의의 대안으로서 내놓는 것이 사회주의니 하는 것들이라면 적어도 불교에서는 모두 인정할 수 없다, 불교는 어느 쪽에도 서 있지 않다는 입장이고요. 그럼에도 어디엔가 서 있어야 한다면 '진실이 뭔가' 하는 게 중요하다고 봅니다. '존재의 실상을 토대로 한 삶의 진실이 무엇인가' 짚어본 다음 우리가 취할 수 있는 태도를 결정해야 할 것 같습니다. 사회주의는 평등을 이야기하고, 자본주의는 자유를 얘기한다고 보통 이야기하지 않습니까? 또는 자본주의는 개인, 사회주의는 전체라고 하는데, 사실 불교는 어느 한쪽을 선택해야 한다기보다 그 두 가지를 자유자재로 넘나들어야 한다는 입장이죠.

연기적 세계관과 무아의 철학으로 '우리 삶의 진실, 존재의 진실이라는 가치가 뭔가'라고 했을 때, 어느 하나를 취사선택할 문제가 아니라는 겁니다. 평등을 얘기해야 할 지점이 있을 수도 있고, 자유를 얘기해야 할 지점이 있을 수도 있겠죠. 존재의 실상에 비추어 삶의 진실을 짚어봤을 때 지금은 평등을 얘기해야 할 때라고 생각하면 평등을 얘기해야 하고, 자유를 얘기해야 할 때라고 생각하면 자유를 얘기해야겠죠. 연기적 세계관과 무아의 철학을 삶으로 실현하기 위해 그때그때 필요하다면 자유를 얘기할 수도, 평등을 얘기할 수도, 개인을 얘기할 수도, 전체를 얘기할 수도 있어야 합니다. 이처럼 자유자재로 넘나들면서 응용되어야 한다는 게 불교의 입장인데요. 하지만 오늘날 한국 불교는 이러한 자기 세계관과 자기 철학에 대한 명확한 정립을 바탕으로 불교인들의 삶 또는 불교 집단의 살림살이, 나아가 우리 사회에 실현하고 있지 못하다는 점이 조금 안타깝죠.

세계관 문제까지는 가지 않는다 하더라도 어쨌든 오늘날 우리 사회를 움직이는 것이 자본주의라고 한다면, 자본주의라는 것은 인간 개개인들이 '더 많이 갖고 싶다, 더 편리해지고 싶다, 더 즐거워지고 싶다, 소유 욕구는 충족될 수 있다, 소유 욕구가 충족되는 것이 행복이다, 그러므로 소유 욕구를 충족시키기 위해서 끊임없이 변화시키고 발전해야 한다'는 생각이 지배하는 사회를 말하는 거잖아요. 즉 인간의 욕구를 정당화시키고, 욕구를 끊임없이 확대 재생산하도록 유도하는 게 자본주의적 삶이라고 볼 수 있겠는데요. 이게 자본주의적 삶이라면 이는 철저하게 비불교적이고, 반불교적 삶입니다.

그런 의미에서 적어도 불교인들은 자본주의적 삶에 대한 심각한 성찰과 비판, 저항을 당연히 해야 하고, 여기에 대한 대안으로서 연기적 세계관이나 무아의 철학으로 삶을 가꿔갈 수 있는 구체적인 모범 사례들을 보여야 마땅하다고 생각합니다. 그런 것이 제대로 안 되고 있는 게 오늘의 안타까운 현실이죠.

7장

불교와 국가 그리고 국가 폭력

不殺生戒 불살생계

불도에 귀의한 사람이라면 누구나 지켜야 하는 불가의 기본 다섯 가지 계율 중 첫째 계율로, 살아 있는 모든 생명을 죽이지 말라는 가르침이다. 이러한 불살생계에 관련된 계율로 살생 도구를 준비하지 말라, 군사의 사절이 되지 말라, 싸움을 구경하지 말라 등이 있다. 이는 단순한 도덕주의라기보다는 무아(無我)와 연기설에 따라 모든 것은 결국 하나이기 때문에 우리가 폭력을 행한다는 것은 곧 자신의 과보와 관련된 것이라는 자각에 입각한 규율이라 할 수 있다.

"나라를 위해서라면 당연히 살생을 하지요"

표적이 오르고 통제관의 명령이 내리자 불을 뿜는 총구…… 사선(射線)에 엎드려 총신을 힘껏 쥔 손들은 여승(女僧), 20대에서 40대에 이르는 부녀자 그리고 건장한 남자들…… 서울의 향토 예비군들이 예정(5월 1일)보다 앞당겨 20일 전국에서 처음으로 본격적인 훈련에 들어간 것이다. 서울 근교 모 사단이 토요일인 이날 실시한 사격 훈련에 참가한 예비군은 서울 성북구 대대 소속 남자 44명, 여자 지원자 25명, 남승 5명, 여승 2명이었다. 장삼의 법의를 걸친 송(宋)도진 스님(20세)은 사격 자세를 잠시 쉬고 '대의를 위해서는 살생할 수 있는 것이 법가의 진리'라고 말하고는 다시 카르빈의 방아쇠를 당겼다. 명중률은 2등 사수 정도. 송 스님은 임진란의 승군 대장 사명(四溟) 대사의 고사를 펼치며 국토방위에 앞장서겠다고 기염이 대단하다. 검은 바지에 원색의 자케트를 입은 여성 지원자도 구급법, 간첩 식별법 및 간첩 출현 전달 요령을 배우며 사격에 열중.

《경향신문》, 1968년 3월 23일.[01]

"나라를 위해서라면 당연히 살생을 하지요"라고 하면서 사격과 간첩 식별법 공부에 열중하는 43년 전의 남녀 승려 모습……. 태평

•••••
01 선우도량 한국 불교근현대사 연구회 엮음, 《신문으로 본 한국 불교 근현대사》, 하권, 1995, 76쪽.

양전쟁 이후로 한국 근현대사에서 일찍이 본 일이 없었던 초강도의 군사주의로 흘러갔던 1968년 1월의 모습이다. 북한 특공대의 청와대 습격 시도 직후에 전시戰時에 준하는 분위기에서 '국방열'에 휩쓸린 기자가 여승의 말을 제대로 전달했는지, 승려들의 '애국심'을 과장되게 보도한 것은 아닌지도 알 수 없다. 그리고 승려들이 사격 훈련과 방첩 훈련을 받았을 때 그 내면의(그 당시로서 남에게 쉽게 이야기할 수 없었던) 진심은 어떠했을지도 지금 판단하기가 쉽지 않다.

비록 승려 개개인으로서는 많은 고뇌를 안은 채 불가피한 군사주의적 총동원의 상황을 받아들인 경우가 적지 않았을 것이라 하더라도 박정희 독재 시절 조직으로서의 제도권 불교가 군사주의적 애국주의에 거의 완전하게 포섭됐다는 사실은 오늘날 불자의 입장에서 부끄럽게 생각하지 않을 수 없다.

1960년대 후반에서 1970년대 초반 대처승 측과 치열한 갈등을 치르며 종단 등록, 사찰 소유지 등 여러 건의 법정 싸움을 진행하고 있었던 만큼 국가의 후원이 아주 절실했던 조계종 종단은[02] 박정희가 주도한 병영 국가 건설에 적극적으로 동참했다.

반공주의적 개신교도에 의해 '반공 성전聖戰'으로 인식됐던 한국전쟁 때 이미 실시된 바 있던 군목軍牧 제도를 본떠 1968년 군승軍僧 제도가 실시되고, 바로 1968년부터 군승의 베트남 파견이 시작됐다. 1969년 1월에는 베트남에 파견된 한 한국 부대의 군승 박홍수

●●●●●
02 김광식, 《우리가 살아온 한국 불교 백년》, 민족사, 2000, 138~158쪽.

사진은 미국이 벌인 베트남 침략 전쟁의 종범이 된 박정희 정권이 베트남에서 연 한월 합동 부처
님오신날 봉축 행사 장면이다. 군사독재 시절 반공주의로 흐른 사회 분위기와 종단 등록, 사찰 소
유지 등의 문제로 국가의 후원이 절실했던 조계종은 박정희 정권이 주도한 병영 국가 건설에 적
극적으로 동참했다. 이와 같은 행사들은 박정희 정권의 월남 파병에 종교적 명분을 제공하는 구
실을 했으며 제도권 불교가 군사주의적 애국주의에 거의 완전하게 포섭되는 결과를 낳았다.

소령에 의해 한국 사찰 불광사佛光寺가 세워져 '파월 한국군 무운 장구'와 '한·베트남 친선'을 위한다는 기도 도량이 됐다.[03]

"월남 국민의 8할 이상이 불교도이므로 군승의 월남 파견은 국군의 대민 관계 작전을 더욱 호전시키는 데 유익할 것으로 확신한다"는 그 당시 한 국회의원의 발언[04]을 들어보면 군승 제도를 제정하려는 박정희 정권의 '불교 열의'가 미 제국의 베트남 침략에 동참하려는 의도와 직결된 것이었음을 쉽게 알 수 있다. 1966년 베트남의 한 부대 안에 이미 건립된 작은 사찰 대한사大韓寺의 명칭만 봐도, 그 당시의 제도권 불교와 병영 국가 사이의 조화로운(?) 관계를 상상할 수 있을 것이다.

한국 불교의 군사주의는 아직도 건재하다

즐겁게(?) 사격 훈련을 받는 여승, 미 제국이 주도한 침략 전쟁의 '무운 장구'를 비는 군복 입은 군승……. 이처럼 부끄러운 모습들을 단순히 국가의 폭압이 연출한 장면이라 생각하면 마음이 가벼워질는지도 모른다.

고문이 자행되고, 김지하 선생과 같은 재야 문인들마저도 자신은

•••••
03 선우도량 한국 불교근현대사 연구회 엮음, 《신문으로 본 한국 불교 근현대사》, 하권, 1995, 301~302쪽.
04 〈군승제도 제정운동: 24〉, 《불교신문》, 2092호, 2005년 3월 10일.

공산주의자(즉 고문해도 좋고 살해해도 좋을 '비국민'이자 '비인간')가 아니라고 항변하지 않을 수 없었던 암흑의 시절. 함석헌(1901~1989)처럼 국가주의와 군사주의를 비판하려면 말 그대로 본인과 휘하 조직의 끔찍한 최후를 각오하고 해야 했을 것인데, 종단 조직과 한국 불교의 장래를 책임지고 있는 당시의 스님들로서는 결코 쉬운 일은 아니었을 것이다.

그런데 문제는 1945년 이전 일본이 벌인 전쟁 등 국가 범죄에 대한 일본 불교의 협력 중 상당 부분이 국가에 대한 기독교와의 '충성 경쟁', 제도권 속에서의 위상과 신자·재정 확보 차원에서 저질러졌던 '자발성이 강한' 행각인 것처럼[05] 한국 불교의 군사화를 단순히 박 정권의 폭압만으로 설명하기는 어렵다는 점에 있다.

사실, 군대와 종교를 제도적으로 연결한 군승 제도만 해도 불교를 도외시하고 기독교에 편향적이었던 이승만 정권이 시도하지 않았을 뿐이지, 불교의 지도부는 오히려 전쟁에서의 살생과 불교를 '둘이 아닌 하나'로 생각하는 경향이 애당초부터 있었다.

1951년 3월에 임시 수도 부산에서 기존 불교 종단 내의 최고 학승, 권승權僧들을 망라한 '불교종군포교사회'가 출범했는데, 그 취지문은 다음과 같았다.

불교도는 세계의 불교도와 더불어 타종교와도 보조를 일치(一致)하

●●●●●
05 이치까와 하꾸겐(市川白弦), 《佛教の戰爭責任》, 京都: 法藏館, 1993.

여, 공산주의를 무찔러야 할 것이며, 성전완수(聖戰完遂)에 적극 협력해
야 할 것이다. 그러나 돌이켜 생각하건데 일선에서 피흘리고 용전하는
용사들이 오히려 원광(圓光) 법사의 오계(五戒)를 지켜 화랑(花郎)의 정
신으로 싸우되, …… 이때에 교단이 속수무책 방관하고 있으니, 불교
를 위하여 피흘려 돌아가신 선사先師들을 무슨 낯으로 뵈옵고, 후세
국민에 무슨 면목이 있어 대할 것이냐. …… 성전(聖戰)에 이바지하기
위해 교계를 대표하여 무고히 돌아가신 영령(英靈)들을 위로하고 도탄
에 헤매는 국민의 정신적 위안자가 되어 싸우는 조국의 멸공통일(滅共
統一)에 조금이나마 도움이 될까 하여, 나아가서는 대한불교를 부흥하
여 세계 불화(佛化)운동의 굳센 걸음을 내딛고자 조직하노라.[06]

불교를 포함한 모든 종교에 대한 북한 정권의 탄압 정책 등 여러
상황을 고려해보면 임시 수도에서 피난 중이었던 불교계 지도자들
이 반공주의적 기독교계 지도자가 써온 '성전聖戰'이라는 표현을 그
대로 빌려 쓴다든가, '멸공통일'을 들먹이는 것은 어디까지나 상황론
적으로 이해할 수 있는 일이기도 했다.

그러나 여기에서도 역시 문제 되는 것은, 일본 제국주의의 '성전
에 기여'하려는 열의에 불타는 불교계 지도자들이, 해방 이전에 종
교 탄압을 전혀 한 바 없는 상대자, 즉 미국과 영국 등과의 전쟁을
이미 극구 찬양한 바 있었다는 데에 있다. 그 당시 일각의 친일 권

승들이 전쟁을 찬양한 행각은 벌써 한 저서[07]에서 전문적으로 다루어졌으니 여기에서 굳이 자세히 언급하지 않아도 되겠지만, '불교종군포교사회'의 핵심 멤버이자 해방 이후 불교계의 권위자인 권상로(權相老, 1879~1965, 동국대학교 초대 총장·대한불교조계종 원로원장)가 일제의 침략 전쟁을 찬미하면서 불교와 전쟁의 관계에 대해 언급한 이야기를 한번 인용해보자.

아무리 대자대비(大慈大悲)하신 부처님이라도 자비를 감추시고 분노를 외면적으로 표현하시고 질책도 하시고 벌도 주시는 것이, 이와 같은 자그마한 해충이라도 이를 구태여 퇴치하고 박멸하려는 것은 이 해충이 사람의 몸 안에 있으면서 사람의 신체를 해치기 때문이다. …… 불교에서 진속(眞俗, 출세간과 세간)이 둘이 아니오 이사(理事, 형이상적인 것들과 형이하적인 것들)가 융합하여 개인의 하루하루 생활의 미세한 부분부터 국가의 입정치민(立政治民, 정치)의 거대한 부분까지 모두 불교다. 전체가 성현의 법으로 다스려지는 (일본) 제국이 바로 불교 그 자체다. …… 순전히 불국(佛國)인 (일본) 제국이 제국을 향해 폭력을 자행하고 멸시하는 자들을 …… 응징하는 것이 천토(天討, 천벌)를 행하는 것이고, …… 실로 민중을 도탄에서 구제하시려는 위없이 심심(甚深)한 대자대비(大慈大悲)의 운용(運用)이시다. …… 대동아의 공존공영을 도모하는 것은 (일본) 제국이 아니고는 다시 감행할 자 없으니 이것이 곧

●●●●●
07 임혜봉, 《친일불교론》, 상·하, 민족사, 1993.

여래의 사명(使命)이다. 팔굉일우(八紘一宇)의 목표는 …… 곧 부처의 주
의를 그대로 실현하는 것이다. …… 이번 대동아 성전(聖戰)은 틀림없
는 여래의 사명인 것이 분명하다.

《(신)불교》, 제43집, 〈대동아 성전과 불교〉, 1942년 12월호, 6~11쪽,

(현대어로 번역했음)[08]

　이 글을 그 뒤로 계속 읽어 "우리 제국이 바로 부처님의 나라다,
우리 제국을 위해 멸사봉공하는 것이 바로 보살행菩薩行이다"라는
대목을 읽을 때마다 그리고 해방 이후에도 똑같은 어투로 쓰인 '성
전聖戰, 멸공, 보국報國'에 대한 불교 지도층의 군사주의적 텍스트를
볼 때마다 드는 생각은 무엇인가?

　물론 친일 행각이든 해방 이후의 군사적 국가주의든 저들이 국
가 담론에 앞다투어 충성한 것은 현실적인 이권과 기득권을 유지하
고 확대하고픈 욕망에서 비롯된 것이다. 그렇지만 승려로서 "천황이
바로 부처님이시다", "전쟁은 바로 불교적 실천이다"라는 말을 쓰고
도 나중에 부처님과 중생 앞에서 한 점의 부끄러움을 느끼지 않을
정도라면, 마음의 깊은 내면까지도 국가를 신성시神聖視하고 전쟁을
근본적으로 긍정하는 마음이 없이는 불가능한 일일 것이다. 즉 '대
동아전쟁'의 표어였던 '팔굉일우(八紘一宇, 전 세계를 대일본 제국의 지
붕 밑으로 두자)'에 대한 찬양이야 현실적 질서에 적응하기 위해 하는

•••••
08 《한국근현대불교자료전집》, 22권, 민족사, 1996.

일제가 전시체제에 들어갔을 때 불교와 기독교는 신도와 교단의 모금을 통해 군용 폭격기 대금을 지원했다. 감리교에서 지원한 폭격기는 '감리호', 장로교에서 지원한 폭격기는 '장로호', 불교가 지원한 폭격기는 '조선불교호' 등으로 명명되었다. 사진은 조선불교 조계종 종무원이 전국 사찰과 승려에게 걷은 헌금으로 일본 군부에 헌납한 '조선불교호'다.

아부라고 치더라도, 불교와 군주의 정치를 둘이 아닌 하나로 본 것이나 군주의 전쟁을 '여래의 사명'쯤으로 여기는 것은 거짓이 아닌 권상로 자신의 진심이었을 것이다. 일제의 반미 전쟁이든 대한민국의 친미반공 전쟁이든 국가 권력이 자행하는 폭력을 '부처의 사명'으로 보는 것은 그로서는 자연스러운 일이었다.

권상로뿐인가? 암흑의 일제강점기 광적인 반공주의가 득세하던 1950~1970년대의 제도권 불교가 국가주의와 전쟁에 대한 반대의 목소리를 내지 못해온 것은 이미 비판의 대상이 되었지만, 오늘날이라고 해서 과연 크게 나아진 부분이 있는가? 불자든 아니든 '국가와 통치자의 신성함'을 믿는 사람은 없지만 모든 승속僧俗 남성의 군복무, 즉 국가에 의한 살인 훈련의 '신성함(적어도 절대적 필요성)' 정도는 아직도 불교 공동체 안팎에서 충분히 통하는 이야기다.

불교적 신앙으로 양심적 병역 거부를 단행한 오태양 씨에 대한 종단 차원의 지원은 거의 찾아볼 수 없었다. 즉 비구니 스님이 신문기자 앞에서 칼빈 소총을 '즐겁게(?)' 잡고 사격훈련을 받았던 광란의 시대는 갔음에도, 불교의 살아 있는 것을 죽이지 말라는 계율을 분명히 위반하는 남자 승려의 입대에 대해서는 아직도 '파계(破戒, 계율을 어김)'라 부르지 않는다. 군사주의적 광기가 가라앉았음에도 불교에 훈습된 군사주의 그 자체는 그대로 건재(?)해 있다.

국가와 국가적 살생에 대한 이와 같은 태도는 과연 어떻게 형성된 것이고 초기 불교의 원래 가르침과는 어떤 관계가 있는가? 물론 근대 한국 불교에서 국가주의의 직접적인 뿌리를 찾으려면 일차적으로는 1900년대부터 권상로와 같은 소장파 학승들에게 지속적인 영향을 끼친 메이지 일본의 국가주의적, 군사주의적 불교부터 지목하지 않을 수 없다.[09]

일본 불교의 파쇼화는 한때 혁신 운동과 노동 운동에 몸담았다가 1930년대 초반부터 전향하여 극우화된 아카마쓰 가쓰마로(赤松克麿, 1894~1955)와 같은 다재다능한 운동가형 학승들에 의해 1930년대 적극적으로 추진됐는데, "천황의 도덕적 교화하의 몰아적沒我的, 유기적 국민 공동체"와 그 "공동체"를 위한 "전장에서의 멸사봉공"을 찬미한 아카마쓰의 《신국민 운동의 기초》(1932) 등의 서적들[10]은 조선에도 유입되어 큰 영향을 끼쳤다.

사실, 권상로 등 조선의 군국주의적 승려들이 쓰는 표현이나 그들이 취하는 전반적인 논리는 아카마쓰 등에 의한 일본의 '불교적 국가주의' 냄새를 다분히 풍긴다. 그러면 근대적인 왜색화 이전 조선

● ● ● ● ●

09 메이지 시대 이후 일본 불교의 군국화에 대해서는 *Zen at War*(Daizen Brian Victoria, Weatherhill, 1998) 참조.

10 Stephen S. Large, *Buddhism and Political Renovation in Prewar Japan: the Case of Aka-matsu Katsumaro*, *Journal of Japanese Studies*, Vol. 9, No. 1, 1983, pp. 33~66.

불교의 사정은 과연 어땠는가?

14세기 말부터 억불정책을 주장했던 유생儒生들이 승려들을 으레 '국가를 보필할 줄 모르는無補國家', '아버지와 임금을 섬기라는 가르침을 모르는無父君之敎', '충효를 하지 않는不忠不孝' 존재로 묘사하며[11] 비난했지만, 한국 불교는 결코 국가에 대한 충성을 버리지 않았다.

화랑들에게 '살생유택殺生有擇'의 계를 줌으로써 속인들의 '조건부 살생'을 긍정한 것으로 유명해진 원광은 직접적인 살생을 할 수 없는 승려인 자신에게 608년 왕이 고구려 치기 위한 걸사표乞師表를 쓰라 강요하자 "자기가 살기를 구해서 남을 멸망시키는 것은 승려가 할 일은 아니지만 내가 대왕의 땅에서 살면서 대왕의 물과 풀을 먹고 있는데 감히 명령을 따르지 않겠습니까?"라고 하며 '간접적 살생'에 해당되는 걸사표 작성 행각을 그대로 벌이지 않았던가?[12]

원광이 대표했던 한국의 고대 불교는 살생의 악업을 정확하게 인식했으며 국가적인 살생을 '성전'으로 보는 독신적瀆神的 시각을 가지지는 않았지만, 한 국가의 테두리 안에 사는 한 그 국가가 행하는 살생에 최소한 간접적 동참 정도는 받아들여야 한다는 현실주의적 입장을 견지했다.

전쟁 중에 군인의 횡포로 목숨을 잃을 뻔했던[13] 중국 유학 시절

●●●●●

11 김동화, 《불교의 호국사상》, 불교신문사 출판국, 1976, 12~17쪽.
12 김부식 편찬, 이재호 옮김, 《삼국사기》, 광신출판사, 1993, 91쪽.
13 신종원, 《신라 최초의 고승들》, 민족사, 1998, 83쪽.

원광은 수나라의 국가 불교를 직접 목격하고 많은 시사를 받은 듯했다. 수나라에서는 지윤智閏과 같은 학승들이 고구려 원정의 성공을 위해 기도하는 행위가 불교와 국가 간의 '정상적인 관계'로 되어 있었다. 승려는 환속하지 않는 이상 군대에 끌려가지는 않았지만 '전승을 위한 기도'라는 형태로 국가적인 살생에 정신적으로 기여했다. 이것은 현실적으로 국가에 예속돼 있는 중국 불교의 실상이었다.[14]

'임금의 땅에 살면서 부처님의 해를 이고 있는居王土而載佛日' 상황이다보니 당나라 때부터 승려가 '보살'(그리고 가끔은 아예 '이 시대의 부처'까지)을 자칭하는 황제에게 절하는 것은 법률이 됐으며, 약 8세기 중반부터는 승려가 황제 앞에서 신하임을 자처하기 시작했다.

준거 국가인 중국에서 상황이 그렇다보니 원래 고승을 왕의 스승으로 받들었던 한반도에서도 10세기 중반부터는 왕 앞에서 승려가 단지 신하일 뿐임을 자처하기 시작한다.[15] 임진왜란과 같은 예외적 비상기가 아닌 한 전쟁터로 내몰리진 않았지만 중앙집권적 농업 관료 국가인 당나라나 송나라, 고려 그리고 조선에서 한낱 신하에 불과한 승려가 국가에 의한 살생을 '감히' 비판하고 나선다는 것은 엄두도 내기 어려웠다.

일본은 더 했다. 가마쿠라 시대(鎌倉時代, 1185~1333)에 이르러 중앙집권적 구조가 거의 망가져 군웅할거群雄割據가 시작된 일본에서

* * * * *

14 토오도오 교순(藤堂恭俊), 시오이리 료오도(鹽入良道) 지음, 차차석 옮김, 《중국불교사》, 대원정사, 1992, 249~250쪽.
15 남동신, 〈나말려초 국왕과 불교의 관계〉, 《역사와 현실》, 제56호, 2005, 81~113쪽.

일본 헤이안 시대의 불교는 귀족 중심의 천태종(天台宗)이 크게 일어났으며, 귀족들은 불교 행사를 자주 열어 세력을 과시하기 위한 수단으로 활용하였다. 세속적 권력과 깊은 관련을 맺게 된 절은 귀족들에게 기부받은 토지를 지키기 위해 승병(僧兵)을 두게 되었는데 이들은 출가 승려들이라기보다 대부분 무예를 할 줄 아는 농민들로 사찰에 고용된 자들이었다. 사찰의 비호 아래 승병이 점차 규모가 커지자 이들은 도읍에 들어와 갖은 횡포를 부리고 심지어는 조정에 압력을 가하기도 했는데, 그 폐단이 극심하였음에도 불교를 숭상하던 귀족이나 황실은 이들을 강력하게 다스리지 않았다. 사진은 일본에 정토 신앙이 보급되며 불교가 민중 속에 본격적으로 뿌리를 내리게 된 시대인 가마쿠라 시대의 승병을 재현한 모습이다. 나기나타(薙刀, 자루가 달린 긴 칼)를 주로 사용했으며 승복 안에 갑옷을 착용하였다.

는 아예 커다란 농장을 소유하고 사찰을 요새화한 승병들 사이에서 몇 세기 동안이나 혈투가 벌어졌다.[16] 중국이나 조선처럼 살아 있는 것을 죽이지 말라는 계율이 국가에 대한 예속 관계의 맥락에서 상대화된 것도 아니고 완전히 무너지고 만 것이다.

붓다의 국가관은 무엇이었나

국가가 사회를 일찌감치 강력하게 장악한 동아시아에서는, 14세기 고려나 조선 유생儒生들의 비난과 정반대로 불교가 (매우 아쉽게도) "아버지와 임금을 섬기라는 가르침이 없는", 즉 세간을 초월하는 종교가 되지 못했다. 그런데 자진해서 왕자의 자리를 물러난 붓다의 대對왕권, 대對국가 관계의 본래 구상이란 과연 무엇이었던가?

초기 불교의 국가 이해부터 이야기해보자면, 국가나 국왕의 존재는 기본적으로 중생이 악업을 지은 결과로 인식됐다. 토지에 대한 사유가 생기고 그 사유에 의해 소유욕이 발달하고 이와 같은 깨끗하지 못한 욕망에 의해 분쟁들이 생기다보니 결국 그 조절자인 국왕이 불가피하게 나타난다는 이야기다. 413년에 이루어진 《디가니까야Dighanikaya, 長部》의 한문 번역본인 《장아함경長阿含經》 제22

• • • • •

16 Karel Werner, Buddhism and Peace: Peace in the World or Peace in the Mind, *International Journal of Buddhist Thought and Culture*, Vol. 5, 2005, pp. 7~35.

권에 있는 그 유명한 《세기경世記經》 〈본연품本緣品〉을 보면 국왕을 출현케 한 인류의 악연은 다음과 같다.

> 천지가 개벽한 후 인류가 발생해 곡식을 먹기 시작하면서부터 점차 인구가 증대해갔다. …… 각자 자기 논과 남의 논을 구별하게 됐다.
>
> 그런데 어느 때에 어떤 사람이 …… 남의 논에 있는 곡물을 훔치는 일이 일어났다. 이러한 일이 거듭되자 다른 사람들이 그를 여러 사람 앞에 끌어다 놓고 비난하면서 손과 몽둥이로 때렸다. 논밭에 경계의 구별이 생기자 이와 같은 다툼과 소송이 일어나고 사람들의 근심거리가 됐다. 그런데 이 일을 해결하고 판정해줄 사람이 없었다. 그래서 사람들은 공통된 주(平等主)를 세워 인민을 보호하고 선에는 상을 주고 악에는 벌을 내리도록 하자고 했다.
>
> 그들은 각자의 수익 중에서 일부를 떼어 그것을 '공통된 주'에게 공급하기로 했다. 이때 군중 속에 신체가 건강하고 그 모습이 단정하며 위엄을 갖춘 사람이 있었다. 사람들은 그를 보고 '우리들은 이제 그대를 세워 주(主)를 삼으려고 한다'라고 했다. 그는 이 청을 받아들여 인민의 주가 되어 상을 줄 만한 사람에게는 상을 주고 벌을 내릴 만한 사람에게는 벌을 내렸다. 그를 가리켜 민의 주(民主)라고 한다. 그의 자손이 대대로 뒤를 이어 왕이 되었다.[17]

•••••

17 《장아함경》, 권22, 〈본연품〉: 《대정신수대장경》, 제1책, No. 1. http://www.cbeta.org/result/normal/T01/0001_022.htm

어리석음과 탐욕으로 말미암은 악업의 결과로, 다툼에 지친 사람들은 차악次惡으로 권력자를 조절자로서 세우게 됐다는 이야기다.

권력이란 사회적 합의의 결과라는 차원에서 이 이야기는 서양 근대의 장 자크 루소(1712~1778) 이후의 사회계약설과 매우 흡사하고 근대적 '인권' 개념과도 잘 어울린다. 하지만 중요한 특징이라면 권력의 출현이 합의의 결과라 하더라도 일단 인류의 '타락 조짐', 즉 본원적으로 어떤 악업이 내포되는 현상으로 묘사돼 있다는 점이다.

악惡의 만연으로 말미암아 생기게 된 권력이 선善이 될 수는 없다. 물론 붓다와 그 제자들이 국왕의 순기능이라 할 '조절자'로서의 기능을 적극적으로 평가하고 기대하기도 했다. 그러기에 국왕들에게 "법으로 다스리고 비법(非法, 즉 폭력)으로 다스리지 마시오, 이치로써 백성을 다스리고 비이성으로 다스리지 마시오"라 하는가 하면, "정법正法으로서 백성을 다스렸던 사람은 죽어서 하늘에서 태어난다"(《증일아함경》, 제51권, 〈대애도반열반분품大愛道般涅槃分品 第五十二〉)[18]라고 설법하기도 했다.

그런데 붓다가 살았던 열국列國이 패권을 다투는 시대에 과연 붓다의 조언대로 인도주의적 통치를 베풀고, 세금을 최소한으로 감세시켜주고 세금으로 얻은 재물을 가난한 자에게 나눔으로써 범죄와 재판, 형벌의 필요성까지 없애는[19] 군주들이 그토록 많았던가? 지금

•••••
[18] 《장아함경》, 권22, 〈본연품〉:《대정신수대장경》, 제2책, No. 125. http://www.cbeta.org/result/normal/T02/0125_051.htm

도 착취의 기회를 '자진 반납'하고 긁어모은 재물을 가난뱅이에게 모조리 나누어주는 착취자들은 찾아보기 어렵지만, 붓다가 상대해야 하는 그 당시 군주들도 대부분은 붓다의 이상과 거리가 멀었다.

예컨대 중인도 코살라국의 프라세나지트 왕은 재물에 대해 다소 욕심이 있고 통치에서도 이따금 잘못을 저질렀지만, 붓다의 설법을 열심히 청해 들었고 불법佛法을 외호外護하였다. 게다가 붓다와 그 제자들에게 그 유명한 기원정사祇園精舍라는 거처를 지어 바치기까지 했다.

수행자 집단의 내부 생활에 일절 간섭 없이 단지 붓다의 말씀에 귀를 기울이고 생활할 물리적 기반을 제공해준다면 종교와 국가의 이상적 관계일지도 모르는데, '착한 군주' 프라세나지트 대신 그의 아들 비두다바Vidudabha, 琉璃王가 등극하자마자 행복한 시기는 끝나고 말았다. 붓다의 속가俗家 친족이었던 사캬釋迦족에게 아버지가 한번 모욕을 당했다는 것을 핑계로 폭군 비두다바는 대군을 이끌고 붓다의 고향인 카필라바스투를 향해 출정한 것이다. 아버지의 스승인 붓다가 그를 몇 번(경전에 따라 두 번 내지 세 번으로 나온다)이나 설득해 말렸지만 소용없었다. 결국 다 과거의 악연惡緣인 줄 알고 내버려두자 붓다의 고향은 순식간에 잿더미가 되고 속가는 섬멸당하고 말았다.[20] 인류에게 자비와 비폭력을 가르친 뭇 중생의 영원

•••••
19 재분배를 통해 가난을 없애는 붓다의 이상적 군주상에 대해 나카무라 하지메(中村元) 지음, 차차석 옮김, 《불교정치사회학》, 불교시대사, 1993, 62~81쪽 참고.

코살라국의 프라세나지트 왕이 지어 바친 기원정사 터의 일부. 기원정사는 붓다와 출가 스님들이 수행하고 설법할 수 있도록 마련한 장소다. 죽림정사(竹林精舍)와 함께 불교 2대 정사로 일컬어지며, 붓다가 45년 동안 교화한 기간 중 가장 오랜 기간 머문 곳이기도 하다. 뒤로 붓다가 성도한 부다가야의 보리수 묘목을 옮겨와 심었다는 아난다 보리수가 보인다.

한 스승, 붓다도 결국 국가 폭력의 피해자가 된 셈이다.

이런 환경에서 붓다의 수행자 공동체는 과연 국가와 어떤 관계를 유지하였던가? 폭군 비두다바가 붓다의 친족을 미워하긴 했으나 붓다를 해칠 마음을 내기는커녕 붓다의 설득에 몇 번이나 전쟁을 중단하고, 붓다 자신도 고국이 전쟁으로 사라지는 것을 막기 위해 직접 나가서 싸우는 '호국불교적(?)' 생각이라고는 추호도 없었던 것으로 봐도 알 수 있듯이, 중앙집권화가 진척되지 않았던 그 당시의 인도에서 출가자는 일종의 '치외법권'을 누릴 수 있었다. 수나라의 고구려 정벌과 같이 출가자들이 군주의 전승을 위해 기도한다거나 임진왜란처럼 출가자들이 군인이 된다는 것은 그 시대의 풍토로서는 상상할 수 없는 일이었다.

통치자들에 대해 근본적인 회의가 있었던 붓다는 이와 같은 상황을 적절히 이용해서 철저한 '정교분리政敎分離', 즉 국가로부터의 완전한 독립과 국가 사이에서의 중립의 원칙을 세웠다.

예컨대 신라의 유명한 자장 스님의 스승 격이었던 당나라의 도선율사(道宣, 596~667)가 많이 의존했고 자장 자신도 열심히 연구했던 초기 불교의 계율 지침서가 바로 《사분율四分律》인데, 이 율서를 보면 비구가 특별한 일이 없는 이상 군주의 군대를 구경이라도 할 수 없고, 부득이한 사정으로 병영에 가더라도 일정한 기한을 넘어 거기

●●●●●

20 예컨대 《증일아함경》, 권26, 〈등견품(等見品)〉, 제34 참조. http://www.cbeta.org/result/
normal/T02/0125_026.htm; Karel Werner, Buddhism and Peace: Peace in the World or
Peace in the Mind, p. 10.

에 머무를 수 없었으며, 병영에 있더라도 전쟁의 참혹한 모습을 구경할 수 없었다. 국가의 폭력을 멀리하는 것은 물론이거니와 대궐에 들어가는 것도 비구로서 죄가 되는 등 국가 권력 그 자체를 되도록 멀리해야 했다.[21] 비구 자신도 당연히 폭력을 절대적으로 멀리해야 했고 막대기나 칼, 창 등의 무기를 가진 이에게 설법할 권리도 없었다.[22] 만약 그 계율을 성실히 지켰던 초기 수행자 집단의 구성원들이 예비군 군복이 걸려 있는 오늘날의 승방을 구경이라도 한다면 과연 뭐라고 할까?

당나라 이후 중국, 한국의 승려들이 자신을 임금의 '신하'로 칭하는 등 군신君臣 관계의 형식을 그대로 받아들였던 반면, 붓다 당시 임금의 봉록을 받는 신하를 득도시켜 출가시킬 수 없었던 초기 불교의 계율[23]로 봐서는 '비구 되기'란 바로 어떤 국가와의 신민臣民 관계를 부정하는 일이었다. 군주와의 복무 관계가 아닌 일반 백성이라면 그 당시 상식으로서는 비구가 되어 국가 통치의 테두리를 벗어날 수 있었지만, 복무 중인 관료, 군인 등을 비구로 출가시켜 국가와의 관계를 일방적으로 끊게 하는 것은 군주의 노여움을 살 수 있는 행위였기에 붓다는 이와 같은 상황을 피하려고 했다.

흥미로운 것은 비구는 군대에 구경이라도 가지 말라는 위의 계율들이 군주의 군대뿐만 아니라 '도적의 군대', 즉 '국가'라는 딱지가 붙

•••••
21 석엽철우 옮김, 《사분율》, 제4권, 토방, 1994, 26~34쪽, 141~153쪽.
22 석엽철우 옮김, 《사분율》, 제5권, 토방, 1994, 116~118쪽.
23 나카무라 하지메(中村元) 지음, 차차석 옮김, 《불교정치사회학》, 66쪽.

어 있지 않았던 '비공식적인 권력자'의 폭력 기구에도 그대로 적용됐다는 점이다. 초기 계율 지침서에서 군주와 도적은 '독사毒蛇처럼 피해야 할 위험하고 부정不淨한 존재'로 자주 같이 언급된다.[24]

국가를 인류 악업의 결실이자 폭력이라는 최악의 악업을 낳는 조직, '조절'의 순기능을 제대로 하지 못해 권력층의 사리사욕을 채우는 데 늘 악용되는 폭력 기구 그리고 수행자가 피해야 하는 만악萬惡의 온상이라 보는 붓다의 '국가관'은 국가와의 타협이 많이 진행된 대승불교의 시대에도 상당 부분 유지됐다. 대승의 기본적인 계율 지침서인 《범망경 보살계본梵網經 菩薩戒本》의 '가벼운 계율輕戒' 중 열한째 계율은 나라 사이의 군사 사절이 되어 싸움과 살생을 부추기지 말라는 계율通國入軍戒[25]이다. '호국불교의 창시자'로 불리는 원광은 '대왕의 땅에서 살면서 대왕의 물과 풀을 먹는다'는 이유로 수나라 황제에게 걸사표를 씀으로써 바로 이 계율을 범한 것이었다.

로마 제국의 기독교가 박해받는 종교에서 제국의 국교國敎로 된 것과 같은 극적인 전환은 아니었지만, 붓다와 그 제자 시대의 불교 역시 권력자를 멀리하면서 불가피할 때에만 그들에게 통치에 대한 자비스러운 조언을 주었던 '국가 밖의 불교'에서 점차 국가의 영향을 받는 '제도권 불교'로 변해가게 된다. 마우리아 왕조의 3대 아소카 왕(阿育王, 기원전 272~232년)의 치세에 불교에 대한 대규모의 국가적 지

•••••
24 나카무라 하지메(中村元) 지음, 차차석 옮김, 《불교정치사회학》, 68쪽.
25 윤고암 증의(證義), 《범망경 보살계본》, 보성문화사, 1986, 200~201쪽.

원이 행해졌는데, 지원이 후한 만큼 수행자 집단 내부의 문제들에 대한 국가의 간섭도 강해졌다.

그런데 그 당시 이미 어느 정도 상류층의 지지를 확보하여 상당히 '주류화'된 불교 교단으로서는 '불자 황제'의 출현이 거의 불교 역사상 최대의 경사로 인식됐다. 붓다와 그 직후 시대의 국왕이란 잘 해봐야 '주민 사이 분쟁의 좋은 조절자', '피치자의 합의에 의해 재분배를 잘하고 치안 유지를 잘하는 전全 사회의 최고의 공복公僕' 정도로 인식되며 대개는 '피해야 할 독사'로밖에 보이지 않았다.

그런 상황에서 마우리아 왕조의 인도 통일과 아소카의 불교 숭배에 감화받은 수행자 사회는 3세기나 그 이후에 아소카가 제시한 '도덕적 통치'의 이념을 따라 힘이 아닌 감화력으로 전 세계를 정복해 지배한다는 전륜성왕의 신화를 만들어낸다. 아소카가 자신을 그렇게 부른 적은 없지만, 국가의 지원에 의존하는 불교 사회의 처지에서는 봉불奉佛에 성실하고 표면적이나마 불교의 도덕적 이념에 동조하는 군주라면 전륜성왕으로 보였던 것이다.[26]

'불교의 진보화'가 필요하다

이와 같은 국가와 군주의 이상화理想化는 왜 위험했던가? 아소카

•••••
26 나카무라 하지메(中村元) 지음, 차차석 옮김, 《불교정치사회학》, 116~120쪽.

230 붓다를 죽인 부처

7세기 동아시아의 정세는 중국을 통일한 수나라가 고구려와 대치하고 있었고 신라는 고구려와 백제의 공세에 대응하고 있었다. 이에 신라는 화랑도를 활성화하여 인재를 육성하고 불교를 정비하여 사상적 통합을 도모하는 등 체제 정비에 박차를 가한다. 이 시기에 당에 유학하고 돌아온 이름 높은 스님이었던 원광 법사는 정치·외교에 깊숙이 개입하며 중요한 역할을 수행한다. 벽화는 귀산(貴山)과 추항(箒項) 두 화랑이 원광 법사에게 세속오계를 지도받는 장면이다. 《삼국사기》〈귀산전〉에는 602년 8월 백제 좌평 해수(解讐)가 거느린 4만 병사가 침략해 왔을 때 귀산과 추항이 임전무퇴의 정신으로 싸우다 장렬히 전사하는 장면이 묘사되어 있다.

자신이 아무리 불교에 귀의했다 해도 크게 군사를 일으켜 인도의 통일 전쟁을 수행했으며, 통일왕국의 통치 또한 수많은 밀고자와 사찰查察 관료 등을 포함한 관료 기구를 통해 실시했다.[27] 불교를 후대하고 승려들의 보좌를 받아 자신을 '전륜성왕'으로 인식한 신라의 진흥왕(眞興王, 540~576) 역시 '도덕'이 아닌 고구려, 백제 등과의 처참한 전쟁을 통해 국토를 넓히고 중앙집권적 관료 체제의 기본 틀을 잡은 것이었다. 결국 국가가 '절대선'이 될 수 있다고 인정한 불교 사회는 폭력적 국가와 예속적인 공존 관계에 들어간 것이다.

초기 불교의 탈脫국가적 정신을 기억하고 있던 승려로서는 이러한 관계가 사실 매우 고통스러울 수밖에 없었을 것이다. 원광도 파계인 줄 알면서 걸사표를 지었다. 또 자장은 중국으로 유학 떠나기 전, 산에서 나와 재상이 되지 않으면 처형하겠다는 왕명에 "차라리 하루 동안 계율을 지키다 죽을지언정 백 년 동안 계율을 어기면서 살지 않겠다"는 명답을 보내기도 한다.[28] 그런데 이렇게도 계율에 밝은 그가 중국에서 돌아온 뒤에 백제, 고구려와 전쟁 중인 신라를 '불국토', 즉 부처님의 땅으로 선전하는 등 국가의 이념을 퍼뜨리는 역할을 자청하질 않는가? 그가 모델로 삼았던 당나라에서는 이미 국가가 불교 사회를 철저하게 통제했던 만큼 그 역시 국가를 멀리할 생각을 하기 어려웠다.

• • • • •

[27] Karel Werner, Buddhism and Peace: Peace in the World or Peace in the Mind, p. 12.
[28] 일연 지음, 이민수 옮김, 《삼국유사》, 을유문화사, 1987, 315쪽.

수행자 단체가 국가의 기능을 맡았던 티베트 전통 불교와 같은 형태든, 국가가 수행자 단체의 종교적 권위에 의존하면서도 이를 효율적으로 통제하는 스리랑카나 미얀마·태국 등의 남방 불교의 형태든, 승려가 신민·백성의 신분 안에 갇히게 된 중국·한국 등 동아시아 불교의 형태든, 아소카 시대를 전후해 불교가 지배계급의 종교가 되어 '주류화'된 뒤로 세계 어디를 가든 불교는 국가의 지배영역을 제대로 벗어나지 못했다.

승려라면 어떤 상황에서도 무기를 들 수 없는 남방 불교의 철저한 계율 실천이야 일제강점기의 불교 군사화의 잔재가 지금까지도 제대로 청산되지 않아 승려의 군 복무가 파계로 인식조차 되지 않는 한국으로서는 참고할 만하지만, 남방 불교 또한 민족주의적 국민 세뇌를 뒷받침하기 위해 불교의 담론이 이용되는 등 국가적 폭력에서 완벽하게 벗어난 것은 아니다.

결국 붓다 시대의 비판적인 국가관을 회복하고 나아가 인류가 국가와 자본의 시대를 하루빨리 종식하기 위해서는 우선 불교와 지배계급이 거리를 두어야 하지 않을까? 그렇게 되기 위해서는 불교와 현시대의 사회 비판적인 이념들이 결합할 필요가 있지 않을까?

내 생각으로는 현 상황에서 초기 불교의 탈脫국가적 성향과 평화, 비폭력주의를 회복하고 발전시키려면 전반적인 '불교의 진보화'가 이루어져야 할 것으로 본다. 진보적 불교 그리고 불교 사회주의 등의 이야기는 뒤에서 더 자세히 다루기로 하자.

박노자 608년에 원광 법사는 진평왕으로부터 걸사표乞師表를 지어 달라는 요청을 받았습니다. 걸사표는 수나라 황제에게 보내는 편지로, 수나라와 손을 잡고 고구려를 치자는 이야기입니다. 《삼국사기》를 보면 원광 법사는 결국 청을 받아들여 걸사표를 쓰면서 이런 말을 합니다. "남을 죽여서 나를 살리는 것이 보살의 도리가 아닙니다. 하지만 나는 대왕의 토土에서 살고, 대왕의 풀과 물을 먹기 때문에 명령을 받들겠습니다." 사실 걸사표를 쓰는 행위는 《범망경》의 계율인 '군사 사절이 되지 말라'는 것에 어긋나는 것이었습니다. 《범망경》의 말씀대로 하자면 '자신의 이양利養을 추구하여 남을 죽게 만드는 행위'를 범하는 것인데, 원광 스님은 현실적으로 국가의 외호를 받고, 국가와 유착하는 길을 선택했습니다. 아마 원광 스님은 이것이 불교의 논리로서는 완벽하지 않다는 사실을 알면서도 선택한 것 같습니다.

원광 스님의 당시 결정이 올바른 것이냐, 아니냐 토론이 있을 수 있는데, 불가피했다고 보는 학자들이 많습니다. 실제로 당시의 원광이나 진평왕이 모범으로 생각했던 수나라는 대표적인 국가 불교의 전형이었습니다. 수나라의 양제가 고구려를 공격했을 때 많은 승려가 동원되어 전승을 빌어야 했습니다. 국가에서는 사찰을 세우고, 전몰자들의 극락왕생을 빌게 하는 등 국가와 불교가 상당히 유착된 모양이었는데, 신라에서 이를 받아들인 것을 두고 지금에 와서 탓

하기 어려운 부분이 물론 있습니다. 그렇지만 원광 스님의 그 결정이 이후 한국 불교에 어떤 영향을 끼쳤는지 오늘날 다시 한번 그때의 선택을 비판적으로 되돌아볼 수 있지 않을까 하는 생각을 해보며 말씀을 청하고자 합니다.

도법 원광 스님 같은 경우는 국가 체제와 타협을 한 셈이죠. 부처님은 국가와 민족보다 더 우선하는 가치를 법法, dharma에 뒀습니다. 법에 근거하고, 법에 맞는 방식으로 문제를 다루지 않는 한 어떤 선택을 한다고 하더라도 그것은 진정한 해답이 될 수 없다는 태도를 가지고 있었던 것이구요. 원광 법사도 그런 부분에 대한 이해나 인식은 있었다고 하더라도 어쨌든 상황적으로 타협한 거죠.

부처님과 비슷한 경우가 마하트마 간디의 인도 독립운동입니다. 얼핏 보면 독립운동이라고 하는 것도 인도라고 하는 국가와 민족의 독립을 위해서 하는 일이기 때문에 국가와 민족에 최고의 가치를 두고 한 일이라고 할 수가 있겠죠.

그런데 내용을 들여다보면 간디는 국가와 민족보다 더 우선하는 가치를 법과 진리에 두고 있습니다. 당시 소위 간디의 독립운동을 비폭력 저항운동이라고 얘기하잖아요. 비폭력, 비협조 저항운동을 통해서 인도 독립을 이끌어내겠다는 운동이었지요. 그렇게 진행을 했지만, 문제는 인도 민중 다수가 그런 사상과 정신, 그런 방법에 훈련된 사람이 아니었다는 거죠. 그래서 처음엔 비폭력 저항운동으로 대중운동을 전개했는데, 결국 영국에 대한 분노, 증오, 적개심으로 인도 민중의 감정이 폭발합니다. 살인, 방화, 파괴, 그야말로 통제 불능의 상황이 왔어요. 영국도 통제할 수 없고, 아무도 통제할 수 없는 상황이 된 겁니다. 정치적 판단을 하는 사람들은 '이대로 밀고 나가면 독립이다'라는 생각을 하게 됩니다. 비폭력 정신은 박살이 난 거죠. 간디의 비폭력은 물리적 폭력만을 의미하지 않고, 심리적 폭력까지 포함하지 않습니까?

그런데 간디가 '안 된다'고 제동을 겁니다. 간디의 논리는 그거죠. 진리의 실천론이 비폭력인데, 비폭력의 길을 통해서 독립을 이끌어내야지, 그 길이 아닌 다른 방식으로 독립을 끌어내는 것은 결코 인도를 위해서 희망적이지도 않고, 인류 문명사를 위해서도 도움이 되지 않는다는 겁니다. 그러자 네루가 "비록 당신이 그걸 거부한다고 하더라도 지금 상황을 통제할 수 있는 사람은 아무도 없습니다. 막을 길이 없습니다"라고 하니까, 간디가 "그럼 내가 죽을 수밖에 없다"며 단식을 하게 됩니다. 목숨을 건 단식을 하니 인도 민중의 분노에 찬 폭력 사태는 가라앉습니다. 그러면서 독립은 더 지연되죠.

그러나 간디가 선택한 것은 진리의 정신, 진리의 길입니다. 국가와 민족의 가치보다 더 우선하는 가치를 진리의 길에 두고, 국가 문제를 다뤘던 거죠. 저는 적어도 종교가 바로 이런 역할을 해야 한다고 봅니다.

8장

대승불교의 '전통적인 가르침'은
정말 문제없는가

一心二門 일심이문

원효는 '일심(一心, 한마음)'을 삼라만상의 완전무결한 큰 바탕으로 보았는데 이를 깨달음이나 '공(空)'
이라 볼 수도 있다. '일심'은 진리의 본체에 대한 가장 포괄적인 명칭인데, 여기에는 두 갈래 문이 있
다. 번뇌의 현실 속에서 사는 '생멸문(生滅門)'과 이와 대조되는 청정한 진리의 세계인 '진여문(眞如門)'
이 그것이다. 원효는 현실과 본질이 다르지 않고 본래 둘이 아님을 밝힘으로써, 결국 어느 하나로 마
음을 파악할 수 없다 말하며 기존의 교학 사상을 융합하는 새로운 시각을 제시하였다.

거대 담론 위험론

한때 '거대 담론의 내재적 위험성'을 지적하는, 데리다(Jacques Derrida, 1930~2004)식 '거대 담론 비판'이 한국 사회에서 꽤나 유행했다. 지금은 더 이상 참신해 보이지 않아 많이 수그러들었지만 그런 종류의 이야기를 접할 때마다 나는 내심 놀라곤 했다. 서로 전혀 다른 내용을 가지고 전혀 다른 역사적인 상황에서 성립된 여러 사상적 체계들을 뭉뚱그려 '거대 담론'이라 범주화하고, 그 범주에 대해 무분별한 부정을 한다는 것 자체가 비과학적이며 전체주의적인 사고방식이라는 생각이 들었기 때문이다.

퇴계 이황(1501~1570)의 '이기호발설理氣互發說'도 거대 담론이고 마르크스의 '이윤율의 경향적 저하 법칙'도 거대 담론이다. 전자는 중국 고대와 송나라 '성현'들의 권위와 사변적인 사고에 근거를 두는 반면 마르크스의 이론은 구체적인 통계 자료로까지 뒷받침되고 있다. 이렇게 다른 두 담론을 '거대 담론'이라는 이유로 '똑같이 위험하다'고 주장하는 포스트모더니즘이야말로 담론적인 폭력을 행사하고 있다는 것이 내 생각이다. 물론 우주와 사회 전체를 아우르겠다는 야심으로 생산된 담론은 늘 과도한 일반화나 단순화의 위험성을 지니고 있긴 하다. 그런데 위험부담을 약간 감수하더라도 포괄적인 앎에 도전해 보고자 하는 것 역시 인간의 본성이 아니겠는가? 이것은 불교를 포함한 많은 종교의 구도求道 심리와도 크게 다르지 않다.

그렇다고 '거대 담론 위험론'이 완전히 틀린 이야기는 아니다. 지배계급의 지원을 받는 보수 사상가들이 만드는 형이상학적 거대 담론들을 눈여겨보자. 이들 담론들은 대체로 절대자나 초자연적인 힘을 끌어들여 기존의 지배질서를 때로는 노골적으로, 때로는 은근슬쩍 옹호하는 경향이 강하다.

예를 들어 '절대자'와 역사를 전면에 연결시켜 독특한 목적론적 역사론을 펼친 헤겔(Georg Friedrich Wilhelm Hegel, 1770~1831)이 그렇다. 그는 자연이나 역사와 같은 현상의 세계는 절대자(신)가 구체화된 모습이라고 파악하는 등 우리 존재의 전체성totality을 절대자의 영역에 포함시켰다. 《법의 철학》에서 그는, 역사와 우주를 '신의 눈'으로 파악하고, 국가를 한 '인격체'나 '유기체'로 보았다. 그에게 대외적인 전쟁은 이 '인격체'의 내부 '단결'을 위한 뛰어난 수단이었다 (제3부, 제3장, 324조). 헤겔은 칸트(Immanuel Kant, 1724~1804)의 '영구 평화론'을 비난하며 대신 '전쟁 필연론'을 펼친다. 전쟁은 국민들에게 국가의 존재를 제대로 인식시키고 외적을 저주하며 국가를 사랑하게 하는 가장 강력한 수단이라는 것이다.[01] 그러나 그는 세계를 신의 눈으로 보았다기보다 신을 전쟁 주동자로 내세웠다고 할 수 있다.

형이상학적인 거대 담론의 생산자 중에서 꼭 헤겔만이 그렇게 한 것은 아니었다. 서구 철학 전통의 한 원점으로 생각되는 중세 가톨릭 신학자 토마스 아퀴나스(Thomas Aquinas, 1225~1274)도 마찬가지

●●●●●

01 G. W. F. Hegel, tr. T. M. Knox, *Hegel's Philosophy of Right*, London: Oxford University Press, 1978(1952). 인터넷에서 전문 열람 가능: http://www.marxists.org/reference/archive/hegel/works/pr/prstate2.htm#PR321

였다. 그는 '사랑의 하느님'에 대한 포괄적인 저술인 《신학대전》(미완성작)에서, '이단'들을 파문破門이라는 방법으로 교회에서 떼어내는 것으로는 부족하고 그들을 사형시켜 이승으로부터 떼어내야 한다고 주장했다(II:II, 11:3).[02] 우주를 하느님과 연결해 관찰한 아퀴나스는 하느님의 존재를 명상하는 것을 최상의 행복으로 여기고 하느님의 피조물들에게 자선, 평화, 도덕, 용기를 가르쳐주었지만, 하느님을 부정하거나 다르게 해석하는 이들은 생명체로서 자격이 없다고 보았던 것이다.

주관적이며 임의적인 해석이 용이한 형이상학적인 관념을 통해 우주·세계·인간을 한 가지 사상 체계로 포괄한다면 과연 이와 같은 식의 담론적인 폭력의 위험을 면할 수 있을까? 서구 기독교의 역사를 보거나 동아시아 유교의 역사를 보면, 지극히 어렵다는 답이 절로 나온다.

원효의 일심이문

그렇다면 동아시아 불교의 형이상학적 철학은 '부조리한 현실의 신학적인 합리화'라는 측면에서 과연 자유로울 수 있을까? 우리에게

• • • • •

02 *The Summa Theologica of St. Thomas Aquina*, Second and Revised Edition, 1920, literally translated by Fathers of the English Dominican Province. Online edition: 2003. 인터넷에서 전문 열람 가능: http://www.newadvent.org/summa/301103.htm

는 이와 같은 문제 제기 방법 자체가 생소할 것이다. 예컨대 원효가 위대한 사상가라는 것은 모두가 상식처럼 알고 있다. 하지만 원효의 사상의 핵심이 무엇인가라고 묻는다면 십중팔구는 난처해할 것이다. 그나마 역사·불교 공부를 약간이라도 한 사람이라면《대승기신론大乘起信論》에 대한 원효의 해석, 즉《대승기신론소大乘起信論疏》와《대승기신론별기大乘起信論別記》를 기억할 것이다.《대승기신론》은 6세기 중반경에 한문으로 번역된 경전으로 알려졌으나 실제로는 중국에서 성립된 위경僞經일 가능성이 크다는 설이 유력하다.[03] 문제는 바로 그 위경을 원효가 대승의 진리를 총섭總攝하는 경전으로 파악했다는 것이다.

원효가 생각했던 대승의 진리란 무엇인가?《대승기신론》의 논리를 바탕으로 성립된 원효의 사상 체계를 흔히 '일심이문一心二門'이라 부르는데, 그 내용을 살펴보자.

원효는 '일심(한마음)'을 삼라만상의 완전무결한 큰 바탕으로 보았는데 이를 깨달음이나 '공空'이라 볼 수도 있다. 헤겔의 절대자나 아퀴나스의 하느님에 해당하는 것이 바로 이 '일심'이라고 할 수 있다. '일심'은 진리의 본체에 대한 가장 포괄적인 명칭인데, 여기에는 두 갈래의 문이 있다. 번뇌의 현실인 '생멸문生滅門'과 이와 대조되는 진리의 세계인 '진여문眞如門'이다. 원효는 깨달음의 세계가 번뇌와 고통의 세계인 '생멸문'으로 연결된다고 보았다. 그 까닭은 인간이 '무

•••••

03 Sallie B. King, *Buddha Nature*, State University of New York Press 1991, p. 22.

명'에 따라 움직이기 때문이다. 원효 사상의 핵심은 세속의 삼라만
상을 담은 '생멸문'도 결국 본질은 '일심'이라는 것이다. 그는 여래장
如來藏, 즉 부처님(여래)의 깨달음의 씨가 삼라만상에 두루 감추어져
있기에 현실의 고통스런 세계도 바로 부처님의 세계라고 보았던 것
이다. 부처의 성질인 '본래부터의 깨달음本覺'[04]은 이미 모든 것에 내
재해 있다는 것이다.

> 일체법(一切法), 즉 우주의 모든 구성 요소들은 생멸하지 않고 본래
> 적정(寂靜), 완벽하게 고요하여 오직 일심일 뿐이므로, 이러한 것을 진여
> 문이라 한다. 또 일심의 체는 본각이지만 무명에 따라 움직여서 생멸
> 을 일으킨다. 때문에 이 생멸문에서 여래의 본성이 숨어 나타나지 않
> 는 것을 여래장이라 이름한다.[05]

원효는 부처를 이 세계 모든 곳에 내재돼 있는 진리의 성품으로
보고, 이 세계의 진실된 모습을 바로 부처로 보았다. '부처와 세계는
둘이 아니다不二'라는 것이다. 그렇기에 이 두 '문'은 서로를 떠나 존
재할 수 없는 것이라고 말한다.

•••••

04 본각(本覺)은 인간은 누구나 불성이 있기에 본래 깨달은 존재라는 의미이다. 따라서
선불교에서는 깨달음을 기대하며(待悟) 수행하는 것을 경계한다. 한편 이미 깨달았다
는 사실을 알지 못하기에 증명 과정을 거쳐 깨닫지 못한 상태에서 깨달은 상태로 나
아가는데 이를 시각(始覺, 비로소 깨달음)이라 한다. 원효는 본각과 시각에 대해 통섭적
시각을 제시하며 당시의 중관과 유식 사상 등 교학 불교를 통합하였다.
05 〈대승기신론소〉,《한국 불교전서》, 제1권, 동국대학교출판부, 1998, 704~705쪽.

원효에 얽힌 유명한 설화인 해골 물을 마시고 깨달음을 얻는 장면. 의상 대사와 함께 당나라로 구법(求法)의 길을 떠난 원효 대사가 인적이 없는 산속에서 노숙하게 되었는데 두 스님은 바람과 한기를 피하여 무덤 사이에 잠자리를 구하고 잠을 청한다. 잠을 자던 원효가 몹시 심한 갈증을 느껴 깜깜한 주위를 살펴보던 중 마침 바가지로 보이는 것에 고인 물을 발견하고는 단숨에 마시는데 물맛이 매우 달고 시원했다. 그런데 이튿날 아침 일어나 간밤에 마신 바가지를 다시 보니 그것은 다름 아닌 해골바가지에 고인 썩은 물이었다는 것이다. 이에 원효는 모든 진리는 개개의 존재에 있는 것이 아니라, 한마음에서 비롯되는 것임을 깨닫고 당나라로 가는 것을 포기했다고 한다.

예컨대 더럽고 부조리한 현실 속에 존재하는 우주의 원칙理인 '생멸문'은 현실적으로는 세속에 물든 것처럼 보인다. 그러나 생멸문의 본체인 자성自性은 여전히 청정하기만 하여 중생들 속에 있는 부처의 성품, 불성佛性을 이루고 있다는 것이다.[06] 물론 원효는 도처에 내재돼 있는 '부처의 성품'이란 것이 어떤 실재라고 말하지는 않는다. 오히려 말로 설명할 수도 없고 깨닫지 않은 사람은 상상할 수도 없는, 사변의 세계를 떠난 어떤 기능·작용이라고 강조한다. 언어로 충분히 설명할 수 없는 이 '여래장', '진여문', '일심', '본각' 같은 '절대자' 격의 관념들이 결국 원효 철학의 중심이 되는 셈이다.

원효는 삼라만상이 부처의 청정한 법체法體와 다른 것이 아닌데, 중생들의 망념에 의해 차별성이 생길 뿐이라고 보았다. 또 이 차별성 속에도 부처의 깨달음의 씨, 즉 여래장은 그대로 내재돼 있다[07]고 말한다. 이렇듯 원효의 사유는 그 포괄성에서나 '부처와 인간은 하나도 아니고 둘도 아니다'는 식의 변증법辨證法적 차원에서 화려한 궁전을 방불케 한다. 그의 사유는 고통의 세계에서 허덕이는 중생에게 '부처가 바로 여기에 있다, 당신이 느끼는 고통 속에도 있고 당신 속에도 있다'는 식의 기대와 희망을 주는 민중 구제의 방편임이 틀림없다.

사실, 부처와 인간 사이의 벽을 허무는 원효의 교리는 "당신이 이

●●●●●

06 〈대승기신론별기〉, 《한국 불교전서》, 제1권, 동국대학교출판부, 1998, 680쪽.
07 석길암, 〈진여·생멸 이문(二門)의 관계를 통해 본 원효의 기신론관(起信論觀)〉, 《불교학연구》, 제5호(2002년), 125~157쪽.

미 부처니까 당신의 평상심이 바로 부처의 본래 마음이라는 사실을 기억해내면, 즉 당신이 부처임을 깨달으면 된다"는 선禪불교와도 상통한다. 만약 이 이야기를 인식론적인 차원에서 한다면 불교적 휴머니즘이라고 이름 붙여도 좋을 정도로 수행을 위한 탁월한 방편이 될 수도 있다. 현실 속의 현상들에 부처의 마음이 두루 갖추어져 있다면 '나' 스스로 이를 깨달아 '나' 속의 부처를 발견하기가 쉬울 것이다. 나아가 '나' 속의 무명의 장애를 제거하여 '부처로서 살기'에 더욱 가까이 갈 수 있을 것이다.

반면 이 이야기를 존재론적인 차원에서 한다면 그 의미는 근본적으로 달라진다. 원효의 또 다른 명작인 《금강삼매경론金剛三昧經論》에 나온 인상적인 표현대로, 만약 모든 중생들이 이미 '여래장불如來藏佛', 즉 부처의 깨달음의 씨를 지닌 '인간의 모습을 한 부처'[08]라고 치자. 그러면 이 세계의 모든 차별과 불평등, 폭력과 지배·피지배 관계는 어떻게 설명할 수 있는가? 결국 이것들은 단순히 '나의 망념이자 착각'으로 환원될 뿐이다. '나'를 지배하여 착취하고 전쟁에 동원하는 국왕을 보더라도, '나'는 그 국왕까지도 '부처'로 여겨야 한다는 말이다.

그러면 지배, 착취, 살인의 현실은 어떻게 되는가? 그것은 '나'의 망념이 만든 착각일 뿐이고, 노비 수천 명을 마구 부리는 귀족이나 자그마한 영토를 얻기 위해 수만 명의 군인을 희생시키는 국왕도 역

•••••
08 《한국 불교전서》, 제1권, 동국대학교출판부, 1998, 649쪽.

선(禪)과 정토(淨土)는 동아시아 불교 신행의 두 주요 흐름이다. 정토는 청정한 낙원을 의미하며 정토 사상은 아미타부처의 도움으로 정토에 왕생할 것을 믿는 타력구제 신앙이다. 이는 선 사상을 비롯한 불교의 일반적인 가르침이 스스로의 힘으로 깨달음을 얻도록 유도하는 자력구제 신앙이라는 점과 차이가 있다. 대승불교의 핵심 사상 중 하나인 정토 사상은 인도에서 중국을 거쳐 우리나라에는 원효 등에 의해 본격적으로 전개되었는데 주로 현실의 괴로움을 구원받고자 한다. 사진은 원효가 창건했다고 전해지는 금오산 향일암(向日庵)에 있는 관음보살상이다. 향일암은 낙산사 홍련암, 낙가산 보문사. 금산 보리암과 함께 기도 효험이 빼어나기로 유명한 국내 4대 관음 도량 중 하나다.

시 바로 '나'와 똑같은 부처임을 '나'부터 깨달아야 이 문제가 지양된다는 논리다. 즉 '이 세계는 불국토佛國土와 하나도 아니지만 둘도 아니다, 상相은 서로 달라도 체體는 하나다'라는 식의 존재론적인 논리는, 폭력과 차별에 의해서 유지되는 현실에서 폭력·차별이라는 부분을 교묘하게 호도하고 만다.

예를 들어 한 중소기업 사장이 외국인 노동자들의 임금을 빼앗고 그들을 차별·학대한다고 가정해보자. 그는 뼈를 깎는 깊은 반성에 반성을 거듭하여 몇 번이나 다시 태어나면서 악업을 선업善業으로 상쇄한다면 결국 부처의 경지에 오를 수 있을지도 모른다. 또 잠재적으로 그가 그 경지에 오를 가능성이란 늘 전제돼 있다. 하지만 '본래부터의 깨달음本覺, 깨달음의 씨가 삼라만상에 두루 감추어져 있음如來藏'의 사상을 존재론의 일종으로 해석할 경우에는, 남의 생명을 빼앗으면서 자신의 생명을 키우는 그와 같은 악인까지도 '지금, 여기'에서 이미 부처가 되고 만다. '시간적인 차원'과 '수행적인 차원'이 무시될 위험성이 크다는 것이다.

게다가 생지옥에 불과한 오늘날의 세계를 지배자·폭력자의 위치에서 미화할 가능성 역시 크다. 원효 스스로 이를 잘 보여주고 있다. 원효 자신이 태종무열왕(655~661)·문무왕(661~681) 시절 왕권과 꽤나 가까웠다는 것도, 《삼국유사》 등의 자료에서 고구려와 전쟁을 치르고 백의종군한 것처럼 묘사하고 있는 것[09]도 현실 긍정론적 관념론이 극에 달했던 원효의 철학과 무관해 보이지 않는다.

흔히 '위대한 전통 사상'이라고 불리는 대승불교의 관념론적인 틀들은 과연 얼마나 불교적일까? 부처님이 늘 권하셨던 대로 '위대한 조사祖師'에 대한 집착을 버린다면 이 질문은 당연히 제기된다.

붓다의 설법이나 초기 불교의 교리에서는 모든 '연기'로부터 독립된 주체로서의 자아自我를 환상으로 봤다. 앞서 살펴봤듯 초기 불교에서는 존재론을 '마치 여러 가지 재목을 한데 모아 세상에서 수레라 일컫는 것처럼 모든 구성 요소인 다섯 가지가 뭉친 무더기를 거짓으로 존재라고 부른다'[10]고 설명한다. 당시 교리에 따르면 이 세계는 영원불변한 진정한 자아도 없고 어떤 중생이나 물질에도 주체적인 본성, 즉 자성自性이 없다. 그렇기에 필연적으로 변화무쌍할 수밖에 없고 고苦에 시달릴 수밖에 없다는 것이다.

그러나 만약 한 가지 실재로서 '본각, 여래장'이라는, '고통'과 무관한 '깨달음의 씨'가 우리 정신 속에 내재돼 있다면 '존재는 바로 고통'이라는 초기 불교의 근본적인 진리와 충돌할 수밖에 없다. 초기 불교는, 모든 불완전하고 고통스러운 존재들은 연기緣起의 법칙에 따라 변화무쌍하게 계속 그 모습과 성질을 바꾸면서 살아간다고 보

●●●●●

09 김상현, 〈삼국유사 원효 관계 기록의 검토〉, 《신라문화제학술발표논문》, 14-1, 1993, 185~217쪽.
10 《잡아함경(雜阿含經)》, 권45, 1202경: 《대정신수대장경》, 제2책, No. 99. http://www.cbeta.org/result/normal/T02/0099_045.htm

기 때문이다. 진리에 대한 무지 때문에 몸과 정신의 작용인 업業이 생기고, 그 업의 결과들이 정신 속에서 식識, 즉 자아와 세계에 대한 (주로 도착된) 의식이 되고……. '나', '우리'를 이루는 모든 것들이 이처럼 한순간도 쉬지 않고 계속 탈바꿈해가고 있다면 늘 그대로 항상 그 자리에 있는 '본래부터 깨달음'이라는 것이 과연 있을 수 있는가? 원효의 논리는 고도의 변증법을 구사한 관념주의적 초超거대 담론임에 틀림없지만, 이 담론이 과연 불교의 근본적인 가르침과 얼마나 어울리는지는 의심이 든다.

다행히 이 의심들을 불교적으로 학문화해보려고 노력한 사람들이 있다. 바로 오늘날 일본 '비판 불교'의 창시자로 알려져 있는 하카마야 노리아키(袴谷憲昭, 1943~)와 마츠모토 시로(松本史朗, 1950~)다. 두 사람은 고마자와駒澤대학 불교학 교수들로 독실한 불자이기도 하다. 이들의 문제의식은 무엇보다 일본의 불교 집단이 고대부터 최근까지 권력자들과 유착해왔다는 사실 그리고 집권자와 유착된 상태에서 온갖 폭력과 차별들을 합리화해 왔다는 사실에서 출발했다. 두 학자들은 특히 제2차 세계대전 당시 일제의 대외 침략에 불교 집단이 적극적으로, 열성적으로 협력한 문제 그리고 일본 사회의 뿌리 깊은 부락민(部落民, 전통 사회의 천민 계층) 차별에 대한 불교 성직자들의 책임 문제에 대해 비판적인 모색을 해나갔다.

그들의 학문적인 '반란'은 매우 보수적인 일본 불교의 성직자와 학자 공동체가 가진 '불교학'적인 태도에 대한 반감에서 비롯된 것이기도 하다. 붓다가 설파한 공空 논리의 출발점은, 모든 현상은 어떤 고정된 실체도 없다는 것이다. 때문에 불교의 진실된 정신은 바로 모든 것에 대한 비판적인 해부가 되어야 할 것이다. 그런데 일본 불교는 모든 것을 비판적으로 해체시키는 대신에, 역사적으로 신비화된 '본질'(하카마야는 이를 '장소', 즉 모든 것의 본바탕이 되는 '터'라고 부른다)[11]에 집착하여 그 '본질'의 종교적인 '발견' 그리고 의심을 허락하지 않는 그 '본질'을 신앙의 주축으로 삼았다.

이런 본질에 대한 집착은 어찌 보면 8~9세기 이후에 동아시아 불교계를 석권하기 시작한 선불교 자체의 한계일 수도 있다. 선불교에서 행하는 '깨달음의 추구'는 바로 비판적 사고능력인 오성悟性을 '의심'으로 간주하여 그 '의심'을 떨쳐내는 것을 목적으로 삼기 때문이다. 이는 선불교의 임제(臨濟, ?~866) 선사와 같은 덕망 높은 스님들이 이야기하는 '무위진인無位眞人'[12]에서도 잘 드러난다. 무위진인이란 인간이 '깨달음'을 통해 발견해야 할 인간 정신 속에서의 절대적인 존재를 말한다. 이는 역설적이게도 붓다가 줄곧 부정해온 고정불변의 영혼이나 자성自性을 이야기하는 것과 다르지 않다.[13] 진정으로 공空과 연기緣起 그리고 고苦에 대한 붓다의 해석을 따르는 길은 어떤 신비적인 '정신의 본질', '내 안의 부처'를 발견할 때의 '깨달음'을

●●●●●

11 袴谷憲昭, 《本覺思想批判》, 東京: 大藏出版, 1993, 273~319쪽.
12 어떤 상태에도 머물지 않고 모습도 고정되어 있지 않으며 차별이 없이 자유자재한 참사람이다. 세상에 대한 인식이 생기기 이전에 본래부터 있던 자아, 순수한 진리의 모습으로 발현된 자신을 말한다.
13 松本史朗, 《禪思想の批判的研究》, 東京: 大藏出版, 1993, 247~377쪽.

추구하는 것에 있지 않을 것이다. 외려 자비와 계율을 실천하면서 점차적으로 선업을 짓는 일에 매진하는 게 더 옳은 것이 아닐까?

마츠모토와 하카마야가 주로 공격하는 표적은 붓다의 교설보다 오히려 불교에서 '외도外道'라고 불리는 인도 고유 종교인 힌두교에서의 아론(我論, 개별적 영혼에 대한 종교적 담론)에 가까운 '본각, 여래장'류의 사상에 맞추어져 있다.[14] 아울러 그들은 동아시아 대승불교를 비판적으로 해부하는 과정에서 수많은 다른 문제점도 지적한다. 토착신앙도 그 중의 하나였다. 두 사람은, 중세 일본 불교가 '총화總和·화합'의 이름으로 토착신앙의 요소들을 불교 안으로 받아들이거나 토착 신격들을 불교 불·보살의 화신化身으로 본다고 분석했다. 나아가 일본 불교가 불교의 여러 종파와 토착신앙들을 모두 밀교화·기복祈福화·의례화하고 있음을 비판적으로 해부했다.[15]

일본 불교학계는 하카마야, 마츠모토 등 '비판 불교'의 '본각' 사상에 대한 공격을 주로 무시하거나 비난했으며 서구 학계 또한 이를 쉽게 납득하지 않았다. 구미의 대표적인 동아시아 불교 연구자들은 '본각' 사상이 해석에 따라 그 의미도 계속 달라지고, 어떤 경우에는 개인의 도덕적인 자율성을 뒷받침하도록 작용한다고 반박하였다. 나아가 '진정한 불교'와 '동아시아화 된, 무無비판적인 불교'를 양분하는 것은 지나친 근본주의, 본질주의가 아니냐고 묻기도 했다. 즉 붓

●●●●●

[14] 고려대장경 연구소 엮음, 《비판 불교의 파라독스》, 고려대장경연구소, 2000, 81~103쪽.
[15] 袴谷憲昭, 《本覺思想批判》, 東京: 大藏出版, 1993, 209~226쪽.

다의 가르침이 결국 그 수많은 제자의 전언傳言을 통해서만 알려져 있는 상황에서는 '붓다의 진정한 정신'과 '본각 사상'을 대비시키는 것도 무리라고 보았다.

구미 학계는 '본각 사상'이 비록 초기 불교에서는 보이지 않는다 해도, 동아시아에서는 불교를 더 깊이 이해하기 위한 방편이 될 수도 있다고 보았다.[16] 즉 동아시아 불교를 가치중립적으로 보려 하는 구미 학자들의 입장에서는, 마츠모토와 하카마야는 연구자라기보다는 차라리 신학자에 더 가깝다고 할 만큼 그들의 관점에서는 호불호가 지나치게 뚜렷하고 가치 평가의 요소가 강하다는 것이다.

물론 외부자로서는 어째서 '본각' 사상이 불교의 또 다른 수많은 해석보다 더 크게 문제가 되는가라고 얼마든지 반문할 수 있다. 하지만 동아시아 불교라는 틀 안에서 신앙생활까지 하는 내부자에게는, 우리가 '위대한 전통'이라고 받드는 동아시아 불교의 가르침들이 붓다의 본래 교설과 과연 어느 정도 일치되는가라는 물음이 아주 절실하지 않을 수 없다. 이 교설들은 그에 걸맞게 우리 사회의 내면에까지 영향을 끼치기 때문이다.

하카마야와 마츠모토가 도처에서 지적한 것처럼, 일본의 보수적인 주류 사회에서는 '갈등' 자체는 무조건 부정적인 것인 반면 '총화·단결·단합'은 무조건 긍정적인 것으로 여겨졌다. 거의 '국민 도덕'

• • • • •

16 Peter N. Gregory, Is Critical Buddhism Really Critical? - Jamie Hubbard, Paul N. Swanson (ed.), *Pruning the Bodhi Tree: the Storm over Critical Buddhism*, Honolulu: University of Hawall Press, 1997, pp. 286~297.

처럼 받들었던 이런 의식들은 바로 현실적인 세계事와 이상의 세계
理 사이에 막힘이 없다無碍고 주장했던 화엄華嚴류의 '동아시아적으
로 왜곡된 불교 사상'에 의해서 너무나 쉽게 합리화된다.

화엄사상은 현상의 세계와 이상의 세계를 무비판적으로 연결시
켜 둘을 불가분의 관계라고 주장한다. 결국 폭력·착취의 현실을 종
교적으로 긍정하는 셈이다. 그렇다고 화엄사상 그 자체가 일본적 파
시즘을 낳았다는 이야기는 아니다. 그러나 이와 같은 '포괄적 관념
주의'의 거대 담론들은 권력과의 유착을 문제 삼지 못하게 하고 오
히려 부추기는 결과를 낳았다. 또한 이 담론들은 계급의 자아의식
에서 비롯된 계급투쟁이 늘 부정되는 사회를 만드는 데 일익을 담
당한다고 봐도 큰 무리는 없을 듯하다.

왜 국가를 사랑할 수 없는가

하카마야와 마츠모토는 '위대한 종교적 유산을 계승·발전'하는 대
신에 '불교'라는 상표가 찍혀 있는 여러 일본적인 유산을 초기 불교
를 시금석 삼아 힘들게 검증하는 등 '전통과의 싸움'으로 일관하고
있다. 때문에 그들은 포스트모던이 풍미하고 있는 구미 학계가 생각
하는 '가치중립적인 학자'라기보다는 '투사'에 더 가까울지도 모른다.
그들의 학문적인 태도는, '연구를 위한 연구'라기보다는 붓다의 진실
이 무엇인가, 그 진실로 중생을 어떻게 해서 올바르게 이끌 수 있는

가에 대한 끊임없는 고심에서 나온 구도적인, (좋은 의미에서의) 종교적인 태도다. 박제화·박물관화된 '과거'의 종교에 대한 파편적인 지식을 기계적으로 모으는 학문적인 자세와 비교하면, 이와 같은 '신학적인' 노력으로 종교의 발전을 이끌려는 하카마야와 마츠모토의 자세야말로 훨씬 더 진지하게 보인다.

마르크스는 진리를 판단하는 유일한 기준이 바로 실천이라고 했다. 하카마야와 마츠모토의 '비판 불교'가 지닌 진실성은, "제대로 된 (일본) 불자는 일본을 사랑하지 말아야 한다"[17]는 마츠모토의 실천적인 격언에서 확인할 수 있다. 마찬가지로, 제대로 된 러시아 불자 또한 러시아라는 착취계급의 국가가 이제까지 학살해왔거나 지금 학살하고 있는 모든 이들에 대해 자비의 염念을 갖는 의미에서라도 러시아라는 국가를 사랑하지 말아야 한다. 조금 더 추상화시키자면, 불자의 입장에서는 고통이 충만한 우리 현실의 모든 폭력성을 대변하는 국가라는 지배계급의 기구를, 당분간 존재할 수밖에 없는 필요악으로 볼 수는 있어도 절대 사랑할 수 없는 것이다. 과연 대한민국의 불교계에서는 '제대로 된 불자라면 대한민국이라는 국가에 대한 애착을 버려야 한다'라는 말을 대놓고 할 수 있을까?

하카마야와 마츠모토의 '비판 불교' 그 자체도 당연히 비판의 대상이 돼야 한다. 구체적인 내용에서는 그들 역시 크고 작은 문제들

•••••

17 Jamie Hubbard, Paul N. Swanson (ed.), *Pruning the Bodhi Tree: the Storm over Critical Buddhism*, Honolulu: University of Hawall Press, 1997, p. 373.

이 있을 수 있을 것이다. 하지만 방법론만큼은 대체로 긍정할 수 있다. 그들이 가진 방법론의 알맹이는 무엇일까?

붓다는 예리한 현실 비판자였으며, 근본적으로 이 세계를 고품에서 떠날 수는, 태생적으로 불완전한 곳으로 인식했다. 자신과 남들을 고통으로부터 구하는 것은, 붓다에게는 오직 폭력·착취·이윤추구에 대한 부정을 내포하는 일련의 노력을 통해서만 가능한 일이었다. 붓다는 해탈의 가능성을 제시해온 낙관주의자였지만, '지금, 여기'의 현실에 대해서는 철저하게 비판적이었다. 그런 의미에서 한국에 일찍부터 들어온 대승불교가 현실을 이상화·미화하는 부분에 대해서는 그것이 붓다 본래의 가르침과는 다름을 똑바로 인식해야 한다.

앞에서 원효의 일심이문 사상이 지닌 문제점을 이야기했지만, 원효의 도반道伴이자 경쟁자였던 의상의 경우에도 현실의 모순을 호도했다는 생각이다. 〈화엄일승법계도華嚴一勝法界圖〉의 "생사와 열반이 항상 함께 있으며, 진리와 현실이 환해 분별이 없다生死般若常共和 理事冥然無分別"와 같은 방식의 의상식 화엄 교설은, 하카마야와 마츠모토가 지적했던 '본각'류 사상의 근본적인 문제점을 잘 보여준다.

만약 이 현실 자체가 진리의 '씨앗'을 내포한다고 한다면, 문무왕의 후원을 받아 부석사를 창건한 의상 본인이 한 것처럼 현실적인 권력자들과의 유착관계를 유지하는 데 적어도 교리적인 걸림돌은 없을 것이다. 그러나 붓다의 본래 가르침대로 이 현실이 바로 고통이

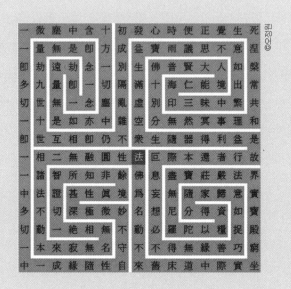

의상의 〈화엄일승법계도〉. 방대한 화엄 사상을 7언 30구 210자 게송으로 압축해 그렸다. 가운데 '법(法)'에서부터 왼쪽으로 일곱 자씩 끊어 읽는다. '법성원융무이상'에서 시작된 게송은 처음에 출발했던 곳으로 돌아와 '구래부동명위불'로 끝난다. 이처럼 모든 진리는 결국 한 점으로 수렴함과 동시에 무한히 순환하게 됨을 표현했다. 가운데 세로로 쓰인 '중법불(衆法佛)'은 불교의 세 가지 보물(三寶)인 '불법승(佛法僧, 부처, 부처의 가르침, 부처의 가르침을 따르는 대중 혹은 스님)'을 의미한다.

라면, 권력자와 '좋은 관계'를 맺는 것을 포함한 이 현실 속의 안락을 과감히 떨쳐버려야 한다.

그렇다고 원효와 의상 그리고 신라 후기부터 최근까지 한국의 종교문화를 풍족하게 만들어온 수많은 선사禪師들의 공헌을 전적으로 부정하려는 것은 결코 아니다. 하지만 우리가 붓다의 길을 가자면 권력과 밀착관계를 유지하면서 형성된 한국 불교의 전통문화는 철저하게 비판적 해부의 대상이 돼야 한다. 또 현실을 그대로 인정한 신라 귀족 고승들의 가르침도 반드시 '창조적인 부정'의 대상이 돼야 할 것이다. 그래야만 한국 불교가 지금까지의 역사에서 거의 보지 못했던 '전복적·반란적' 성격을 띨 수 있으며, 국가·자본의 '힘'과의 유착관계를 마침내 청산할 수 있을 것이다.

도법 스님과의 대담 8 "폭력은 또 다른 폭력을 낳는다"

박노자 오랜 시간에 걸쳐 삶의 지침을 주셔서 대단히 감사합니다. 마지막으로 한 말씀만 더 해주실 것은 없으십니까?

도법 왜 우리가 비폭력이어야 되는가에 대한 설명이 좀 부족했던 것 같습니다. 일반적으로 정의로운 분노라는 명목으로 분노를 정당화해 왔던 게 그동안의 우리들이었습니다. 국가라는 명분으로, 민족이라는 명분으로, 정의라는 명분으로, 종교나 이념이라는 명분으로 폭력을 정당화해왔습니다. 그러나 불교 철학으로 보면 어떤 명분을 붙여도 분노는 분노일 뿐입니다.

분노는 뭘 의미합니까? 결코 평화로움을 얘기하는 게 아닙니다. 편안함이라든가, 기쁨이라든가, 아름다움이라든가, 행복함이라든가 하는 감정은 아니죠. 그래서 불교에서는 분노는 분노일 뿐이라고 보고 있습니다. 명분만 괜찮으면 괜찮은 것으로 정당화시키는 것은 절대 용납하지 않습니다. 예를 들어서 내가 누구를 미워한다고 할 때, 내 미움의 뜻, 내 미움의 마음이 상대에게 전달되기 전에 이미 내가 먼저 증오의 존재가 되어 있는 겁니다. 내가 누군가를 미워한다고 할 때 그 순간은 내 심신 전체가 증오의 존재가 되는 겁니다. 머리만 증오의 존재가 되거나, 몸만 증오의 존재가 되는 것이 아니고, 내 자체가 온전히 증오의 존재가 되는 겁니다. 내가 증오의 존재가 되고, 그 감정이 상대에게 전달이 되죠. 내가 증오의 존재가 되었다는 건 뭘 의미할까요? 내 삶이 피폐해진다는 걸 의미합니다. 그런 증오를 전달받은 사람은 어떻게 되나요? 그 사람도 다시 기분 나빠서 증오를 쏟아내게 됩니다. 증오는 또 다른 증오를 낳게 되는 거죠. 이런 경험들을 우리는 "주먹이 가면 주먹이 온다"고 표현하는 거죠. 우리가 증오하거나, 분노하거나 폭력을 행하지 않아야 하는 이유는 세상 이치가 증오, 분노, 폭력을 통해서는 절대로 해결될 수 없을 뿐만 아니라 우리들의 삶 자체가 황폐해지기 때문입니다. 그래서 신체적이든, 물리적이든, 심리적이든, 우리가 비폭력적으로 문제를 다루어야 하는 것이지요.

반대로 자비도 마찬가지입니다. 내가 누군가를 사랑할 때는 그 순간 나는 이미 사랑의 존재가 되어 있는 거죠. 그래서 내 사랑의 뜻이 상대에게 전달되면, 사랑받은 사람은 기분 좋으니까 그 사람도 나에게 사랑의 감정을 느끼게 되고, 그 사랑이 상승효과를 낳는 겁니다. 사랑은 또 다른 사랑을 낳고, 미움은 또 다른 미움을 낳고, 폭력은 또 다른 폭력을 낳습니다. 그래서 세상 이치로 볼 때 폭력적인 방식으로 폭력을 해결할 수는 없다는 겁니다. 비폭력을 추구해야 하는 이유 중 하나는 나 자신의 삶이 피폐해지지 않기 위해서이고, 또 문제를 제대로 풀어내기 위해서는 비폭력적이지 않으면 안되기 때문입니다. 비폭력적으로 가야만 된다고 하는 것을 알게 되고, 확인하게 된다는 거죠. 그래서 불교에서 말하는 비폭력이라고 하는 것은 단순하게 물리적, 신체적 폭력을 쓰지 않는 정도가 아니고 훨씬 깊고 본질적인 문제라고 할 수 있겠습니다.

9장

한국 불교,
전통이 아니라 시대를 만나라

諸法無常 제법무상

우주의 모든 구성 요소들이 쉴 새 없이 달라지고 바뀌고 탈바꿈하는 만큼, 불변하며 고정된 대상물이란 우리의 착각에 불과하다는 불교의 가장 근본적인 원칙이다. 즉 모든 것은 항상 같음이 없으니 같은 모양도 없고(無相), 나라는 존재도 없으며(無我), 실체도 없다(空). 불교에서 말하는 무상(無常)의 논리는 허무주의를 말하는 것이 아니라 '나'에 집착하고 좋고 나쁨에 대한 인식하는 것은 단지 무명에 의한 허상일 뿐임을 깨닫고 존재의 실상을 바로 보기 위해 노력해야 한다는 교훈이다.

병역거부에 대한 반응

앞서 호국불교에 대한 논의에서도 다루었지만, 2004년 재가 불자인 오태양 씨가 최초로 불교적인 신념에 따라 병역거부를 선언했을 때 나는 제도권 불교가 이에 어떤 반응을 보일지 사뭇 궁금했다. 흔히 알고 있듯 불교 윤리의 출발점은 살아 있는 것을 죽이지 말라는 계율이다. 다시 말해 살생에 대한 거부다. 그러나 현실에서 제도권 불교는 국가 권력이 듣기 싫어할 만한 문제에 대해서는 애써 언급을 피해왔다. 그런데 드디어 불교의 윤리를 제대로 지키겠다는 '진성 불자'가 나타난 것이다. 과연 제도권 불교는 어떤 견해를 보일 것인가?

그러나 공식적인 견해 표명은 없었다. 아마도 불교 윤리의 근본을 부정할 수도, 그렇다고 국가 권력과의 유착 관계를 끊을 수도 없었던 모양이다. 그럴 때는 침묵이 최선의 답이었던 것일까? 한국 불교 단체의 대표자들은 공식적인 반응 대신 비공식적으로 대개 다음과 같은 이야기를 했다.

> 양심은 불성(佛性)으로 표현되며 마땅히 존중되고 지켜져야 할 가치이지만, 병역은 국민의 한 사람으로서 국민의 생명과 재산을 보호하기 위해 당연히 해야 할 의무입니다. 단지 자신의 의지와 취향에 맞지 않는다는 이유로 병역을 거부한다면 대한민국의 어느 누가 군대를 가려 하겠습니까? 형평성에 어긋나는 일입니다.
>
> 불교의 불살생계는 무조건적으로 살생을 금하고 있지는 않습니다.

호국불교의 토대라 할 수 있는 신라 원광 법사의 세속오계가 보여주 듯 불교는 원칙적으로 살생을 금하고는 있지만 가려서 살생하는 살생 유택(殺生有擇) 또한 가르치고 있습니다. 보시와 희생은 보살의 첫째 덕목입니다. 나의 보시와 희생이 더 많은 이웃들을 살리고 평화롭게 할 수 있다면 이것이 바로 불교를 실천하는 것이며 '하화중생(下化衆生, 아래로는 중생을 제도함)'의 길입니다.

— 혜명 김말환 법사, 전 국방부 군종실장·자운사 주지[01]

불자들에게 강요되는 살생 훈련! 이에 대한 군법사 측의 해명은 다음 세 가지 부분으로 이루어진다. 첫 부분에서는, 국민으로서의 의무 등 '세속적인 의무'들을 '종교적 양심'보다 강조한다. 불교적인 논리를 철저히 따르자면 국민이나 국가 역시 "환상이나 이슬이나 물거품이나 꿈이나 번개나 구름" 같은 것이다.[02] 또 국가가 강요하는 이런 의무를 수행하는 것은, 국가를 위한 살인에 따르는 악업을 소멸시키지 않고 이어가는 일이 된다. 그런데 국방부를 위해 봉사하는 법사에게는 불교 그 자체의 논리는 일차적인 관심사가 아닌 듯하다.

둘째 부분은, 이미 태평양전쟁 때 친일 승려들이 한국의 젊은 스님들을 전쟁터에 보내기 위해 자주 써먹었던 논리다. 즉 화랑의 세

•••••

01 〈양심적 병역거부 어떻게 볼 것인가—불교계도 뜨거운 찬반논란〉, 〈양심적 병역 거부 선언 불교계 1호 오태양 씨 "대만도 대체복무 권장…… 안보위기는 어불성설"〉, 《불교신문》, 2004년 6월 4일자. 해인사 홈페이지에서 재인용.
02 최대림 옮김, 《금강경》, 홍신문화사, 1990, 278쪽.

속오계와 호국불교를 언급하는 것이다. 세속오계를 따랐던 사람들은 신라의 일반 민중이 아니었다. 세속오계를 처음으로 받은 이들은 육두품의 신분으로 추측되는 장군 무은武殷의 아들, 화랑 귀산貴山과 같은 준準귀족이었으며, 그 뒤에도 세속오계는 주로 귀족 집단의 윤리 규범으로 기능했다.[03] 즉 전쟁을 직업적으로 해야 할 위치에 있는 특권층이었다. 이러한 역사적 사실을 아무리 이야기해도, 고대의 역사를 현대적 군사 내셔널리즘을 강화하는 수단으로 이용하려는 사람들에게 먹혀들기는 어려울 것이다.

그리고 끝으로 셋째 부분은, 전쟁이 바로 자기 희생을 전제로 하는 중생 교화라는, 더욱 노골적으로 폭력을 옹호하는 논리다. '악이 선이 되고 선이 악이 되는' 도덕적인 상대성 논리다. 언뜻 보면 불교를 왜곡하는 논리로만 보인다. 중생에 대한 살해가 중생 교화로 둔갑될 수 있기 때문이다. 그런데 중요한 사실은 이와 같은 논리가 국방부 군종실이 독창적으로 발명한 것이 아니라는 점이다.

오래된 타협

이미 언급한 것처럼 인도의 아소카왕 대에 이르면 불교는 기득권 세력과 유착해 사변적이고 의례儀禮 중심인 거대 종교로 탈바꿈한다.

•••••

03 김부식 지음, 이재호 옮김, 《삼국사기》, 광신출판사, 1993, 718~720쪽.

그때 귀족층 출신 불교 사상가들은 더러 '선善의 상대성'을 가르치곤 하였다. 예컨대, 북방 인도의 브라만 가문 출신의 아상카(無著, 기원후 4세기)가 쓴 것으로 알려져 있는 '열반에 도달하는 지도서'인 《유가사지론瑜伽師地論》의 다음과 같은 부분에 주목해보자.

> 보살은 만에 하나 재산을 탐내 많은 중생을 죽이려는 도적을 보거나, 어떤 악한이 덕망이 높은 승려나 정진을 하고 있는 부처님의 제자(聲聞), 혼자서 깨달음을 이룬 이(獨覺) 혹은 보살을 해치려 할 때 그리고 또 다른 최악의 지옥으로 떨어질 만한 어떤 악업을 지으려는 악인을 보거든 다음과 같이 발심하여 생각한다. "내가 이 악한 중생의 목숨을 끊는다면, 결국 나는 지옥에 떨어져 쉴 새 없이 큰 고통을 받을 것이다. 그러나 악한 중생으로 하여금 계속 지옥에 떨어질 만한 악행을 저지르게끔 방치할 수는 없다. 그러니 차라리 내가 그를 죽여 지옥에 떨어지는 편이 낫다." 보살이 이렇게 기쁘게 생각하여 (죽이기 전에) 그 악한 중생을 대하는데 착한 마음이나 선하지도 악하지도 않은 중립적인 마음(無記心)으로 대한다. (그 악한 중생의 목숨을 끊는) 일이 불가피한 줄을 알고 깊은 수치심을 느끼며 자비스러운 보살핌의 마음으로 그 악한 중생의 목숨을 끊는다면, 이와 같은 일이 보살의 계율에 위반되기는커녕 오히려 많은 공덕을 쌓게 한다.[04]

●●●●●

04 《유가사지론》, 권41: 《대정신수대장경》, 제30책, No. 1579. p0517b09-17, http://www.cbeta.org/result/normal/T30/1579_041.htm

瑜伽師地論卷第三十二

者清淨相狀
身心轉如是等類當知是名有作意
起出外經行而有少分輕安餘勢隨
慕不樂憂慮悕行諸想作意輕安餘定
摑不極數起諸身行不極現行思
疾生起不極為諸身麤重性之所逼
余宴坐靜室暫持其心身心輕安疾
憎可愚作意時即能除遣如可愛境可
治暫作意時即能除遣如可愛境可
不生起雖少生起依止少分微劣對
行雖行種種可愛境中猛利貪纏亦
潤而轉為奢摩他之所攝護能淨諸
能善修淨戒所緣加行令心相續澄

在身中轉由是因緣心踊躍性漸次
退減由奢摩他所攝持故心於所緣
寂靜行轉從是已後於瑜伽行初修
業者名有作意始得墮在有作意數
何以故由此衆初獲得色界定地所
攝少分微妙正作意故由是因緣名
有作意得此作意初修業者有是相
狀謂已獲得色界所攝少分定心獲
得少分身心輕安心一境性有力

《유가사지론》은 도솔천에서 미륵보살에게 대승불교를 배웠다는 인도의 스님 아상카 보살이 지은 글을 당나라의 현장(602~664)이 번역하여 천자문의 순서대로 100권을 수록한 것으로, 11세기 고려 현종 때 간행된 초조대장경 가운데 하나기도 하다. 당시 고려는 거란의 침입으로 수도 개경이 함락되는 등 큰 위기에 처해 있었다. 이러한 상황 속에서 대장경 간행이라는 국가적 사업을 일으킴으로써 불력으로 국난을 극복하고자 했다. 사진은 《유가사지론》 100권 가운데 제32권으로, 처음 새긴 본이며, 국보 제272호로 지정되어 있다.

이 경전에서는 '의롭고 불가피하다'고 생각되는 폭력이 필요악의 차원을 넘어서 선이자 기쁨, 공덕이 된다.

일정한 전제 조건 위에서 '의롭다'고 판단되는 폭력을 정당화하고 미화하는 것은 꼭 제도화된 불교만의 특징은 아니다. 어느 정도 국가의 중요한 위치에 오른 거의 모든 거대 종교 집단들이 이와 비슷한 논리를 취한다. 기독교만 해도 4세기 초에 로마제국에 공인된 후 전쟁 반대론非戰論에서 의로운 전쟁 옹호론義戰論으로 입장을 선회했다.

서방 기독교 교부敎父 중의 한 명인 아우구스티누스(354~430)도 그의 역저《신국론神國論》에서 전쟁이라는 현상을 개탄하고 평화를 가장 이상적인 상태로 설정하면서도 "전쟁하는 이들도 결국 평화를 갈구하는 것이 아닌가? 전쟁의 끝에 결국 평화가 오지 않는가? 그리고 의롭지 못한 평화의 상황보다 의로운 전쟁이 더 나을 때가 있지 않은가"와 같은 말을 남기고 있다. 우회적인 방법으로 전쟁을 '절대악'이라기보다는 세계 질서의 '불가피한 일부분', '의로운 목적을 위해 할 수 있는 일'로 자리매김하고 있는 것이다.

그는 이단을 물리치기 위해 물리력을 사용하는 것에 대해서도 적극적인 옹호 논리를 폈다(제19장).[05] 아우구스티누스는 같은 방법으로 노예제도도 "인간의 원죄로 인한 불가피한 부분"이라고 합리화하고,

●●●●●

05 Schaff, Philip, *St. Augustin's City of God and Christian Doctrine*, New York: The Christian Literature Publishing Co., 1890, pp. 1273~1290. http://www.ccel.org/ccel/schaff/npnf102.txt

"주인을 섬기는 것이 불가피한 일이라면 두려움으로 주인을 섬기는 것보다 충정으로, 충직하게, 서로 사랑하는 마음으로 섬기는 편이 낫다"고 노예들에게 충고(?)한다.

이처럼 제도화된 국가 폭력과 만난 종교 집단의 태도에 변화가 생기는 것은 세계종교사의 보편적인 현상이라고 할 수 있다. 그런데 불교의 경우에는 불교 교의의 몇 가지 특징으로 말미암아 이러한 태도 변화가 비교적 더 쉬웠다고 할 수 있다.

불교에는 '방편론'이 있다. 이상적인 목적(해탈)을 얻고자 할 때, 때로는 진리를 이해할 수 있는 중생의 능력根機에 따라서 매우 다양한 수단 즉 방편들을 동원할 수 있다는 것이 이 '방편론'의 골자다. 그런데 이와 같은 불교의 '방편론'은 일종의 '대중 영합주의'로 흐를 가능성을 항상 열어두고 있다고 할 수 있다. 만약 대중의 근기가 아직 살인이 보편화될 수밖에 없는 낮은 수준이라면 불교도 이 상황을 수용해야 한다는 논리가 쉽게 방편론으로부터 도출될 수 있는 것이다.

또 한편에선 불교의 업설業說을 잘못 해석할 경우, 살인자가 되거나 피살자가 되는 '인연'이 '과거의 업'의 결과로만 설명될 수 있다. 따라서 쉽게 불가피한 일이 되어버릴 수도 있는 것이다. 마치 아우구스티누스가 노예제를 불가피한 일이라고 봤듯이 말이다.

고대 인도에서는 기록보다 '기억'을 더 중시했다. 그 때문에 불경佛經 이외에 인도 수행자 공동체의 역사 자료를 찾기란 쉬운 일이 아니다. 비교적 이른 시기의 인도 불교에 대한 기록 중 하나는 중국 장안의 스님 법현(法顯, 4세기 말~5세기 초)의 구법求法 여행 일기다. 법현은 중국에서 완성하지 못한 계율 관련 문헌을 그 본고장에서 구하겠다는 열정에 불탔다. 그래서 그는 399년에서 414년 사이에 실크로드를 따라 북인도로 들어갔다. 그리고 석가모니의 성지를 두루 순방하고 현지에서 계율 학습을 한 뒤 자바를 통해 남방의 수로水路로 남중국에 돌아왔다. 당시로서는 거의 '세계 일주'라고 할 수 있는 이 여행은 일기로 기록되었는데《법현전法顯傳》《역유천축기전歷遊天竺記傳》으로도 알려져 있다)이 그것이다. 법현은 이 일기에서 석가모니가 깨달음을 얻은 부다가야Bodhgaya 이야기를 한 뒤에 당시 그 지역에서 꽤 유명한 이야기였을 듯한 전설 하나를 전한다.

아소카왕이 전생에 아기였을 때 한 번은 가섭(迦葉) 부처(과거 시대의 부처 중 한 분)에게 공양을 드린 적이 있었다. 아소카왕은 그 공로로 앞으로 몇 번 더 태어난 뒤에 이 세계를 다스리는 전륜성왕(轉輪聖王)이 된다는 수기(受記), 즉 약속을 받는다. 결국 후생에서 막대한 권력을 손에 쥔 아소카왕은, 염라대왕(閻羅大王)이 지옥에서 악인을 처벌하듯이, 온 세상을 다스릴 자신도 악인에게 고통을 주기 위한 '인공(人工) 지옥'

하나를 만들어야 한다는 결정을 내린다.

아소카왕은 중생을 죽이는 것을 낙으로 삼는 사람들을 고용한다. 왕은 지옥으로 지정한 특별한 건물 앞에 나타난 사람을 처벌을 받아야 할 악인으로 간주하라고 정하고 고용된 사람들에게 그 악인을 체포하고 고문한 뒤 가장 가혹한 방법으로 죽이라고 명령했다. 그런데 그 건물 앞에 맨 처음 나타난 사람은 다름 아닌 스님이었다. 스님을 체포한 '인공 지옥'의 관리자들은 그를 고문하고 죽이려 했는데, 죽을 정도로 겁에 질린 스님은 마지막으로 점심이라도 먹게 해달라고 간청했다. 관리자들은 그 스님에게 점심 먹을 시간을 주기로 했다. 대신 다른 사람을 마구 붙잡아 커다란 절구에 집어넣은 뒤 그 몸을 돌공이로 쳐부수어 절구는 빨간 거품으로 가득 찼다.

사람의 살과 피가 빨간 거품으로 변하는 처참한 광경을 목격한 스님은, 그 순간 삶도 죽음도 결국 고통일 뿐이라는 진리를 깊이 깨달아 더 이상 태어나지 않아도 될 아라한(阿羅漢)이 됐다. 결국 그도 고문을 당하게 됐는데 들끓는 물로 고문을 당하는 중에 갑자기 여러 영험을 보이기 시작했다. 고문 기술자들이 아소카왕에게 이 일을 알려 왕이 직접 고문실로 찾아갔는데 스님은 그 기회를 이용해 왕에게 불법을 설했다. 이 설법에 감동해 불자가 된 아소카는 인공 지옥을 부수고 자신의 죄업을 회개했다.[06]

•••••

06 《고승법현전(高僧法顯傳)》, 권1:《대정신수대장경》, 제51책, No. 2085. pp0863b18-c20, http://www.cbeta.org/result/normal/T51/2085_001.htm. 영문 번역: James Legge(trans.), *A Record of Buddhist Kingdoms*, Oxford: Clarendon Press, 1986, pp. 90~93.

인간이 죽은 후 가는 명부에 있는 심판관 열 명을 명부시왕(冥府十王)이라고 한다. 사찰의 명부전에 그려지는 시왕도(十王圖)에는 열 가지 지옥 모습이 묘사되어 있다. 이 중 죽은 후 35일째 되는 날 만나게 되는 제5왕이 잘 알려진 염라대왕(閻羅大王)인데, 원래 인도 브라만교의 야마(Yama)에서 비롯되어 불교에서는 명부시왕 중 하나가 되었다. 그림은 그가 관장하는 대애지옥(碓磑地獄)의 일부로 옥졸들이 망자를 철 절구에 넣어 디딜방아로 찧고 있다. 왼쪽에는 머리채를 붙잡힌 망자가 죄를 보는 거울에 비친 자신의 죄를 들여다보고 있는데, 전생에 긴 몽둥이로 소를 때려잡는 죄를 범한 것으로 보인다.

물론 전설은 전설일 뿐, 교리서나 계율서는 아니다. '죄인이 현자가 된다'는 설정은 세계 여러 곳의 전설에 등장하는 흔한 줄거리다. 이 전설에 등장하는 '인공 지옥의 고문실' 역시 극단적인 죄의 모습을 보여주는 수사修辭로 이해될 수 있다. 회개 이전의 아소카의 죄과가 극단적이었던 만큼 회개 이후의 그의 공덕이 무궁했다고 바로 그의 덕을 입은 인도 수행자 집단은 주장했다. 여기에서 '극단적 죄업'과 '무궁한 공덕'은 전형적인 대조를 이룬다.

이 이야기에는 전설을 만들기 위한 테크닉 외에도 '악'의 문제에 대한 불교 나름의 철학이 개입되어 있는 듯하다. 자신의 권력을 과시하기 위해 '인공 지옥'을 건설하고는 무고한 백성들을 잔혹하게 고문해 죽이는 것은 분명 '극악極惡'이다. 그런데 이러한 권력자가 회개하여 그 막대한 재원으로 불교의 후원자가 된다면 과거의 악업은 얼마든지 소멸할 수 있는 것처럼 이야기되고 있는 것이다.

그런데 이 전설에선 권력 자체가 안고 있는 문제가 간과되고 있다. 실제 많은 불교 철학자들은 불교를 진흥하려는 방편으로 권력에 호의적인 관심을 기울였다. 권력만 방편으로 생각한 것은 아니다. 권력이 저지르는 악행, 즉 "돌공이로 몸을 쳐부수는" 그 처참한 고문 역시 스님을 깨닫게 하는 방편으로 등장한다. 깨달음을 성취할 '업'을 타고나지 않았던 사람은 돌공이에 맞아 죽어 빨간 거품이 된다. 그렇지만 그의 처참한 고통도, '전생에 좋은 업'을 지었다고 생각되는 스님이 깨달음을 이룰 수 있는 계기로만 작용한다면 이 이야기는 '해피엔드'다. 고문이라는 방편이 깨달음을 촉발시켰고, 고문의 피해자도 스님도 아소카왕도 각자 그 인연, 그 업대로 앞으로 나아갔을 뿐이다.

통속화된 4~5세기의 인도 불교는 폭력 문제를 이와 같은 방편론적 시각에서 다룰 수 있었다고 보인다. 그렇다면 오늘날 대한민국 국방부 군종실에서 일하는 법사는 어떤가? 전쟁을 보살도菩薩道 실천의 연장선상에서 바라보는 것은 이와 다른가? 그렇지만 전쟁이라는 악을, 보살도를 실천하기 위한 방편적 성격의 악이자 선이 될 수 있다고 믿는 것은 그대로인 듯하다. 글쎄, 그렇게 믿어야 1,500년 전 인도에서도 오늘날 대한민국에서도 살기가 편하고 좋을 것 같다.

붓다와 고려시대 그리고 지금의 승려들

그렇다면 다시 초기 불교로 돌아가 보자. 그 당시에도 이처럼 '방편론'과 '업설'이 남용되거나 악용되는 일들이 있었을까? 물론 초기 불교 문헌들이 후대 불제자들에 의해 만들어진 만큼, 붓다의 진짜 행동과 말을 후대에 붓다의 말과 행동을 빌려 전하는 부분과 구분하기란 매우 어렵다.

지금까지 전해지는 텍스트로 봐서는 붓다와 그 제자들은 이상주의적인 '해방에의 의지意志'와 현실 순응주의적인 '방편론적 현실 수용' 사이에서 왔다갔다했다. 예컨대, 아우구스티누스가 주인과 노예의 사랑을 전제로 긍정한 노예제도에 대한 붓다의 태도를 살펴보자.

일단 붓다는 인신매매를 적극적으로 반대한 첫 종교인이라고 볼 수 있을 것 같다. 《증지부경전(증일아함경)》을 보면 독약, 술, 칼, 짐승을 사고파는 행위와 함께 인간을 사고파는 행위를 모든 승속僧俗에게 엄금했다.[07]

또 자신의 아버지를 죽이면서 악인으로 알려졌다가 훗날 불교에 귀의해 왕사성 칠엽굴에서 열린 붓다 제자들의 첫 번째 경전 결집 과정(붓다의 제자들이 모여 불전을 평가하고 편찬하는 일)을 후원하기도 한 아사세왕(阿闍世王, Ajatasatru)에게 붓다는 승려 생활의 공덕을 설명하며 다음과 같이 묻는다. "당신의 안색을 겁먹은 눈으로 살피며 눈치를 보던 당신의 노예가 굴종의 생활에 지쳐 숲 속으로 달아났다. 그런데 거기에서 덕망이 높은 수행자가 되어 당신 앞에 다시 나타난다면 당신은 그를 옛날의 노예를 대하듯이 대접할 것인가, 아니면 덕이 높은 고승으로 대접할 것인가?" 결국 붓다는 아사세왕에게 "내 궁전을 떠난 옛날의 종이라 해도 덕망이 높은 수행자가 된다면 수행자로 존경스럽게 대접할 것"이라는 답을 얻는다.[08]

•••••

07 "Upasakavaggo", *Anguttara Nikaya*, 5:18. http://www.metta.lk/tipitaka/2Sutta-Pitaka/4Anguttara-Nikaya/Anguttara3/5-pancakanipata/018-upasakavaggo-e.html
08 Samannaphala Sutta, *Digha Nikaya*, 2: T. W. Rhys Davids & J.E.Carpenter (trans.), *Dialogues of the Buddha: The Digha Nikaya*, London: Oxford University Press, 1899, Vol. 1, pp. 6595. http://www.sacred-texts.com/bud/dob/dob-02tx.htm

붓다는 원칙상 속량贖良[09]되지 않은 노예들은 자신의 교단에 승려로 받아들이지 않았다. 하지만 이처럼 '숲 속으로 도망친 임금의 종'을 '영적인 성공'의 사례로 들 만큼 비참한 형편을 벗어나려는 노예들의 움직임에 동정적이었다. 붓다는 태생적인 신분의 한계를 인정하지 않았으며 자신을 차별하려는 브라만에게 "출생을 묻지 말고 행위를 물으시오. 천한 집에서 태어난 사람이라도 믿음이 깊고 부끄러워할 줄 알고, 마음으로 행동을 삼가면 고귀한 사람이 되는 법이오"라는 가르침을 주었다고 한다.[10]

그렇지만 우리는 붓다에게 다음과 같은 질문을 던질 수 있을 것이다. 노예제도와 같은 인신 예속을 근간으로 했던 당시의 사회, 정치 체제에 붓다가 정면으로 맞서려 했던가? 만약 초기 불경의 자료를 그대로 믿는다면, 붓다는 오히려 필요할 때마다 종전의 사회제도를 '방편' 삼아 자신의 논리를 관철시키기는 데 이용했다. 예컨대 암밧다阿摩晝라는 말을 거칠게 내뱉는 젊은 브라만이 붓다를 찾아와 함부로 했을 때 일이다. 그때 붓다는 자신이 속한 순혈純血 크샤트리야刹帝利[11] 계급이 브라만보다 더 존귀하다는 이야기와 함께 자신이 속한 석가釋迦 가문은 왕족으로, 브라만 암밧다 가문보다 전통적인 혈통의 위계 질서상 훨씬 더 높은 위치를 차지한다고 조목조목 이야기했다고 한다. 후대에 와서 붓다의 입을 빌려 한 이야기일

• • • • •
09 몸값을 치르고 노예의 신분에서 벗어나 양민이 되는 것.
10 법정 옮김, 〈불을 섬기는 사람 순다리카〉, 《수타니파타》, 이레, 1999, 163쪽.
11 군사와 정치 지도자들의 계급.

"내 제자 중에서 지계 제일은 우바리니라." 붓다 십대 제자 중 계율을 지키는 데 타의 모범이 되었을 뿐만 아니라 계율 조항을 가장 많이 알고 있었던 우바리 존자는 인도 사성(四姓) 계급 중 최하층인 수드라(Sudra) 출신으로 석가족의 이발사였다. 어느 날 그가 모시던 아난, 데바닷타 등 석가족 일곱 명이 모두 출가하자 뒤따라 출가하였는데, 평등사상을 몸소 실천하던 붓다는 "교단 안에서는 오직 수계 순서에 따른 전후가 있을 뿐, 귀천이 따로 있을 수 없다"며 그를 가장 먼저 수행자의 일원으로 삼는 파격을 보인다. 붓다 사후 열린 첫 번째 경전 결집 과정에서 그는 율(律)을 빠짐없이 외워냄으로써 율장(律藏)을 만드는 데 주도적인 구실을 한다.

지 모르지만 최소한 초기 불교 집단에서 이와 같은 이야기를 붓다를 통해 할 수 있었다는 점은 인정해야 할 것 같다.

모든 계급과 가문과 혈통의 상대성을 파악한 붓다가 가문 자랑을 했다 하니 못 믿을 독자들이 있겠지만 결국 이와 같은 전통적 질서에의 호소는 브라만 암밧다의 오만한 기를 꺾어 그를 붓다의 착한 제자로 만들기 위한 '방편'이었다고 할 수 있다.[12]

이외에도 초기 불교 문헌의 곳곳에서 붓다는 현실적인 필요가 있을 때마다 자신의 계급인 크샤트리야가 하급 계급인 바이샤(Vaisya, 농민과 수공업자 혹은 상인)나 수드라(Sudra, 노예나 천민)보다 존귀하다는 '통념'을 상기시키기도 하고, 노예에 대한 주인들의 자비스러운 태도를 요구하면서 노예제도 그 자체를 기정사실로 받아들이는 태도를 보이기도 했다.[13] 이념은 '해방'이었지만, 그 이념을 구체적으로 실천하는 방편에선 쉽게 바꾸기 어려운 현실에 선택적으로 '순응'하는 것이었다.

물론 '방편으로서의 선택적인 순응'이라 해도 붓다는 승려들이 폭력 행위에 가담하는 것이나 재산과 노예를 소유하는 등의 최악의 현실에 대해선 실천적으로 극복하려 했다. 이렇듯 해방적 이념을 제시하면서 그 실천의 방법으로 타협적인 방편들을 선택하곤 하는 것

●●●●●

12 T. W. Rhys Davids & J. E. Carpenter(trans.), *Dialogues of the Buddha: The Digha Nikaya*, Vol. 1, pp. 108~136. http://www.sacred-texts.com/bud/dob/dob003tx.htm

13 Kwangsu Lee(이광수), *Buddhist Ideas and Rituals in Early India and Korea*, New Delhi, Manohar, 1998, pp. 100~123.

은 노예와 토지를 소유하고 승병僧兵을 조직하는 것을 '당연지사'로 알았던 고려시대의 제도권 승려들[14]과는 큰 차이가 있다. 고려시대 거대 사찰에 속했던 승려들이나 오늘날 한국의 주류 승려들에게는 교학敎學 공부란 화석화된 이야기고, 해방의 이념이라는 것도 세속에서 영적으로 도피하는 것쯤으로 전락한 개인적인 '깨달음' 이외에는 남은 게 없지만, 그럼에도 둘 사이에는 분명히 '타협에 대한 긍정적인 태도'라는 공동의 분모는 있다.

해방적 색깔에서 방편론으로

불교의 연기론緣起論으로 보면, 오늘날의 폭력적인 현실은 과거의 원인에 의해 발생한 결과라고 할 수 있다. 이러한 '업설'이나 최악最惡을 점진적으로 제거하기 위해 방편적으로 '차악次惡'을 임시적으로 인정해 이용하는 지혜는 분명히 불교의 태생적인 장점일 수 있다. 그런데 단점은 바로 이런 장점의 연장에 있다.

　인도의 종교문화 풍토에서 수행자는 보통 특권계급 출신이며, 전 사회적으로 그 권위를 인정받는다. 아울러 국가·지배체제는 사회의 존경을 한몸에 받는 '정신적 지도자'를 필요로 한다. 이런 풍토에서 현실을 방편적으로 수용할 것을 전제로 한 종교운동은 국가·지배체

· · · · ·
14 가마타 시게오(鎌田茂雄) 지음, 신현숙 옮김, 《한국 불교사》, 민족사, 1987, 123~176쪽.

제와 유착할 여지를 언제든지 갖고 있었다. 문제는 그 운동을 지휘하는 '스승'의 의지였다.

붓다 자신과 일부의 직계 제자들 그리고 그 뒤를 이은 일부 수행자들은 불평등과 폭력이 없는 공동체 사회를 건설하고자 했다. 그들은 속인俗人들이 불평등과 폭력으로부터 벗어날 것을 염원했다. 초기 불교를 보면 그 시대로서는 보기 드문 '해방적 색깔'이 뚜렷하다. 바로 이 '해방적 색깔'은 불교가 민중들로부터 빠르게 인기를 얻는 기반이 됐다.

그러나 진정한 '해방에의 의지'를 갖고 있던 초기 지도자들이 사라진 뒤에는, 현실과의 타협을 정당화하는 '방편론' 등이 불교가 발빠르게 '국가 종교화'하는 밑바탕이 되었다. 그리고 이후부턴 역사적인 상황에 따라 불교 교단의 현실에 대한 순응 형태가 바뀌었을 뿐, 그 이론적인 '뼈대'는 그대로 이어졌다. 법현 등 중국 구법승求法僧들이 목격한 소작인들을 부리는 부유한 인도 사찰의 권위주의적 승려들[15]을 그 예로 들 수 있다. 또한 초호화 자가용을 타고 다니면서 사찰의 고용자들에겐 노조조차 허용하지 않는 오늘날의 한국 스님들도 외형적인 모습은 다를지언정 그 생활태도나 이론적인 토대는 같다.

•••••

15 Kwangsu Lee, *Buddhist Ideas and Rituals in Early India and Korea*, pp. 77~199.

국가의 뜻을 거스를까 염려해, 양심적 병역거부와 같은 진실한 불자다운 실천까지 불인不認하는 승단僧團의 태도를 고치려면 재가 신도로서 어떤 마음가짐과 이론적인 기반을 갖춰야 할까? 오늘날 서구에서 "교황보다 더 독실한 가톨릭More Catholic than the Pope"이란 말은 지나친 종교 열熱을 조소하는 속담이다. 하지만 내가 생각하기에 붓다 후대의 제자는 어떤 면에서 붓다 자신보다도 붓다가 제시한 근본 원칙에 충실해야 할 듯하다. 그렇다면 붓다가 제시한 가장 근본적인 원칙은 무엇일까?

불교의 '제법무상諸法無常'은 우주의 모든 구성 요소들이 쉴 새 없이 달라지고 바뀌고 탈바꿈하는 만큼, 불변하며 고정된 대상물이란 우리의 착각에 불과하다는 지적이다. 그리고 '무아無我'는 '나'라고 보이는 주체 역시 갖가지 요소와 인연이 일시적으로 합쳐져 만들어진 늘 고통받고 바뀌어가는 존재라는 뜻이다. 이 둘은 불교의 가장 기본적인 철학이자 원리다.

주체와 대상이 고정되어 있지 않고 '인연'에 따라 늘 유동적으로 바뀌면서도 고통을 면하기 어려운 속세에서는 누구의 이름으로도 자신과 남에게 또 다른 고통을 안겨주어선 안 된다. '폭력'을 요구하는 국가나 단체, 운동이 있다면 결국 언젠가는 이들의 이념이 허구였음이 밝혀질 것이다. 그리고 그들의 이름으로 세상에 새로운 고통을 추가하는 행위는 '나쁜 원인惡因'이 되어 폭력 행위자를 비롯해 모두에게 '나쁜 결과惡果'를 가져다줄 것이다. 수탈기구로부터의 민중 방어라는, 특정 상황에서 진보운동가들이 피하기 어려운 '민중 방어적 폭력'이라 하더라도 불가피한 차악일망정 선이 될 수는 없다. 따라서 '방어적 폭력'을 행사하는 상황이더라도 그 폭력의 나쁜 결과를 인식하고 이를 중지시켜 비폭력으로 대체할 수 있는 길을 열심히 찾아야 할 것이다.

'민중 방어적 폭력'도 나쁜 원인을 피하기 위해 출구를 급히 구해야 하는 '길이 막힌 골목'이지만, 자본이 부추기는 경쟁이나 국가가 유지하고 훈련시키는 군대와 같은 억압적인 상설 폭력 기구들은 '나쁜 원인' 이외에 아무것도 만들어낼 수 없다. 국가(특히 군대 당국)와 자본 등 사회적 고통을 제공하는 자들과의 유착에서 벗어날 수 없는 불교는 죽은 불교다.

그리고 "어머니가 외아들을 지키듯이, 모든 살아 있는 것에 대해서 한량없는 자비심을 발하라"[16]는 붓다의 말씀을 실천할 아무런 능력도, 의지도 없는 불교 역시 죽은 불교다. 붓다가 기존 사회질서와 타협한 부분, 현실에 순응한 부분도 없지 않아 있었지만 그것은 붓다가 살았던 시대의 한계이자 귀족 출신 남성으로 태어난 붓다 자신의 한계다. 이 한계가 붓다의 기본 교리와 충돌할 경우 우리는 근본 교리의 정신을 선택해, '악의 씨'이며 제도화된 폭력으로 기능하는 국가나 소외된 노동을 잉태하는 자본에 대해 비타협적인 입장을 취

•••••
16 법정 옮김, 〈자비〉, 《수타니파타》, 이레, 1999, 59쪽.

해야 할 명분과 필요가 있다. 불교 교단이 붓다의 원리를 진실로 실천하려면, 양심적 병역거부, 붓다 자신도 평등한 분배의 전제 조건으로 주장한 부유세 도입, 고질적 불안감이라는 최악의 고통을 심어주는 고용의 비정규화에 대한 반대 투쟁과 대책을 적극 지지해야 할 것이다.

불교에서 아힘사(비폭력)는 자본주의적 국가 사회의 제도화된 폭력을 무저항적으로 수용하는 것을 의미하지 않는다. 진정한 아힘사는 제도화된 폭력의 장벽을 무너뜨리기 위한 투쟁이다. 붓다 이후 제자들이 이와 같은 투쟁을 소홀히 하거나 아예 하지 못한 것은, 붓다의 정신과 가르침을 배반하는 그들의 한계를 보여줄 뿐이다.

간화선의 오랜 역사

그렇다면 한국의 제도권 승단에서 과연 이와 같은 일들을 해나갈 수 있을까? 이 글을 읽는 독자분들이 잘 알다시피 그럴 가능성은 전혀 없다. 왜 그럴까? 지배체제와 유착했던 전통도 문제지만, 지금 '정통'으로 취급되고 있는 수행법에도 문제가 있다.

주지하다시피 한국 불교의 최대 종단인 조계종은 신라 말기의 가지산문迦智山門과 같은 선종 계통의 종파를 그 법통의 출발점으로 여기고 있다. 그리고 고려 말기의 보우普愚 국사가 주로 이용했던 간화선이라는 독특한 수행법을 수행의 '정통'으로 인정한다. 즉 대한민

국의 최대 불교 종단이 불교라고 내세우는 것은 붓다 자신의 가르침
이라기보다는 붓다의 가르침에 대한 중국과 신라, 고려, 조선의 선
사들이 내린 해석, 실천 방법이다. 선禪은 궁극적인 진리인 깨달음
을 개개인의 내면에서 구하며 의례나 교조적 교학敎學 등을 초월하
고자 하는 입장이다. 극단적으로 개성적이고 내향적이며, 어쩌면 전
근대적 의미에서의 '개인주의적인' 성향을 띤다고도 할 수 있다.

'부처를 만나면 부처를 죽이고, 조사를 만나면 조사를 죽여라殺
佛殺祖'는 선불교는 말 그대로 그 원리원칙상 파격적이며 우상파괴
적이다. 우상파괴적인 만큼, 형식과 교조敎條에 지친 7~8세기 당나
라 지식인 사회에 새로운 바람을 불어넣을 수 있었고 동아시아 전全
지역에 오랫동안 큰 영향을 끼칠 수 있었다. 문제는 선禪이 '안으로'
향하는 만큼 '바깥'에 대한 뚜렷한 주의주장이 없으며 대체로 '바깥'
상황을 '내면'에 비해 훨씬 덜 중요한 것으로 평가한다는 점이다. 붓
다가 강조한 '바깥'을 향한 '자비'는 선禪에서 온데간데없이 사라지고
만 것이다.

선사들이 '바깥'에 큰 매력을 느끼지 않는 것은 '바깥'의 부조리한
점들을 인식해서가 아니다. 그들은 '깨달음'에 대한 절대적인 우선순
위를 믿고 있었으며 아소카왕 이후 수행자 집단의 (왜곡된) 전통대로
'바깥'의 폭력적 질서를 무비판적으로 받아들이곤 했다. 즉 '안'에서
절대적인 깨달음을 추구하는 일과 '바깥'에서 권력관계에 절대적으
로 순응하는 일이 서로 보완적인 관계에 있다는 것이다.

특히 선禪이 국가 종교와 같은 위치에 오른 송나라 시대에는 사

아힘사(비폭력) 운동의 선구자이자 고대 인도의 종교 개혁가인 마하비라(Mahavira) 조각상. 자이나교의 창
시자인 그는 붓다와 동시대를 살았던 사람으로, 관념론과 계급 차별을 심화시키는 기존의 힌두교 전통에
반발하는 종교 개혁 운동을 이끌었다는 점에서 붓다와 비슷한 면이 많다. 비록 불교에 밀려 이교 취급을
받기도 했지만 땅의 생명체를 해치지 않기 위해 땅을 파지 않았을 정도로 불살생의 원칙에 관한 한 가장
엄격한 실천을 강조했다. 인도 종교 사상의 큰 흐름 속에서 힌두교의 아힘사 전통은 자이나교뿐만 아니
라 불교에서도 공통적으로 수용한 대원칙이라 할 수 있다.

대부 층의 후원을 등에 업고 국가와의 유착이 거의 절정에 달했다. 선종 사찰에서는 관례상 주기적으로 황제의 장수를 기원하는 축성 祝聖 의례를 행하고 송나라 군대의 전승을 기원했다. 또 한국 선사들에게 매우 큰 영향을 끼친 대혜(大慧, 1089~1163) 스님과 같은 고승들은 '충군애국忠君愛國'과 불교의 깨달은 마음 즉 보리심菩提心이 같은 것이라고 인식했다. 그는 금나라와의 관계에서 주전론主戰論을 펼치며 지속적으로 전쟁을 벌일 것을 주장하였고, 수행자는 '윗사람에 대한 공경'과 같은 전통적 유교 사회의 질서를 우주적인 법칙인 양 받아들여야 한다고 했다. 대혜는 내면의 공간에선 개인의 창조적이고 영적인 추구를 주장한 반면, 바깥 사회에서는 사회 구성원으로서 절대적인 순응을 당연시했던 것이다. 안에서는 '영적인 혁명'을 추구했지만, 바깥에서는 사회와 국가의 요구에 '그대로 응하는 것'이었기에 이는 현실적으로 참 '편안한 혁명'이기도 했다.

대혜의 수행법인 간화선은 화두라고 하는 모든 지식과 분별이 결국 다 공허하다는 사실을 직접 깨닫게 해주는 일종의 '수수께끼'에 대한 참구를 의미한다. 그 화두를 참구하는 목적은 사리분별, 즉 사변적인 사유를 끊고 더 이상 의심이 일어나지 않는 완벽한 진리를 얻는 것이다.

이와 같은 방법은 승려뿐만 아니라 속인까지도 사용할 수 있는 '민주성'이 깃들어 있긴 하다. 하지만 사변적 사유를 극복할 필요가 있는 사회계층은 일차적으로 유산계급의 유식층이었다.[7] 한편으론 국가의 수탈기구에 몸을 담고, 또 한편으론 화두 참구를 '영적인 취미'로 삼았던 12세기 송나라의 사대부들은 이미 붓다의 무無계급적인 '자비'의 실천과는 아무런 관계가 없었던 것이다. 지극히 계급적이면서도 일종의 '정신적 유희'의 성격을 가진 저들의 불교는 초기 불교라는 원형에서 봤을 때 이미 불교라고 하기도 어려웠다. 문제는 '바깥'에서의 교화와 거의 무관하다 싶은 간화선과 같은 수행법들이 당시 중국에서만 유행하지 않았다는 점이다. 간화선은 고려 말기의 한반도에서도 지배적인 위치를 공고히 다졌다. 그리고 조선조를 거쳐 그 명맥을 유지해오다 오늘날에 와서는 조계종단의 '공식 이념'의 자리에 올랐다.

지금 조계종단은 국가가 틀을 지운 '국민적' 질서에 안주安住하며 사찰의 경제적인 문제들을 기복적인 의례와 유산층의 기부 등 각종 자본과의 긴밀한 관계 유지를 통해 해결하고 있다. 조계종단과 같은 '주류' 종단들은 송나라의 귀족적인 간화선을 내세워 '문화자본'을 획득하는가 하면 민중의 요구들을 계속 외면할 수 있는 '수행에 전념할 필요'와 같은 명분을 얻기도 한다. 불교가 보살펴야 할 중생, 즉 노동자나 영세민들이 신자유주의적 경제논리에 의해 무한경쟁의 지옥에 떨어져 신음해도, '용맹정진'을 내세우는 주요 종단들의 원로나 중진들에게는 별 관계없는 일에 불과하다. 일단 "무엇보다 먼저 깨쳐야 된다"는 이유 때문이란다.

• • • • •

17 조명제, 《고려 후기 간화선 연구》, 혜안, 2004, 35~196쪽.

붓다가 설한 '자비'의 윤리를 상대화하고 대신 송나라 귀족 승려들의 '영적인 유희'를 절대화한 오늘날의 종단 불교에 과연 미래가 있을까? 나는 없다고 본다. 지금 전쟁과 경쟁의 나락으로 이끌려가는 사회에 필요한 것은 "산은 산이요, 물은 물이다"와 같은 법어가 아니다. "모든 산 것들이여, 편안하라, 안락하라"는 적극적인 대타적對他的 원력願力이 필요하다.

수행 원리로서 선禪은 필요하지만, 불자의 궁극적 목적은 신비화된 '깨달음'이 아니라 모든 중생의 행복이다. 화석화한 전통과 무관하게 붓다의 원리 원칙과 초기 불교의 정신에 근거해 재가자 위주의 새로운 민중적 불교를 백지白紙 상태에서 새롭게 건설해야 할 것이다. 이제는 짐이 될 뿐인 전통들을 폐기해야 살아 숨 쉬는 불교로 거듭날 수 있다.

©박노자, 2011

초판 1쇄 2011년 10월 22일 찍음
초판 3쇄 2012년 1월 6일 찍음

지은이 박노자
펴낸이 강준우
기획·편집 김진원, 문형숙, 심장원, 이동국, 이연희
디자인 이은혜, 최진영 마케팅 박상철, 이태준 관리 김수연
인쇄·제본 대정인쇄공사
펴낸곳 인물과사상사 출판 등록 제17-204호 1998년 3월 11일
주소 121-839 서울시 마포구 서교동 392-4 삼양빌딩 2층
전화 02-325-6364 팩스 02-474-1413
홈페이지 www.inmul.co.kr 이메일 insa1998@gmail.com
ISBN 978-89-5906-200-3 03300
값 14,000원